国家社会科学基金一般项目（批准号：18BGL147）

乡村振兴战略下西南地区康养旅游产业融合发展机制及实现路径研究

杨　红　著

中国财经出版传媒集团
中国财政经济出版社
北京

图书在版编目（CIP）数据

乡村振兴战略下西南地区康养旅游产业融合发展机制及实现路径研究 / 杨红著. -- 北京：中国财政经济出版社，2024.3

ISBN 978 - 7 - 5223 - 2689 - 4

Ⅰ. ①乡…　Ⅱ. ①杨…　Ⅲ. ①地方旅游业－旅游保健－旅游业发展－研究－西南地区　Ⅳ. ①F592.77

中国国家版本馆 CIP 数据核字（2024）第 034366 号

责任编辑：彭　波　　　　责任印制：史大鹏
封面设计：卜建辰　　　　责任校对：张　凡

乡村振兴战略下西南地区康养旅游产业融合发展机制及实现路径研究
XIANGCUN ZHENXING ZHANLÜEXIA XINAN DIQU KANGYANG LVYOÜ CHANYE RONGHE FAZHAN JIZHI JI SHIXIAN LUJING YANJIU

中国财政经济出版社 出版
URL：http：//www.cfeph.cn
E - mail：cfeph@cfeph.cn

社址：北京市海淀区阜成路甲 28 号　邮政编码：100142
营销中心电话：010 - 88191522
天猫网店：中国财政经济出版社旗舰店
网址：https：//zgczjjcbs.tmall.com
中煤（北京）印务有限公司印刷　各地新华书店经销
成品尺寸：170mm × 240mm　16 开　18.5 印张　281 000 字
2024 年 3 月第 1 版　2024 年 3 月北京第 1 次印刷
定价：68.00 元
ISBN 978 - 7 - 5223 - 2689 - 4
（图书出现印装问题，本社负责调换，电话：010 - 88190548）
本社图书质量投诉电话：010 - 88190744
打击盗版举报热线：010 - 88191661　QQ：2242791300

前 言

乡村振兴战略是党的十九大报告提出的“贯彻新发展理念，建设现代化经济体系”重要组成部分，是当前经济发展战略的重中之重。随着我国经济社会发展，人民生活走向全面小康和文明富裕阶段，大众健康意识和健康需求不断提升。康养旅游作为一种延长旅游者生命、强健旅游者身体、提升旅游者生活水平的一种特殊旅游形式，能够满足人民群众多样化、多层次的需求，提升人们的生命和生活质量，推动后疫情时期经济恢复和高质量发展。

本书在乡村振兴战略背景下，遵循旅游和康养产业融合发展的规律性、科学性，结合西南地区的环境承载条件和资源禀赋特点，依据康养旅游产业融合机制、融合发展评价指标体系和相关数据，从供给侧结构性改革角度，定量刻画西南地区康养旅游产业融合发展的程度及其效率，探寻西南地区康养旅游产业融合发展的主要动力因素及其相互作用演化机制。并以此为基础，深入探讨西南地区康养旅游产业融合发展的模式、机制设计和实现路径，从而系统地提出既符合一般管理规律又符合西南地区具体背景的管理决策建议，最终构建动态协调的康养旅游产业融合发展生态系统。主要研究内容为：

第一，西南地区康养旅游产业融合发展的效率评价研究。该部分研究从五个维度，即资源融合、市场融合、功能融合、技术融合与人才融合对康养旅游产业融合机理进行了分析，基于此，通过构建旅游产业与康养产业综合评价指标体系计量分析西南地区康养旅游产业综合发展值、耦合协调度，经测算结果的排序比较，划分耦合协调发展水平，探究西南地区康养旅游融合发展效率和产业融合发展现状。西南地区康养旅游产业融合效率评价分析揭示了西南地区旅游产业和康养产业的耦合协调发展现状，找出了西南地区康养旅游发展存在的问题和差距，为本书下一步研究奠定基础。

第二，西南地区康养旅游产业融合的发展的动力机制研究。该部分研究运用演化博弈理论，将旅游企业和康养企业作为博弈主体，通过建立旅游与康养产业融合发展的动态演化博弈模型分析二者融合发展的演变过程。旅游与康养产业的融合发展也是一个长期的演化过程，二者融合的协调度和质量的提升是在反复的博弈中实现的，它们会随着外部条件的改善而不断提升。影响旅游和康养产业融合发展的主要因素为旅游与康养企业融合发展实现的收益增长率、融合发展成本以及政府补贴，博弈的结果是企业考虑经济收益后做出的最优选择。西南地区康养旅游产业融合发展的动力机制研究将深入刻画和揭示康养旅游产业融合发展的动力产生和协同演化等过程的规律和特点，有助于课题下一步对西南地区康养旅游产业融合发展的模式及其机制研究。

第三，西南地区康养旅游产业融合发展的开发模式研究。该部分研究参考《旅游资源分类、调查与评价》（GB/T 18972 - 2017）和《中国康养产业发展报告》，结合西南地区康养旅游地的成因和属性特点，将西南地区康养旅游资源开发分为康旅、康体、康养三种模式。并依据西南地区的资源禀赋，整理了西南四省市十九大片区 618 个康养旅游资源单体（西藏除外）。首先，运用 ArcGIS 10.5 软件采用最邻近指数和核密度制图等方法分析康养旅游资源在空间上的分异规律，并利用主层次分析法和专家打分法建立结构方程模型，从自然环境、社会经济环境、旅游环境和旅游产业发展度四个方面构建了康养旅游资源开发综合评价体系，对西南不同片区康养旅游资源开发价值进行综合评价。其次，针对不同开发模式及其实现目标，通过地理探测器模型分析不同康养旅游开发模式的影响因素、差异性和特点。最后，根据上述分析结果，构建符合不同开发模式的康养旅游产业融合发展功能区，优化空间布局，实现西南地区康养旅游产业融合发展空间上的资源共享和循环利用。

第四，西南地区康养旅游产业融合发展的机制设计研究。该部分研究首先对已形成西南地区康养旅游产业融合发展功能区的政府管理决策现状进行分析，根据分析结果，并基于制度理论和机制设计理论，分别从微观和宏观视角设计出西南地区康养旅游产业的不同模式的运行机制，用制度来指导和管理西南地区康养旅游产业融合发展实践活动。

第五，西南地区康养旅游产业转型发展的实现路径研究。为进一步推动西南地区旅游与康养产业融合，更好地促进西南地区康养旅游产业健康发展，该课题从政府、行业、企业和人才培养四个层面提出西南地区旅游与康养产业融合发展的实践路径。其中，政府层面包括：提升理论认知、构建政策支撑体系、建立资金保障机制、加强基础设施建设等；行业层面包括：优化产业结构、完善康养旅游产业链、加强行业联动等；企业层面包括：开发特色康养旅游产品、培育龙头企业、创新营商模式等；人才培养层面包括：推进教育改革、加强人才引进、促进政校企合作等。此外，还选取了巴州区、华坪县、桐梓县等区县开展实践案例研究。实施路径的提出能够给康养旅游目的地管理部门和从业者提供一定的理论参考，推动西南地区康养旅游产业优化发展，刺激康养旅游产业社会、经济和生态效益充分释放，全面服务“健康中国”战略，构建康养旅游产业及大健康产业发展新格局、新思路。

目 录

第 1 章

绪论

1.1 研究背景

（1）健康处于优先发展战略位置，国家全方位促进康养产业发展。

2015 年前后党中央把保障人民健康放在优先发展的战略位置，有关养老和健康服务的支持性、引导性政策文件陆续出台。2016 年，许多省区市将康养产业纳入“十三五”规划之中，并编制了相应的发展战略及指导性政策意见，1 月国家旅游局发布《国家康养旅游示范基地标准》，其中对康养旅游概念进行了界定，并制定了康养旅游基地建设的必备条件和基本要求；5 月国家林业局又印发了《林业发展“十三五”规划》（简称《规划》）提出：大力发展森林等自然资源旅游，完善森林体验和康养功能，建立集旅游、医疗、康养、教育、文化、扶贫于一体的林业综合服务业；10 月中共中央、国务院印发《“健康中国 2030”规划纲要》，纲要指出：全面促进健康与其他产业融合发展，培育健康文化产业和体育医疗康复产业；健全健康医疗旅游行业标准、规范，发展中医药健康旅游，建设具有国际竞争力的健康医疗旅游目的地，催生健康新产业、新业态、新模式。2018 年度政府工作报告再次重点强调要积极应对人口老龄化，发展居家、社区和互助式养老，推进医养结合，提高养老院服务质量。2019 年，国家林业和草原局、民政部、国家卫生健康委员会、国家中医药管理局联合印发《关于促进森林康养产业发展的意见》，提出优化森林康养环境，完善森林康养基础设施，丰富森林康养文化，创建森林康养基地，规范康养市场行为，打造生态优良，健康有序的森林康养环境。2021年，中国旅行社协会发布《康养旅游基地设施与服务规范》，从范围、规范性引用文件、术语与定义、基本要求、核心产品与服务、配套设施与服务、综合管理、合格认定八个维度对康养旅游进行了标准性规定。党的十八大以来，国家及各地方政府陆续出台多项支持政策，大力支持生态康养、运动康养、医疗康养等不同类型的康养休闲度假产业的高质量发展，稳步推进康养类休闲度假载体建设，引领行业创新发展模式。康养产业已经纳入国家发展战略，并提出了康养产业的发展战略和指导性政策意见，对康养旅游政策和实践进行了积极的探索，大力促进了康养产业的发展，表明了国家对康养旅游发展之重视，支持力度之大。

（2）老龄人群和亚健康人群规模扩大，行业增长潜力巨大。

据第七次全国人口普查表明，我国60岁及以上人口占全国人口的18.7%，其中65岁及以上占全国人口的13.5%。到2050年，我国老龄人口将达到全国人口的1/3。我国已经步入老龄化社会，未来人口老龄化问题将会更加严重。康养旅游作为集健康、养生、休闲、旅游于一体的新兴产业，在此背景下，拥有广阔的发展空间。

工业化和城镇化进程加快、环境污染加剧、工作生活压力增大等因素导致亚健康人群增多。目前，我国70%的人处于亚健康状态，15%的人处于疾病状态。社会经济的快速高效发展，人民生活水平的提高，使得国民健康意识及需求不断增强，追求养生养老的人群规模不断扩大，医疗康养度假产业迎来发展“风口”。后疫情时代，人们更加重视健康，对“健康、愉快、长寿”的需求越来越强烈，人民旅游需求由观光体验向健康养生方向延伸，刺激了康养旅游需求井喷式涌现，带来康养休闲旅游发展新契机。

（3）良好的市场环境，发展前景广阔。

在“健康中国”国家战略背景下，“大健康”产业受到高度重视，基于健康的生活理念及生活方式的转变，大健康时代已全面来临。随着旅游产业转型升级，大众旅游目的倾向于亲近自然，追求健康和精神享受。康养旅游作为新的旅游方式，纳入我国旅游发展战略，将成为经济增长的重要引擎。

数据显示，2016～2020年，我国康养旅游市场规模一直保持高增长态势，2020年市场规模将达1000亿元左右，年复合增长率有望达到20%。康养旅游作为旅游行业的新业态、新模式，是旅游休闲度假的高级阶段，兼具“旅游”与“康养”两大特征，能够满足人们对专业化、品质化、个性化旅游产品的需求，成为广受全年龄段游客青睐的新兴专项旅游产品，有着良好的市场环境，是发展空间巨大的蓝海市场。

（4）乡村振兴战略实施，助推农村经济振兴。

2018年、2019年、2020年、2021年的中央一号文件都针对乡村振兴战略提出了科学规划，其中2021年的中央一号文件提出了乡村振兴全面推进的意见。乡村振兴战略实施不仅是经济和民生的根本，也是“两个一百年”奋斗目标得以实现的必要条件（张婷婷，2021）。因此，促进乡村振兴是加快农业农村自身发展的必然要求；是满足人民日益增长的美好生活需要的迫切要求；也是促进经济社会健康持续发展的重大举措。一方面，乡村振兴战略有需求、有基础、有条件，抓住这一历史契机，顺势而为，主动作为，可以全面实现新农村建设。另一方面，随着居民收入的提高，对农业生态、社会、文化和休闲等多功能性提出了更高要求，人们受农耕文化的影响，具有巨大的田园向往，形成强大的田园文化力量，乡村振兴战略反映了时代的呼唤、发展的必然、人民的期盼。

旅游业是一个关联度强的综合性行业，与农业的渗透、交叉和重组形成新型业态，能够提升产业的创新能力和竞争力。全国各省市如火如荼地进行乡村旅游建设。农村自然环境优美、生活氛围闲适、人文景观丰富，能够满足人们日益增长的对自然环境和精神享受的需求，促进人民身心健康。在政策、资金和人才等方面扶持和保障下，能够推动旅游业的创新，促进产业融合，激发农业活力，助推农村经济振兴，为乡村振兴注入新的动力。

1.2 研究目的

随着我国经济社会发展，人民生活走向全面小康和文明富裕阶段，大众健康意识和健康需求不断提升。康养旅游作为一种延长旅游者生命、强健旅游者身体、提升旅游者生活水平的一种特殊旅游形式，能够满足人民群众多样化、多层次的需求，提升人们的生命和生活质量，推动后疫情时期经济恢复和高质量发展。另外旅游和康养产业作为朝阳产业，一方面，旅游产业作为具有较强带动性产业，对于康养产业的转型升级具有助推作用。另一方面，康养产业也能不断丰富旅游产业的业态，提高旅游产业的综合性。两者融合具有必要性，只有两大产业相互补充和衍生，才能演变形成新的产业业态和新经济发展形势，促进经济发展和产业转型升级。最后，作为低碳绿色产业，康养产业覆盖面广、辐射力强、带动性大；康养产业必须融入新发展格局，顺应旅游产业和康养产业发展新业态和新模式，丰富康养产业供应链和产业链，提高康养旅游质量和效率，实现旅游产业的创新发展和康养产业的快速成长，为健康中国战略和新经济发展格局做出贡献。

本研究遵循旅游和康养产业融合发展的规律性、科学性，结合西南地区的环境承载条件和资源禀赋特点，依据康养旅游产业融合机制、融合发展评价指标体系和相关数据，构建西南地区康养旅游产业融合发展综合评价体系，对西南地区康养旅游产业融合发展的程度及其效率进行评价；结合对旅游产业与康养产业融合发展的内外动力因素分析，将旅游企业和康养企业作为博弈主体，通过建立旅游与康养产业融合发展的动态演化博弈模型分析二者融合发展的演变过程；并以此为基础，根据康养旅游资源特征，构建西南地区康养旅游资源开发价值综合评价体系，说明不同模式的影响因素、差异性和特点，合理构建不同康养旅游模式及空间分布；最后基于制度理论和机制设计理论，从微观和宏观视角设计出西南地区康养旅游产业的不同模式的运行机制，以制度来指导和管理西南地区康养旅游产业融合发展实践活动，并从政府、产业、企业主体层面，探索西南地区康养旅游产业融合发展实现路径。研究成果能够作为西南康养旅游产业融合发展研究的理论参考依据，为康养旅游产业研究提供有效补充；促进西南地区康养旅游产业深度融合，为康养旅游产业发展提供重要的经验借鉴；优化我国康养旅游产业结构，顺应旅游业和健康产业未来发展方向，全面提高旅游业社会效益、经济效益和生态效益；能够为贯彻国家乡村振兴战略，建设国家康养旅游示范区，实现西南地区乡村经济转型发展和全域背景下各地康养高品质发展提供理论支持和实践指导。

1.3 研究意义

学术意义：国内外学术界对于康养旅游研究呈现逐年增长的趋势，已经积累了一些学术成果，但是依然存在基础概念界定不清、研究内容深度不足、理论体系尚未完全建立等方面的问题。本研究构建西南地区康养旅游产业融合发展概念模型、西南地区康养旅游产业融合发展的动力机制模型以及康养旅游产业融合发展的动态演化博弈模型；运用数量与计量方式，从政府、产业、企业等层面探讨运行模式、机制设计与实现路径。本研究对康养旅游研究进行了拓展和深化，以区域为视角，充分考虑区位特征，使康养旅游研究视角更加广阔，弥补了一些现有研究的不足，明确了未来的研究重点和方向，为西南地区康养旅游产业融合发展研究提供理论参考，为各地康养旅游规划开放提供思路和指导。

应用价值：本研究报告采用定性与定量相结合的方法，定量刻画西南地区康养旅游产业融合发展的程度及其效率，深入探寻西南地区康养旅游产业融合发展的主要动力因素及其相互作用演化机制，分析西南地区康养旅游资源的空间分异特征，评价西南地区十九大片区618个康养旅游资源单体的开发价值，探求康养旅游产业融合发展体制机制新模式和康养旅游产业融合发展的创新路径。该研究能够为促进西南地区康养旅游产业良性融合，为我国康养旅游产业升级发展提供重要的经验借鉴，提出的康养旅游产业融合实施方案，为西南地区康养旅游产业政策的制定提供重要参考。

1.4 研究方法

(1) 文献分析方法。

本研究以“康养旅游”为研究对象，广泛收集国内外文献和资料，主要资料来源于万方数据库、中国知网数据库等数据库。由于康养旅游研究尚未形成体系，医疗旅游、康养旅游、养生旅游、保健旅游和健康旅游概念界定模糊，形成“概念丛林”。本研究以康养旅游、健康旅游、保健旅游、养生旅游和医疗旅游为主题，查阅和收集最新研究成果和文献资料；搜索英文文献时关键词包括：“health tourism、wellness tourism、health and wellness tourism、medical tourism、fitness tourism、spa tourism”等，收集整理相关国际康养旅游研究。重要数据资料参考了各省市文化旅游发展委、各省市政府、各省市统计局等网站，以及文化和旅游部和国家文化旅游发展委等国家网站。通过对国内外相关论著、书籍、论文集、年鉴和期刊等文献资料进行系统的整理、分类、分析国内外康旅融合的研究成果和现状，掌握和获得研究报告的基础资料和统计数据，为研究报告提供理论和数据支撑。

（2）案例分析法。

案例分析方法是一个通过理论来联系实际的重要方法，也是旅游产业研究中比较常用的一个方法，通过这种方式，使读者能够快速进入一些特定的场景，案例分析法会选用一些经典案例作为素材，进行具体的解剖和分析，通过案例分析法能够更加容易地追溯到某些问题的根源，从个案中寻求共性，因此，本文采用案例分析法，以西南地区618处康养旅游资源单体为对象，分析西南地区康养和旅游产业资源开发模式，并从政府、行业、企业和人才培养四个层面以四川省巴中市巴州区、重庆市石柱县、云南省丽江市华坪县、贵州省遵义市桐梓县为案例探索西南地区旅游与康养产业融合发展的实践路径。

（3）定性和定量研究相结合。

定性分析是主要依据事物的某些属性和社会现象对研究对象进行描述和分析；而定量分析则是从数理的角度精准化和深度化定性分析，进一步探索研究对象的特征和关系。本研究首先运用耦合协调理论构建了旅游产业与康养产业综合评价指标体系，并计量分析西南地区四省市2010~2019年间旅游与康养产业综合发展值、耦合度和耦合协调度。其次，运用演化博弈理论，将旅游企业和康养企业作为博弈主体，通过建立旅游与康养产业融合发展的动态演化博弈模型探寻西南地区康养旅游产业融合发展的主要动力因素及其相互作用演化机制。再次，结合地理空间分析理论，利用最邻近指数和核密度分析西南地区康养旅游资源的空间分布特征，运用地理探测器，探测各指标对康养旅游资源空间分布的影响力大小，比较说明不同开发模式的影响因素、差异性和特点，并针对不同模式及其实现目标，利用主层次分析法建立结构方程模型，定量分析不同模式与影响因素之间的量化关系。最后基于制度理论和机制设计理论，研究康养旅游不同模式下的运行机制，从政府、产业、企业和人才培养四个主体层面，探索西南地区康养旅游产业融合发展实现路径。研究以两大产业融合发展的相关理论为依据，采用定性的全面分析，并通过数理分析，加深文章的精确度和可信度。

（4）多学科综合研究与系统分析研究相结合。

本文综合运用区域经济学、产业经济学、旅游管理学、制度经济学、计量经济学、统计学、运筹学、管理学、地理学、生态学、环境学和社会学等相关基础理论，将西南地区康养旅游产业融合发展效率、动力机制、开发模式、机制设计和实现路径进行系统分析，以避免研究的孤立性和研究视角的单一性。

1.5 研究内容

本研究在乡村振兴战略的背景下，结合西南地区康养旅游产业发展的内在规律和特点，从供给侧结构性改革角度，定量刻画西南地区康养旅游产业融合发展的程度及其效率，探寻西南地区康养旅游产业融合发展的主要动力因素及其相互作用演化机制。并以此为基础，深入探讨西南地区康养旅游产业融合发展的运行模式、机制设计和实现路径，从而系统地提出既符合一般管理规律又符合西南地区具体背景的管理决策建议，最终构建动态协调的康养旅游产业融合发展生态系统。主要研究内容为：

（1）西南地区康养旅游产业融合发展的效率评价研究。

该部分研究从五个维度，即资源融合、市场融合、功能融合、技术融合与人才融合对康养旅游产业融合机理进行了分析，基于此，通过构建旅游产业与康养产业综合评价指标体系计量分析西南地区康养旅游产业综合发展值、耦合协调度，经测算结果的排序比较，划分耦合协调发展水平，探究西南地区康养旅游融合发展效率和产业融合发展现状。西南地区康养旅游产业融合效率评价分析揭示了西南地区旅游产业和康养产业的耦合协调发展现状，找出了西南地区康养旅游发展存在的问题和差距，为本书下一步研究奠定基础。

（2）西南地区康养旅游产业融合发展的动力机制研究。

该部分研究运用演化博弈理论，将旅游企业和康养企业作为博弈主体，通过建立旅游与康养产业融合发展的动态演化博弈模型分析二者融合发展的演变过程。旅游与康养产业的融合发展也是一个长期的演化过程，二者融合的协调度和质量的提升是在反复的博弈中实现的，它们会随着外部条件的改善而不断提升。影响旅游和康养产业融合发展的主要因素为旅游与康养企业融合发展实现的收益增长率、融合发展成本以及政府补贴，博弈的结果是企业考虑经济收益后做出的最优选择。西南地区康养旅游产业融合发展的动力机制研究将深入刻画和揭示康养旅游产业融合发展的动力产生和协同演化等过程的规律和特点，有助于课题下一步对西南地区康养旅游产业融合发展的模式及其机制研究。

（3）西南地区康养旅游产业融合发展的开发模式研究。

该部分研究参考《旅游资源分类、调查与评价》（GB/T 18972－2017）和《中国康养产业发展报告》，结合西南地区康养旅游地的成因和属性特点，将西南地区康养旅游资源分为康旅、康体、康养三种模式。并依据西南地区的资源禀赋，整理了西南四省市十九大片区 618 个康养旅游资源单体（西藏除外）。运用 ArcGIS 10.5 软件采用最邻近指数和核密度制图等方法分析康养旅游资源在空间上的分异规律，并利用主层次分析法和专家打分法建立结构方程模型，从自然环境、社会经济环境、旅游环境和旅游产业发展度四个方面构建了康养旅游资源开发综合评价体系，对西南不同片区康养旅游资源开发价值进行综合评价。再针对不同开发模式及其实现目标，通过地理探测器模型分析不同康养旅游开发模式的影响因素、差异性和特点。最后，根据上述分析结果，构建符合不同开发模式的康养旅游产业融合发展功能区，优化空间布局，实现西南地区康养旅游产业融合发展空间上的资源共享和循环利用。

（4）西南地区康养旅游产业融合发展的机制设计研究。

该部分研究首先对已形成西南地区康养旅游产业融合发展功能区的政府管理决策现状进行分析，根据上述分析的结果，基于制度理论和机制设计理论，分别从微观和宏观视角设计出西南地区康养旅游产业的不同运行模式的运行机制，用制度来指导和管理西南地区康养旅游产业融合发展实践活动。

（5）西南地区康养旅游产业转型发展的实现路径研究。

为进一步推动西南地区旅游与康养产业融合，更好地促进西南地区康养旅游产业健康发展，该课题从政府、行业、企业和人才培养四个层面提出西南地区旅游与康养产业融合发展的实践路径。其中，政府层面包括：提升理论认知、构建政策支撑体系、建立资金保障机制、加强基础设施建设等；行业层面包括：优化产业结构、完善康养旅游产业链、加强行业联动等；企业层面包括：开发特色康养旅游产品、培育龙头企业、创新营商模式等；人才培养层面包括：推进教育改革、加强人才引进、促进政校企合作等。此外，还选取了巴州区、华坪县、桐梓县等区县开展实践案例研究。实施路径的提出能够给康养旅游目的地管理部门和从业者提供一定的理论参考，推动西南地区康养旅游产业优化发展，刺激康养旅游产业社会、经济和生态效益充分释放，全面服务“健康中国”战略，构建康养旅游产业及大健康产业发展新格局、新思路。

1.6 研究的基本思路和技术路线

在理论基础与已有文献研究的基础上，结合西南地区康养旅游产业融合发展的实际情况，以发现问题、分析问题并解决问题的方式进行研究。具体技术路线如图 1.1 所示。

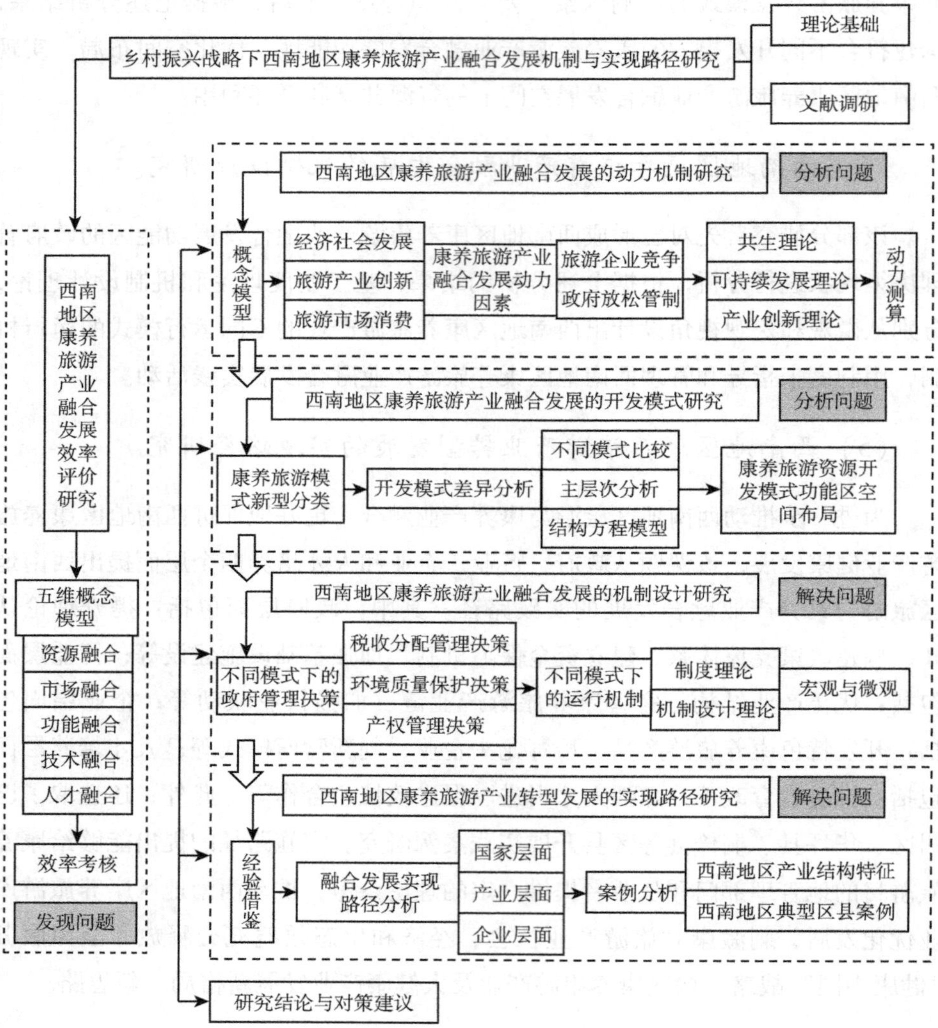

图 1.1　技术路线图

1.7　研究的创新之处

目前，现有关于康养旅游产业发展的文献主要局限于概念解读及定性分析，从定量研究的层面深入到产业融合发展机制、运行模式及实现路径研究不多，而契合西南地区的研究则更为缺乏。基于此，本研究从供给侧结构性改革的角度，将西南地区康养旅游产业融合发展机制、运行模式及实现路径研究置于乡村振兴战略下，力图从供给侧结构性改革角度为西南地区康养旅游产业融合发展过程中运行模式、机制设计与实现路径提供科学的决策依据。因此，本文的研究视角和研究内容是新颖的，也成为本研究的第一个创新之处。

本研究将采用熵值法确立模型权重定量分析评价西南地区康养旅游产业融合发展的现状，并利用演化博弈理论，通过建立旅游与康养产业融合发展的动态演化博弈模型分析二者融合发展的演变过程。并在设计西南地区康养旅游产业融合发展的资源开发模式时根据康养旅游资源单体依托，结合地理空间分析理论，运用 ArcGIS 对西南地区康养旅游资源进行平均最近邻分析，采用了层次分析法来确定评价体系各指标权重，综合利用数值模拟、空间计量等多种定量分析工具，构建不同模式康养旅游产业融合发展功能区，优化空间布局。因此，本文在研究中拟采用的研究方法与研究手段也成为本研究的第二个创新之处。

本研究将从政府、产业、企业主体层面，探索西南地区康养旅游产业融合发展的运行模式、机制设计与实现路径，形成的政策建议经逐步反馈完善后预期能够在西南地区及国内其他区域推广运用，将为实现我国乡村经济转型升级以及西南地区农村拓展产业转型发展新空间、打造经济增长新动力、开创乡村振兴新局面提供理论依据及经验支撑。因此，本研究为乡村振兴战略下有效提升西南地区康养旅游产业转型发展所提出的决策建议将成为本研究的第三个创新之处。

第 2 章

相关概念和理论概述

2.1 相关概念

由于康养旅游研究尚未形成体系，医疗旅游、康养旅游、养生旅游、保健旅游和健康旅游概念界定模糊，形成“概念丛林”。本研究以康养旅游、健康旅游、保健旅游、养生旅游和医疗旅游为主题，搜索英文文献时关键词包括：“health tourism、wellness tourism、health and wellness tourism、medical tourism、fitness tourism、spa tourism”等，查阅和收集最新研究成果和文献资料，对康养旅游、健康旅游、保健旅游、养生旅游和医疗旅游相关概念进行界定和解读。

2.1.1 康养旅游不同概念

(1) 健康旅游。

世界旅游组织（1973）将以医疗护理、疾病与健康、康复与休养为主体的旅游服务统称为健康旅游。Kaspar（1996）最早将健康旅游定义概括为促进身体及心灵的健康发展，离开固定居住区域，获得的所有关系和现象的总和。Mueler 和 Kaufman（2001）定义健康旅游：为了能放松身心，缓解精神压力，人们常会离开居住了很久或工作了较长时间的地方，在此过程中所发生的一切活动和现象的总和。Sonja Sibila Lee（2006）认为，健康旅游主要表现为通过运动健身、休闲放松、文化体验、健康饮食等方式使人们获得愉快安康的感受。Chew Ging Lee（2010）提出健康旅游是指依托游客整体价值观，以维护身体健康为需求，去不同区域开展活动的行为。关于健康旅游，我们可以从狭义和广义两方面来理解，狭义是指在旅游保健、疾病防治、急救护理方面具有一定知识的基础上，通过参与健康相关的各类型活动，使旅游者在自然环境中开阔眼界、强身健体、愉悦身心。广义的健康旅游是指以可持续发展为理念，通过参与旅游活动来满足旅游者身心健康的需求，同时改善旅游生态的环境，形成良性旅游互动模式，促进旅游经济循环发展。另外，其他学者从目的说、过程说、综合说等不同视角对健康旅游概念进行了界定。"目的论"：依托原有的生态环境和休闲养生活动，满足人们的健康诉求；"过程论"：强调旅游过程的促进性，旅游活动以满足人们对健康的期待为根本，带给人们不同于一般旅游活动的感受。"结果论"：强调旅游结果的健康性。旅游的目的为改善、增进和保持旅游者健康（王艳，2007）。总体来说，health 和 wellness 都可以翻译成健康，health 是指身体状况远离疾病，wellness 指保持健康的状态，健康旅游包括消除人们亚健康状态、健全生理、心理的社会交往，也包括促进人们身心健康的活动。康养旅游、养生旅游、医疗旅游、中医药健康旅游等都归属于健康旅游范畴。

（2）医疗旅游。

医疗旅游主要侧重于疾病的治疗和身体的康复等活动，英文一般翻译为"medical tourism"。《旅游研究与市场》将医疗旅游定义为以医疗（医疗涵盖医药护理、疾病治疗、康复与休养等方面）为目的，到异地停留超过一天的活动。医疗旅游最初被认定为提供病人所需的任何特殊的医疗程序、手术和其他形式的专门医疗而开展的异地活动（R. srivastava，2006）。随着时代的发展，人们健康意识的强化，受保健、养生意识的影响，到旅游目的地接受特殊医疗护理、治疗和其他各种形式特殊医疗服务的过程都统称为医疗旅游，一般包括疾病治疗、医疗护理、保健等医疗服务与度假、娱乐等旅游服务。

另外，部分学者从"治"和"疗"角度对医疗旅游概念进行了系统定位，梁湘萍（2008）将我国医疗旅游按照形式进行了分类包括以下三种：第一种以"治"为主的西方医学技术主导型；第二种兼顾"治"和"疗"的中国传统医学旅游；第三种以“疗”为主的康复疗养旅游。刘庭芳（2009）将医疗旅游概括为旅游者健康作出贡献的一切旅游活动，具备2个要求：①具备旅游保健、疾病防治、急救护理、康复、美容、疗养等相关知识；②到异地接受医疗护理、疾病治疗、保健等医疗服务，度假、娱乐等旅游服务。吴之杰（2014）在结合众多学者的关于医疗旅游的理解的基础上，总结医疗旅游为医疗旅游者以维护和促进健康为目的，到非居住地接受医疗服务并进行观光休闲的活动。王颖（2015）把医疗旅游从“治”“疗”两个层面进行理解，以治为主的项目包括无生命危险系数小的项目（如牙科手术、整容手术、美容、皮肤病、生育疾病等）、生命危险系数高并且医疗资源较为稀缺的项目（如器官移植手术）、客源国尚未开发或被法律禁止的医疗项目（如堕胎、干细胞技术治疗瘫痪、安乐死等）；以“疗”为主的项目有康复理疗类项目（如医疗检查、美容、Spa及其他疗法等）、养生保健类旅游项目（药物养生、温泉、海滨、森林疗养等）。

（3）养生旅游。

养生是为追求幸福、强身健体而选择的生活形式，是在清楚的目标引导下积极自主地对自身的生命进行保养的行为。长期性地、积极自主地运用运动、寻觅食物、环境、药物等方式有效提高生命的质量和增加生命的数量的一切活动和关系都统称为养生。结合养生的定义，学者们对养生旅游的概念进行了研究，吴登梅（2006）在《旅游也可以养生》一文中将养生旅游定义为通过旅游活动的方式对人的心态、身体健康状况进行调整。吴若薇（2017）在《南昌市梅岭养生旅游资源评价研究》这部著作中，概括养生旅游为：为了提高人的健康程度而进行空间移动活动所衍生出的诸多关系与情况的综合。程清清（2019）指出，养生旅游是将现代养生理念与旅游目的地观景及文化体验相结合的一种旅游开发模式。彭燕燕（2021）对养生旅游定义进行了更新，养生旅游是离开居住地，以疗养、恢复身体、放松身心等为目的来到另一个地方居住或旅行；将旅游目的地旅游资源、旅游市场与旅游活动整合在一起，整体活动贯穿养生理念，使人们在旅游活动中到达养生的功效。

本书作者认为，养生旅游的主题为养生，目的是维持身体、心灵与环境达到一种平衡状态，依托当地的自然资源、饮食资源、配套设施等，通过空间转移所产生的各类关系与现象的总和（杨懿等，2015）。

（4）保健旅游。

保健旅游源于西方，隶属于健康旅游，是以改善身心健康为目的的旅游形态。Goodrich J N 和 Goodrich G E 于 1987 年提出“保健旅游”概念，指旅游设施或目的地通过创新将健康和旅游有效结合，提供有别于常规旅游设施外的保健服务及设施来吸引游客。广义的保健旅游是指离开居住地到大自然中进行的疗养旅游。狭义的保健旅游只涵盖医疗保健相关的旅游服务。世界旅游组织把以疗养、治疗疾病以及增进身体健康为目的的相关旅游服务定义为保健旅游。

（5）康养旅游。

目前学术界对于康养旅游的定义存在异议，缺乏统一一致的界定。国外学者普遍认为康养旅游是借助某些医学治疗的旅游服务使旅游者身体得到健康、放松，工作压力得到缓解的一种旅游方式（Goodrich，1994；Finnicum 等，1996；Mueller 等，2000；Didaslalou 等，2003 等；Loh，2014 等）。伯尔尼大学休闲与旅游研究所定义康养旅游为人们以保持或促进自身健康为目的，外出旅行和停留而产生的一切关系和现象的总和。全球康养研究院对康养旅游的概念界定强调旅游以身体保养与健康为目的。

我国学者对于康养旅游的定义也提出了不同观点，王赵（2009）首次提出康养旅游的概念，即以一定的自然环境、人文环境和文化环境为基础，开展康养活动以达到旅游者康养的目的。赖启航（2015）提出，康养旅游是在国民健康处于亚健康和人口老龄化的背景下，以良好自然生态环境为基底，以养生文化为依托，将养生和旅游深度融合的特色旅游活动。任宣羽（2016）认为，康养旅游是以身体健康改善、疾病预防、精神平衡等为目的专项度假旅游，涵盖健康相关的所有文化体验及休闲娱乐活动。谢文彩（2018）等认为，康养旅游是以良好的生态环境和养生、医疗设备为依托，使旅游者通过休闲养生、康体度假、生态疗养、修身养性、养老保健等形式，达到身心健康和精神愉悦的特色旅游活动。李伟杰（2021）将通过饮食调理、娱乐、旅游、学习、休闲、修心等方式达到身心愉悦的、延长寿命、身心天人合一的活动总结为康养旅游。

国家旅游局在2016年颁布了《国家康养旅游示范基地标准》，对康养旅游做了官方定义，指出康养旅游为通过养颜健体、修心养性、营养膳食等各种手段，使人在生理上、心理上和精神上都达到自然和谐的优良状态的各种旅游活动的总和。因此，本研究采用康养旅游作为研究对象，康养旅游即离开居住地，通过各种形式的旅游活动达到身体、心智和精神上的和谐自然、平衡良好状态的一切关系。

2.1.2 产业融合

20世纪70年代，随着发达国家高新技术的快速发展，一些信息产业之间的产业边界逐渐模糊甚至消失，从而产生了新的产业形态，因此被学者们提出产业融合概念。美国学者卢森伯格（1963）早期用技术融合来表示产业融合，即将类似的技术运用至不同产业的内容与形式，创造另一个专业化、独立的机械产业。欧洲委员会“绿皮书”指出产业融合是因技术网络平台的整合、市场和产业的联盟与兼并产生的。随着经济全球化的发展和产业的发展进步，产业融合不仅局限于信息技术类产业，而且呈现多产业一体化发展态势。产业融合分为技术融合和产品融合，其实质为原本归属于两个市场的产品随着技术进步和创新，为了适应产业增长致使原本的产业边界模糊或消失，产生新的相互关联的一种经济现象。植草益（2003）、马健（2005）、詹浩勇（2006）、李美云（2012）将产业融合定义为由于技术创新和放松管制或限制，行业之间的进入壁垒降低，原有行业的产品特性或市场需求、行业之间的竞争与合作关系发生变化，进而导致行业边界的模糊或消失。郑明高（2010）在《产业融合发展》中指出，产业融合是通过渗透、重组、延伸来打破原产业边界，建立产业分工链网络。姜长云（2015）指出，产业融合是不同部门或者不同行业相互交叉渗透，形成一定相互关联，最终形成新型业态的过程。周振华（2002）对产业融合进行了补充，认为产业融合的本质是技术升级与客观外部需求产生的协同竞争关系，致使不同产业的边界出现模糊化后形成的全新的产业格局。

刘梦竹（2021）指出，产业融合是经济全球化和竞争力加剧情况下衍生出的产物，在产业的创新、转型、结构性调整、技术增长等方面都有极大好处。旅游与康养产业的融合是通过旅游产业和康养产业间的互相补充和衍生，实现两个产业的多方面融合，从而演变为新的产业业态。

2.1.3 乡村振兴

乡村振兴战略具有特定的时代背景和丰富的内涵。党的十九大提出根植于中国文化基础的“乡村振兴”战略是新时代发展的需要，是实现中国均衡、可持续、充分发展的必要条件。实施“乡村振兴”战略，可以建立健全发展体制机制，促进城乡一体化发展和社会主义新农村建设，破解发展不平衡不充分的矛盾；实施乡村振兴战略与工业化、城镇化和城乡关系规律演变高度契合，着眼于农村发展不平衡不充分和全面实现国家现代化。蒋永穆（2018）认为，乡村振兴战略的内涵是实现7大根本性转变：从城乡一体化发展向坚持农业农村优先发展、从促进农业现代化向促进农业农村现代化、从生产发展转向产业繁荣、从环境整洁向生态宜居、从乡村文明向乡风文明、从管理民主到高效治理、从生活宽裕向生活富裕。叶兴庆（2018）从理论和现实逻辑两方面提出了对“乡村振兴”战略内涵的理解，从理论逻辑看，实施乡村振兴战略与工业化、城镇化和城乡关系规律演变高度契合；从现实逻辑看，乡村振兴战略主要聚焦于乡村发展不平衡不充分和全面实现国家现代化。牟少岩（2018）认为，乡村振兴战略是新型城乡关系下“三农”政策的完善，是“三农”政策从城乡统筹向城乡一体化的升级和跨越，是农业和其他产业之间关系的新思考和定位。王一铮（2019）认为，乡村振兴战略是一种以乡村发展为重、优化农业资源配置的现实选择，主旨在于全面部署了新时代“三农”工作。韩红磊，李荣（2020）提出，乡村振兴战略是关系全面建设社会主义现代化的全局性、历史性国家任务，是新时代“三农”工作总抓手，是对乡村生产、生活、生态做出的重要战略性部署，也是全面建成小康社会的重要载体。胡丽平、时宇宁、刘小宁（2021）将“乡村振兴”战略理解为从党和国家事业全局出发、着眼于实现“两个一百年”奋斗目标、顺应亿万农民对美好生活向往作出的重大决策，能指引我国农业、农村未来30年发展，具有化解新时代主要矛盾、全面建成社会主义现代化强国、打破乡村衰落铁律、深化城乡发展规律、破解城乡二元格局的重大战略意义。毛爱花（2022）指出，乡村振兴战略能够帮助贫困地区人口实现小康生活，是我国推动城乡融合发展的重要理论。实施乡村振兴战略根本目的是提高农民在农村发展中的参与度和受益面，根治农村产业问题，满足人民日益增长的美好生活的需求（刘玲，彭真，2021）。总体而言实施乡村振兴战略是在中国特色社会主义进入新时代的历史背景下，党中央以对国情、农情、城乡特征等方面的全盘把握为基础，以人为本，对“三农”工作作出的新战略部署、树立的新目标（张娇，2020），乡村振兴战略由“产业振兴、人才振兴、文化振兴、生态振兴、组织振兴”等几个方面组成，主要目标是产业兴旺、宜居生态、文明乡风、治理有效、生活富裕。

2.2 相关理论

2.2.1 融合相关理论

（1）产业融合理论。

Rosenberg（1963）从技术融合角度研究美国机械工具产业早期的演变，最早提出了产业融合理论，即不同的产业通过大众通用技术拉近产业间的联系。20世纪70年代末期，随着电子产业与通信产业的融合突出，产业融合受到广泛关注。20世纪90年代的中后期，该领域的研究进入一个迸发期。美国学者Greenstein和Knanna（1997）提出，产业融合是产业边界为适应产业增长而收缩或消失的一种经济现象。产业融合理论指出，产业融合不是产业的替代和重组，而是产业间相互渗透融合，突破现有模式，进行多层次、多方面的创新，使产业边界模糊化产生新兴产业的过程，融合之后的新兴产业同时具有这两个产业的特征与优势。产业融合包括三方面的融合，即技术融合、市场融合和产品融合。从技术的角度来看，技术通过创新在新产业中得到广泛应用和传播，导致不同产业之间技术产生关联性，全面创新使不同产业开始融合。从产品的角度来看，不同产业的产品通过整合形成全新的产品，产业融合通过产品表现出来。从市场的角度来看，不同产业之间市场准入障碍逐渐模糊，甚至消除，导致不同的产业在市场方面出现了交叉，甚至是合并。在产业融合发展过程中，技术创新是产业融合的共同基础。技术创新是原生产路线和市场需求发生变化的情况下，在相关产业间形成新的可替代性和关联性的技术及工艺手段，进一步扩大市场空间。相关产业融合理论指出，受经济全球化的影响，企业为进一步增强竞争力，扩大生产经营效益，开始开展多种产品生产经营，提高产品竞争力，同时加强企业内部的分工与协作融合，因此，加强产业间的关联性和产业效益最大化成为产业融合的基础，而政府产业的放松管制则为产业融合发展提供了政策支持。产业融合理论的不断发展与完善为调整产业结构，推动产业转型升级，有效解决产业融合过程中发展路径选择、可持续发展等方面的问题提供支撑。在乡村振兴背景下，产业融合成为了城乡融合的实质，是城乡融合的核心、纽带和催化剂（廖武华，2020）。产业整合是一个动态的过程，在融合过程中不同产业间通过资源、市场和技术相互补充、相互促进、相互渗透（刘俊梅，2013），产生新兴产业（夏全，2021），为产业发展提供更好的新思路和新趋势。现代经济的发展，借助科技发展、现代文化和消费者需求多元化，产业融合能够促进产业创新，赋能并提升产业竞争力。

产业融合理论中指出旅游产业融合主要表现在旅游产业系统的各要素相互竞争和合作，并通过共同演进形成新兴产业融合的过程（徐虹，2008）。旅游产业融合包括旅游产业内部不同行业直接和与其他产业间的相互渗透、相互交叉（张凌云、赵黎明，2011）。产业融合的本质在于不断催生新经济、新业态，从而促进经济发展，产业升级。旅游与康养产业的融合是通过旅游产业和康养产业间的互相补充和衍生，实现两个产业的多方面融合，从而演变为新的产业业态和不同的产业形态。

（2）耦合协调度理论。

耦合的概念最早出现在物理学领域，随后广泛应用于通信、机械、软件等工程领域。它是指两个或两个以上的事物或者领域通过相互作用与影响而彼此影响以至联合起来的现象。目前人们将耦合的概念扩展至经济领域，概括为两种或者两种以上的产业，受到相关因素的驱动，从而进行联合。融合和耦合之间存在差异性，融合是同一技术或工艺向不同产业扩散，耦合是不同技术、知识、市场在不同产业多方位融合。

耦合度用作对模块间关联程度的度量，判断的是各个子系统发展是否处于相同或相近水平，却不能判断各个子系统内部发展水平的高低，也不能说明各个子系统融合发展的水平高低与协调性。耦合度（Coupling Degree）可以分为正向耦合和负向耦合，正向耦合为事物之间相互促进的联合关系，而负向耦合为事物间相互作用制约或者限制。协调是一种关系结构，它反映了系统内部各子系统或者要素协同运动中形成的比例关系，协调度是度量在发生过程中各子系统或要素之间彼此和谐一致的程度，体现了系统从简单到复杂、由低级到高级，从无序到有序的趋势，主要用来描述系统演化过程中协调状态好坏程度的指标（周杏，2021）。

耦合协调度描述了系统之间或系统不同元素之间的协调性，量化了开发过程的协调程度，根据计算值的变化量化了系统过程的变动。耦合协调度是耦合度性质的定量描述，可以对系统内子系统间的耦合程度及子系统间的协调发展情况进行刻画，衡量复杂系统发展演化过程中各组成部分和子系统之间的耦合协调关系，可以为系统的最优发展寻求最优的耦合协调度模型。耦合协调度模型是研究区域整体均衡发展程度的有效评价与研究工具，用于分析事物的协调发展水平。耦合协调度模型包括三个指标值的计算，即耦合度值、协调指数值、耦合协调度值。耦合协调度指标有机地将耦合度与协调度相结合，能清晰地测量复合系统内部融合发展的水平与协调性。耦合协调指系统之间或系统不同元素之间在时间与空间尺度间的相互影响，促进相关系统全面优化发展的过程（田俊峰，2019）。协调反映的是各系统间相互作用或配合的密切程度。耦合协调理论用于分析事物的协调发展水平，通过建立耦合协调度模型，将耦合度与协调度有机结合起来，测度两个及两个以上系统相互作用程度及其良性协调动态情况。

2.2.2 产业相关理论

（1）产业共生理论。

随着经济飞速发展，社会全面进入工业时代，环境污染和合理资源配置受到人们的高度重视，管理学与经济学家们在运用可持续发展、循环经济理论的同时，也将生物学中的共生理论吸纳引入产业和工业问题研究中，用于解决产业和工业化进程中的各种困难。产业共生主要包括三个方面：一是企业间的资源再利用以及环境保护向信息共享、技术交流、理念交流等方面逐步延伸，形成了新的产业组织形态；二是企业在经济体系与市场环境中形成了共生关系，根据自身优势构建共生体系，使产业链与价值链共赢，实现系统演化方向和稳定性的预测和判别；三是通过技术交流、信息共享形成产业技术创新联盟。

共生关系在经济学中指不同企业彼此间的吸引、竞争、合作和促进等关系。产业共生是经济主体之间为了达到互利共赢、相互促进、协调发展的结果，而产生的物质、能量间的关联。产业共生理论就是获悉经济体互利共生过程中的规律，探索其共生关系，解决未来产业发展的问题和挑战。Reid Lifset（1997）提出，基础设施和服务数据等要素的共享和利用可以形成产业共生。

Ehrenfeil（2004）拓展了共生理论的应用范围，在产业共生理论研究中加入了知识共享、技术创新和学习机制等。我国最早借鉴产业共生理论的学者为袁冠楠，他定义了共生体单元，即共生体物质交换和连接的基本单元，称共生体模型为单元之间相处和交换物质信息的方式，统称共生环境为除共生单元外其他可能对共生体造成影响的所有元素（袁冠楠，2018）。

（2）产业链理论。

最早的产业链理论是指生产企业内部各种生产活动，包括原材料采购、产品加工生产、产品生产销售等。随后，产业链理论延伸至企业之间，是指行业间各种资源通过不同生产加工环节最终达到销售环节的所有链条链。产业链理论是从产业或行业的视角，对整条价值增值纽带上的行业或者企业之间的联系展开研究，主要研究不同行业或不同业务之间的价值差异性，对市场、竞争对手、政策、供需链进行分析，帮助企业找到价值高、发展前景广阔的主营业务，明确产业链的主导者、上下游企业、各关键环节间的竞合关系，预测产业发展趋势，确定产业链商业模式，从而促进产业集群形成，使企业获得更多的产业竞争优势（高景昱等，2022）。产业链包括价值链、企业链、供应链和空间链。全产业链理论指出，相关产业部门之间存在一定的技术和经济关联，基于客观因素影响在时空分布上形成了连锁关系，利于产品部门之间的价值增长、信息交换、服务产出（王英臣等，2019）。生态产业链为系统性的创新活动。具有技术、管理、制度等多视角，宏观、微观、区域、全球等多个层次，通过调整产业链上不同产业的“序”和“流”，对生态经济体系进行创新（金国平，2022）。生态产业链作为一项系统性创新工程，以生态学为基础，以恢复与增大自然资源存量，以提高资源生产率与根本社会需求为目标，其建设以生态经济为主导，以技术为基础，有效的将相关产业串联，创新管理、运营，有效调整产业链秩序，形成健全的生态经济系统（张琪，2017）。

（3）产业集群理论。

产业集群最早只涵盖企业机构，是指区域内某个产业出现的多个企业集聚的现象。后续金融、政府等机构都纳入产业集群的研究范畴。产业集群公认的概念为迈克尔教授提出的，他指出产业集群是以主导核心产业、价值链等产业要素为基础的生产体系，同产业相关企业共同构成竞争优势，集群之间存在竞合关系。1990 年美国哈佛大学麦克尔·伯特对产业集群理论进行了完善，即地理上相近的特定产业领域的公司、机构，因共性或互补性而连接在一起，形成关系密切的区域生产联合体，以便更好地参与竞争（包大鹏，2018）。企业在地域上集聚，能够创造出良好的生产环境，充分调动各要素，推动企业合作，取得价值链、组织优化以及经济效益等地区竞争优势。2003 年，伯特对这个理论进行了更为深入的阐述：集群通常会向下延伸至下游的渠道和客户，互补性产品的制造商，行业内具有相关的技能、科技或是共同原料的公司。包含政府和其他机构（大学、制定标准的机构、智库、职业训练中心以及贸易组织等），为企业提供专业的训练、教育、资讯、研究以及技术支援。产业集群发展需要强大的政策支持为保证，活跃的科技创新为动力，完善的基础设施与配套服务为根本（亓鸣，2020）。“产业集群”理论是区域经济理论和城市群理论的补充，我国的“产业集群”具有政府推动、兴办园区、产城联动的特色。自发的、自然因素性能够形成“产业集聚”的时代已经过去，现在的“产业集群”主要是由政府规划和推动的。产业融合、跨界取胜，是时代的趋势（严含，2017）。当产业集群的创新能力和升级能力都比较强时就会带动生产力的发展，进而提升国家的竞争力（许可，2015）。

（4）产业生态学理论。

产业生态学理论是自然科学、社会科学和经济学的有机结合，利于实际社会环境和经济发展的科学实践，能够减轻人类活动对自然环境的损害，促进循环经济发展，实现经济社会可持续发展（侯鹏，2020）；主要研究社会经济系统中自然资源从源、流到汇的全代谢过程，组织管理体制，生产、消费、调控行为的动力学机制，控制论方法及其与生命支持系统相互关系。2009 年最早提出，随着社会经济的快速发展，人类在各个方面都取得了巨大的进步，而伴随而来的生态环境和资源消耗问题日益突出，人们意识到环境保护的重要性，产业发展需要平衡人们高能耗的生活和环境问题日益突出之间的问题，在产业生态系统和自然生态系统之间找到平衡点，分析资源消耗和产业利用，实现比较合理的设计。产业生态学主要是从人的行为的角度出发，研究生态系统和生产活动的平衡和谐发展，使得产业系统结构遵循生物圈协调发展规律，实现产业链内部不断循环地发展，包括产业系统与自然生态系统的相互关系，产业系统的结构、功能、动力学机制等。产业生态学需要协调地看待工业系统与周围环境之间的关系，努力优化整个物质循环过程。优化的要素包括物质、能量和资本。产业生态学是技术组织及其资源使用对潜在环境的影响的研究，能够有效调节产业发展与自然界的相互作用，促进全球经济可持续发展（张艳辉，2002）。

（5）供给侧结构性改革发展理论。

供给侧结构性改革主要目的为：调整经济结构，使生产要素得到优化配置，实现经济结构的转型升级，推动经济持续健康发展。供给侧结构性改革主要任务是通过劳动力、资本、创新等方面改革，提高经济供给质量及生产效益，矫正要素配置结构，协调目前经济发展不平衡、不充分与人们日益增长的物质文化需要之间的矛盾，使经济全面高效地发展。协调供给侧结构性改革是在我国经济发展步入新常态，以及经济面临下行压力背景下提出的重要举措，是我国改善经济结构，推动经济转型的重要政策保障。供给侧结构性改革旨在进一步提升资源配置效率，高效促进资源整合，充分利用增量改革促进存量调整，不断推动产业结构调整优化升级，大大提升供给产品质量，不断刺激消费需求，平衡供需矛盾，使消费成为生产力，实现消费结构优化升级，从而达到满足人民生活水平的更高要求以及经济健康可持续发展的目的。供给侧结构性改革的重点是解放和发展社会生产力，以改革促结构调整，以有效和中上阶层供给逐渐替代无效、低端的供给，增强供给结构对需求不断变化的适应性和灵活性，提高生产率（张玲等，2022）。新时期供给侧结构性改革理论的提出，意在通过从总需求管理转化为供给侧调整与需求侧管理的结合。以矫正发展中可能出现的供给和需求要素配置的比例失调，化解有效供给不足引发的结构性矛盾，更大限度地促进创新活力的释放（黄鼎，2017）。

2.2.3 动力机制相关理论

（1）系统动力机制理论。

系统内在机能、运行方式各要素之间相互作用关系的总和称为机制，机制的正常运转是通过微观要素之间的相互运动，引起系统宏观层面的非平衡变化，最终推动系统不断演化进步。动力机制是推进整个系统运行的动因和作用机理，以及维持和改善这种作用机理的各种关系所构成的综合系统的总和（马春野，2011）。动力机制有两种分类：第一为主要动力机制和辅助动力机制，市场需求为主要动力机制，社会资本（知识、资金、技术）和产业政策及制度为辅助动力机制；第二为激发动力机制和内源动力机制。激发动力机制为系统演化的环境条件，由系统外部环境子系统的相互作用构成；内源动力机制为系统向前发展的根本动力，由系统内部各子系统的相互作用构成。内源动力机制与激发动力机制的协同作用构成了产业系统自组织演化的协同动力机制，推动着产业系统进行自组织演化（马春野，2011）。运行的主要原理为：在产业系统开放的大前提下，由控制参量通过熵减机制提供适当的产业演化环境，通过竞争机制促使子系统参量之间产生竞争，系统因而趋于非平衡状态，然后通过协同机制使子系统状态参量产生非线性耦合效应，系统产生涨落并产生宏观序参量，序参量反过来通过役使机制支配产业系统进行自组织演化。

（2）演化博弈理论。

博弈论又称赛局论，是指在平等的对局下参与者对彼我策略的分析、调整和实践，以实现自身收益最大化。博弈论的思想早已有之，如古代的军事对抗、围棋对弈等。而博弈论真正上升为系统的科学理论则是近代以来的事情。新古典经济学将经济参与者视为拥有充分理性的主体，即产品供给方、需求方均能在给定的条件下做出最有利于自身的行动抉择。经典博弈论沿用了经济主体完全理性的设定，并进一步强调经济主体间的交互性，这使得博弈理论与现实更加贴合。然而，经典博弈论完全理性地假设强调博弈主体对自身和他人的收支、策略抉择、不完全信息下各种事件的发生概率及自身应做的最优调整完全清晰以及对其他博弈主体具备完全理性和完全能力的充分信任，这就与会受心理和环境等因素影响的、有限智慧的现实人和信任关系并非绝对稳定的现实世界不相符合。随后，经典博弈论进一步发展，并与动态演化分析过程融合，推动了演化博弈理论的产生。

演化博弈理论以生物进化论和遗传基因论为思想基础。我们知道，生物种群的发展进化遵循适者生存的原则，也即只有在资源和环境竞争中取得最大的收益，种群才能得以延续。适者生存的原则下生物种群的行为实际上趋于纳什均衡。进一步地，演化博弈理论也被用于研究人的行为，其只要求博弈主体明确成功和非成功行为的范围，而无须具备完全理性，因而在研究诸多现实问题中有特别优势。经典的演化博弈模型包含博弈群体集合以及群体中的个体间的重复匿名博弈。因群体数的不同，又分为对称博弈和非对称博弈。演化博弈理论强调博弈系统演化均衡是实现均衡过程的函数，因而可将多种系统均衡影响因素纳入模型分析。不同于经典博弈论，演化博弈理论的核心设定强调博弈主体理性的有限性，也即其并不明确其他博弈主体策略抉择，且并不能对任何环境的变化做出最佳反应，而是借助已有的博弈历史、社会环境状态等信息，在长期的过程中不断进行模仿、学习、适应和成长。博弈群体中的个体在重复博弈中，根据有限的系统信息，对自身策略进行持续改进，以实现自身收益渐进增长，以较为满意的事态代替较为不满意的事态，直至进入一种动态平衡状态。动态平衡状态下的博弈个体策略选择基本稳定，此种状态下的策略称为演化均衡策略。演化均衡策略（ESS）是演化博弈理论的重要概念，其描述了博弈系统演化的局部性质。演化博弈理论具有一些重要的特征：一是把博弈群体作为分析对象，研究其在长期的演化过程中达到某一状态的路径；二是博弈群体的演化是选择和突变过程的统一。作为一种发展比较成熟的科学理论，演化博弈理论在政治、经济、社会等研究领域都得到了广泛应用。

2.2.4 可持续发展相关理论

（1）生物共生理论。

1879 年，德国生物学家德贝里提出了两种或多种生物相互依存、共同进化的生物共生理论。按照生物学的共生理论，共生由共生单元、共生关系和共生环境 3 要素构成。构成共生体或共生关系的基本能量生产和交换单位称为共生单元，共生单元之间相互吸引、相互融合的作用方式称为共生关系，共生单元以外的所有因素的总和称为共生环境。对共生现象的研究始于生物学的范畴，随后延伸至社会、生态、经济等领域。从经济学角度来看，类似生物共生关系也存在于经济主体之间，共生单元需要作用于共生界面，确保经济体以某种共生模式能够在体系中存在。生态系统中的生物因素、生物种内间的共生关系是共生生物理论侧重点，它包括互助性和对抗性的共生关系，研究这些关系在促进人类社会生态系统持续发展等许多方面有着重大的理论和实践意义。

（2）可持续发展理论。

1980 年，由于《世界自然保护大纲》的签署，“可持续发展”首次出现在大众视野。“可持续发展”的概念最早来源于生态领域，是指生态和资源管理的策略，后来广泛应用于经济学和社会学。1987 年的世界环境与发展委员会的《我们共同的未来》的年度报告中给可持续发展下定义为“满足当代人的需要而又不对后代人满足其需要的能力构成威胁”的发展，并将此作为整个社会的发展目标。可持续发展理论围绕科学发展观的基本要求，提出任何发展不仅要考虑眼前的发展，满足人们的生活和生产需求，也要充分考虑未来的发展和长远利益，减少对后代生活和生产需求造成的负面影响。

随着时代的发展，人们对于可持续发展的认识在不断深化和完善，研究领域在不断延伸。持续发展的概念综合了经济、社会、环境、技术以及文化方面的动态信息，得到了全面补充。目前，可持续发展包括经济、生态和社会三个方面的协调发展，其内涵包括共同、协调、协同发展。“可持续发展”要求在经济、社会发展的整过程中，全方位考虑自然环境的承载力，在整个发展过程中应科学地、合理地利用资源，将保护生态环境贯穿于全发展过程。生态、经济和社会是可持续发展过程中的基础条件和最终目标。

从社会可持续发展的角度，我们必须要注重公平，实现社会的公平发展。社会可持续发展要以维护、合理利用生态系统和加强生态系统保护为出发点和重点，能够实现生态环境良性循环及经济高效增长均衡发展。1991 年，国际自然保护同盟将可持续性定义为“可持续地使用”。即在其可再生能力（率）范围内使用有机生态系统或其他可再生自然资源。同年，国际生态学联合会和国际生物科学联合会将“保护和加强环境系统的生产更新能力”概括为可持续发展。在《经济、自然资源不足和发展》一书中，作者 Edward B. Barbier 将可持续发展概括为：“在保护自然资源的质量和其所提供服务的前提下，使经济发展的净利益增加到最大限度”。

可持续发展将环境承载能力和资源可持续利用情况作为评价社会发展可行性的重要和必要指标，人类社会发展需要有效协调经济、自然生态保护、社会进步三者的关系，转变发展方式，使自然资源枯竭速度低于资源再生速度，使经济增长兼顾数量和质量，实现社会全面可持续发展（马楠，2010）。

2.2.5 旅游需求相关理论

(1) 马斯洛需求层次理论。

马斯洛把人类需求分成生理、安全、社交、尊重、自我实现五个大类。最基本的需求为自身的生存：饮食、睡觉、住所，高层次的需求为自我实现、个人发展和成长。

马斯洛的需求层次建立在两个基本理论之上：一是人们的需求具有层次性，下层的需求得到满足后，上一层的需求才会产生，已满足的需求对人们的激励作用将降低；二是各层次的需要呈相互依赖与重叠关系（袁忠霞 2012），任何需求不会因为高层次需求的出现而消失，而是高层次需求出现后，低层次需求对行为的影响降低。马斯洛强调人类所有行为都是由需求引起的，而不是由性本能引起的。程玮（2014）认为，需求间的相互联系，将组成了优势层次，通过动力系统开发潜能、组织行为、优化人格，人们的需求具有时代性，不同时期需求关注的重点将发生变化。张泽人（2016）提出生理、安全、情感方面的需求属于低级需求，可通过改善外部条件得到满足，而尊重和自我实现属于高级需求，只能通过内部因素变化得到满足；层次的排列规律具有阶段性和连续性，一个层次的需求得到满足，后一层次的需求才出现，某一层次需求满足后，人就会追求更高层次的需求。张杰、李倍萱（2018）认为，需求层次理论可以理解为人的基本需求是一个不断变化的持续过程，在低层次的需求满足后，才能够实现较高层次的需求，人们的需求会随着时间和环境的变化不断变化，但有时候也会出现高级需求不是在低级基本需求满足之后出现，却是在强迫、有意剥夺、放弃或压抑低级基本需求及其满足后出现。张建灿（2018）根据马斯洛的需求层次理论提出，人类的需要和欲望产生的动机影响人类的行为，需求的强烈程度由它在需求层次中的位置及它和所有其他更低层次需求的满足程度所决定。路彬（2019）在其论文《马斯洛需求层次理论下城市立体农场设计研究》中，指出人是一个有机整体，应当是动机和需求的结合，通过人的自我实现，达到“高峰体验”。需求是从低到高的发展，呈现一个波浪式的过程，需求层次具有多样性、阶段性、潜发性等特征。晋铭铭等（2019）提出，马斯洛需求层次理论是针对人的行为、人的心理变化以及人在生活和工作中的满意度等问题研究的理论之一，是心理学人本主义流派最经典的理论之一，该理论具有层次性、阶段性和整体性，但彼此之间不是割裂的，是彼此相互联系、相互影响的，低层次需求是基础性需求，只有它被满足后才会产生高层次需求（张雅晴，2020）。李杰（2020）认为，马斯洛需求层次理论存在两个基本内涵，首先，需求是人的基本属性，无论处于低层次或高层次，当需求被满足后才会出现新需求，需求趋势是逐级递增的；其次，多种需求未被满足前，人们常会首先满足急切需求，当该需求被满足后，此后的需求会呈现激励促进作用。马斯洛需求层次理论兼具普遍性和差异性，个体的生理、心理、社会经济特征以及所处的时代背景导致人们需求的表现形态和满足状况被贴上个人和时代标签（赵娜、谭天，2021）。

（2）旅游需求理论。

旅游需求是指在一定时期内，有旅游需求和闲暇时间的消费者在多种旅游价格下愿意并能消费的旅游产品的数量（陶琼，2020）。指向性、敏感性、多样性是旅游需求具有的特征。支付能力、闲暇时间和旅游动机是旅游需求满足程度的三个条件。支尔斯通过旅游需要层次模型将旅游需求划分为如下几部分：轻松需要、刺激需要、人际关系需要、自尊与发展需要和自我实现需要。冉恩将旅游需要分为智力需要、社会需要、能力需要和规避刺激需要。智力需要如学习、探险、发现思想等，反映旅行者个体在多大程度上被激发参与到各种精神性活动中；社会需要指个体在多大程度上被激发参与到各种精神性活动中；能力需要指个体在多大程度上被激发参与到一些能力或技艺培养的休闲活动上，通过活动再增强能力；规避刺激需要反映旅游者在多大程度上被激发逃离一些不想要的生活环境（白凯，2013）。

旅游需求理论是旅游经济学的主要内容，用于研究旅游需求特征，包括旅游动机、旅游支付能力和闲暇时间三个方面。王龙天（2006）提出，旅游需求属于较高层次的精神需求，主要包括积极的探新求异的需要、消极的逃避紧张现实的需要（刘敏，2009）。旅游需求具有较强的时间指向性、地域指向性、经济敏感度、社会敏感度，影响旅游需求的因素包括：旅游者本身因素、旅游客源地因素。张宇（2015）指出，旅游需求是旅游者基于一定物质基础而进行的旅游活动，旅游者追求的需求层次主要集中在自我实现的需要，即精神愉悦的享受和满足。目前我们将由于收入水平、消费能力、消费观念变化导致的消费者以商品和劳务形式存在的消费品的需求和目的产生结构性变化，而形成的新的旅游表现形式命名为旅游新需求，其具有层次化、个性化、激变性、发展性、重复性、健身性的特点（许诺等，2022）。

2.2.6 乡村振兴相关理论

（1）马克思城乡融合思想理论。

马克思从生产力与社会分工发展的角度分析了城乡关系运动发展的历史规律，提出城乡关系发展具有三大层次：统一、对立和融合。基于生产力与生产关系辩证运动的规律，马克思对未来城乡关系进行了分析与预测，即随着生产力发展和生产材料公有化，工农产业布局将会更加合理，生产要素的流动会更加顺畅，整个社会将成为城乡融合的有机整体。马克思呼吁："把农业和工业结合起来，促使城乡之间的差别逐步消灭。""科学技术是第一生产力"，科技能够为城乡均衡发展提供技术支持，促进生产力高速发展，提高生产力水平，缩短城乡发展差距，缓解城乡发展中的分离对立关系，减少城乡物质差距，优化城乡关系，加速城乡融合发展。

马克思认为，城市和乡村的发展必将走向融合统一，城乡融合符合人类社会发展规律。而要实现城乡融合发展，就要促进城乡间要素流动，加强城乡间联系，促进人口流动，消除阶级对立，实现生产力的发展和生产方式的革新。

（2）城乡统筹发展理论。

经济发展的进程中，要将城乡有机地联系起来，既要做到统筹协调，又要做到综合考量。统筹城乡发展理论的基本原则为以人为本，根本宗旨为持续缩短城乡差距，最终目标为实现城乡一体化发展，有效解决三农问题。其主要包括：城乡基础设施规划、城乡产业发展、城乡管理、城乡居民收入分配等四个方面的制度和内容。具体来说，第一，改变城乡建设分治和规划分割局面，拓宽城乡基础设施覆盖面；第二，推动乡村经济的发展第一产业转向服务业，提高农村的经济发展水平；第三，打破城乡二元经济社会结构，实现农村资源的合理配置；第四，把农村的交通网络、环境保护、生态保护等基础设施建设纳入财政预算，加强"三农"的财政扶持。

（3）乡村转型理论。

乡村重建的基本理念是：乡村是一个由资源禀赋、区位交通、社会经济、文化传承等多种因素组成的开放性系统，并与外部系统不断地进行物质、元素的交流与优化，从而达到乡村生产、生活生态等功能的协调优化与重组（龙花楼，2018）。乡村发展总体上要经过生产性乡村、消费性乡村和多功能乡村的过渡，最终转变成全球化乡村（胡书玲，2019）。乡村产业转型需要从单维度进行论述，包括农村产业转型、村庄形态转型、乡村治理转型等方面，还需要从生产、生活、生态功能转变和空间结构转变等角度进行界定。系统突变理论指出，演进或变迁的过程是转型的必要条件，是一个量变到质变的过程。乡村变迁是指乡村制度、农村制度在适应与调整外在环境的过程中，在内外环境交互协同作用下，寻致乡村发生跃迁式转型和发展。

第 3 章

国内外研究综述

3.1 康养旅游相关研究综述

3.1.1 国外研究现状

（1）康养旅游定义。

国外早在 14 世纪初期就出现了温泉疗养地，健康旅游项目在此基础上逐渐发展起来，这也是康养旅游最初的发展形态。20 世纪 80 年代，《旅游开发明细》和《旅游综合计划》等健康旅游相关专著的发表，学者们将健康旅游和旅游规划逐步结合起来。Goodrich（1994）、Jonathan（1994）和 Borman（2004）对康养旅游的概念进行了概括，提出健康旅游是一种既能提供旅游服务，又能提供医疗保健服务的旅游产品。Bushels（2000）将视为以医学治疗服务为基础的旅游方式，其能够让参与者减轻工作压力和放松身心。Mueller 和 Kaufmann（2001）将康养旅游界定为旨在维持和促进人体健康，使游客在旅途中维持健康状态或者改善不良状态的事物的总和。Smith 和 Puezko（2009）、Robyn Bushell 和 Pauline J. Sheldon 认为，健康旅游是改善旅游者生命、生活质量的一种旅游方式，包括人的身体、美容、精神、心灵、养老等在内的自我升华，并且与社会、宗教等因素紧密相连。Müşerref Sedef（2018）在《在棉花堡发展康养旅游的示范提案：棉花堡健康自由区》中，把康养旅游分为老残旅游、温泉疗养旅游和医疗旅游三大类。

（2）康养旅游发展。

Hansruedi Mueller 等（2001）通过对养生酒店的集群情况、设施服务、客源市场方面的分析，提出瑞士的养生酒店要特别注重品质管理，以迎合高端顾客的需要。Serrano，Mariella Perez（2009）指出，波多黎各具备发展养生旅游的条件，市场前景广阔，完全可以将其打造成一个健康养生旅游目的地。Robyn Bushell 和 Pauline J. Sheldon（2010）认为，康养旅游反映了现代人对于健康养老、美容养颜、精神满足等方面的不同追求，受到民族图腾崇拜、宗教活动的影响。Heung（2013）运用因子分析法，从新鲜空气、纯净水、景观、平静环境、安全、放松、健康饮食和中医等方面对中国养生旅游资源发展潜力进行了分析。Robyn Bushell，Pauline J. Sheldon（2010）对养生旅游的组成部分以及动机和目的进行了分析，得出结论：人们养生观念受文化的影响，各国人们养生观念存在差异。Shar－ifabadi 等（2014）通过利用模糊 TOPSIS 法建立模型，分析了游客满意度对康养旅游持续发展的主要因素包括：基础设施、专业人才以及游客满意度。Melanie Smith（2015）通过德尔菲法对波罗的海地区的医疗旅游资源进行了分析，得到新兴医疗旅游产品的发展方向和如何建立医疗旅游产业集群的策略。Jonas－Berki（2015）认为，自然资源是匈牙利医疗旅游发展的基础，匈牙利发展医疗旅游需要提高产品附加值，建立医疗旅游产业集群。Galina Romanova 等（2015）以俄罗斯的健康旅游产业为研究对象，对健康旅游的特异性、经济和社会影响、市场需求及供给特征、市场营销、市场最佳管理模式等问题进行了论述，并对俄罗斯健康旅游的发展趋势进行了预测。Huang（2019）等学者运用景观治疗理论，以中国巴马长寿之乡的自然环境、社会交往、标志性景观三个角度为切入点，系统地阐述了游客的康养过程。Andela（2020）运用 SWOT 方法对黑山成为康养旅游目的地所具备的有利条件与不利条件进行分析，并制定了黑山康养旅游开发策略，以期推动黑山康养旅游焕发出巨大的潜能。

Langviniene（2014）提出，养生旅游者旅游动机受有形资源和无形资源影响，有形资源包括健身产品、健康食品等，无形资源包括精神休息、身心放松等。Valentine（2016）基于旅游者偏好视角对牙买加养生旅游市场做出评价，认为影响养生旅游者整体偏好的养生旅游资源有以下几个方面：自然环境、文化、遗产、水疗服务、员工素质、客房服务质量、家庭团聚、游客间的沟通等。Page（2017）通过调查和分析影响英国沿海度假胜地养生旅游开发的有关因素，认为养生旅游游客增长量已超过医疗旅游，养生旅游者将在今后创造更大经济价值。Sharma（2018）在对印度345名国内游客深度访谈的基础上，运用因子分析法研究了景区的形象和游客满意度对景区重游率和推荐率产生的影响，并运用结构方程模型对养生旅游游客情感—行为模型假说进行检验。lhan Sag（2019）通过对288位来自不同国家的游客进行调查，发现康养旅游者在旅游体验、基础设施、法律与道德限制、旅游景点、宗教相似性、等待时间和康旅消费游价格等决定性因素方面存在明显差异。Faroldi（2019）认为，欧洲康养政策和旅游市场趋势的转变，促使人们对康养策略与医疗旅游创新受到广泛关注。

3.1.2 国内研究现状

将“康养旅游”作为主题词，CNKI全网搜索，共涉及1024篇文章，其中，最早的论文发表时间为2009年，伴随康养旅游业在我国的宣传和普及，研究不断深入，同时研究者们基于对问题的深入探讨，提出多种不同的观点和主张。

（1）康养旅游发展。

崔朝晖、唐晞（2022）根据国际旅游目的地评价标准，评估了攀枝花康养旅游目的地国际化条件，并就攀枝花康养旅游目的地的发展策略及发展模式进行了探讨。朱波等（2022）打破旅游、医疗、养老各个要素的独立性，结合本土特色，建立了三位一体的综合旅游产业链，旨在推动“医疗+养老”融合的康养旅游模式，助力康养产业更广范围、更深层次、更高起点上的融合。陈雪钧、李莉（2021）运用产业创新理论，从创新程度和范围两个维度构建了康养旅游产业创新发展模式的模型。刘丽莉等（2021）针对后疫情时代康养旅游发展，分别从武汉市、四川、浙江和湖北等城市角度出发，提出后疫情时代康养旅游发展的机遇与行动对策。陈雪钧等（2021）从空间、战略、品牌、产品、制度五个方面对我国康养旅游业的发展规律进行了剖析，研究发现东部地区多实施市场驱动型集聚发展模式，中部、西部地区多选择资源驱动型发展模式和行政驱动型集聚发展模式。王云燕（2021）根据当前康养旅游产品发展的强度和层次，依托“互联网”背景，提出了康养旅游产品的产品创新和市场营销战略。李莉在《康养旅游产业创新发展的动力因素研究——基于共享经济视角》一文中，从市场需求、产业供给、基础设施建设、外部环境四个方面构建企业的动力因素；结合重庆市的实际情况，采用熵值法与灰色关联度分析相结合的方法，对共享经济背景下康养旅游产业创新发展的动力因素进行探索。张圆圆（2020）基于对瑞安市康养旅游的 RMP 分析，提出了相应的康养旅游产品开发策略。卢秋欢（2020）基于 Arc Gis 软件，分析了壮族分布情况，以及同水域、水系的关系，并获得壮族的文化、康养等旅游要素特点，将壮族的文化特性与壮族文化的康养功能相结合，为文山文化康养旅游的开发指明方向。李梓雯（2019）在《依托国家森林公园发展森林康养旅游的探讨》文中，通过分析浙江雁荡山国家森林公园的自然资源、旅游发展现状等，评价了森林康养旅游资源现状，提出了开发环境、趣味、运动和理疗四类旅游产品。马颖杰（2020）通过对蕲春县的区域概况、乡村康养旅游的发展现状和发展乡村康养旅游的资源优势进行调查研究，提出蕲春县在乡村康养旅游发展过程中存在的问题。杨亚萍（2019）利用 CiteSpace 技术，以 2000～2018 年 CNKI 全文检索数据库为基础，对康养旅游研究的知识图谱进行了深入分析，并认为以后的研究应向融合学科、完善理论、多元化研究方法、细分维度、深度纵向推进等方面扩展。曾斌（2019）指出，广西高端康养旅游发展应该向粤港澳大湾区倾斜，利用广西的地理优势资源，探索广西康养旅游产业的新兴发展模式，打造西江康养旅游地带。刘惠娟（2019）从产业融合视角，对中国康养旅游现状进行了分析（易慧玲，李志刚，2019）总结了康养旅游发展模式及路径。干永和（2017）《基于消费者偏好的中医药康养旅游产品开发政策研究》中通过调查问卷分析了消费者在中医药康养旅游产品的偏好，提供了中医药康养旅游商品或服务新的开发思路。谢文彩等（2018）通过最邻近指数、核密度、泰森多边形等分析方法对 50 家武汉康养旅游目的地的空间分布进行了对比分析，提出了相关优化建议。张淑云（2014）从内蒙古地区的生态旅游现状出发，针对内蒙古地区的发展现状，有针对性地提出内蒙古要树立绿色营销形象，明确目标市场后，需以旅游社区模式为旅游产品主要开发模式。

（2）康养旅游评价体系。

李东（2021）选取17个指标构建了康养旅游评价指标体系，采用主成分分析法对四川21个地市州康养旅游现状进行了评价，该评价指标体系能够反映不同区域康养旅游的发展水平、优势和劣势，为各地康养旅游发展提供决策依据。段树国等（2021）选择涉及资源条件、环境条件、社会经济条件、设施条件四个方面的41个影响因子，构建出新疆康养旅游开发适宜性评价指标体系，对新疆康养旅游开发适宜性进行了评价，并建议在评级标准依据下因地制宜提出各地州康养旅游发展模式。闭闲、杨红英（2021）通过建立投影寻踪模型，从空间上对我国31个省（自治区、直辖市）的康养旅游人才环境进行定量化评价，研究发现：全国各省康养旅游人才环境评价总体偏低，各省之间康养旅游人才环境存在比较优势。郭亚容等（2020）将层次分析法与德尔菲法相结合，从康养旅游资源、康养旅游环境、开发建设价值三个方面分七个准则层和33个指标层，构建了康养旅游目的地的开发潜力评价体系，综合全面地评价了康养旅游目的地资源。宋娜等（2020）构建了18个指标三个维度的康养旅游资源评价体系，通过DEMATEL－ISM－MICMAC法分析了各项指标的影响关系，结论表明：资源要素价值、旅游开发条件、环境保护质量三个维度对康养旅游资源评价体系的影响主要体现在各维度指标下的相互关系。孙悦文（2019）从基地条件、市场需求、政策三个维度分析了攀枝花普达阳光小镇康养旅游适宜性，运用数据和AHP法评价了康养旅游资源的开发价值，为康养旅游小镇的开发提供全面的判断。李济任（2018）运用模糊综合评价法，从环境价值，资源价值和建设价值三个层面，分析研究了辽东山区森林康养旅游资源发展潜力。刘安乐等（2018）依据旅游资源评价分类表，对贵州省六盘水市的康养旅游资源进行了归纳和分类；李济任、许东（2018）运用模糊综合评价法与AHP分析法构建了森林康养旅游评价体系。陆晓梅（2017）

利用多层次灰色评价法，从旅游资源、自然环境、基础设施、政策支撑等方面，分析了安徽省国家森林公园森林康养旅游资源开发潜力，并就康养旅游目的地建设提出合理建议。

（3）康养旅游目的地开发。

熊文琪、秦子薇等（2021）为解决森林康养旅游产品开发过程中出现的问题，从生态保护与游客体验视角出发，选取宁夏花马寺森林公园为案例进行研究，建构森林康养旅游产品开发的AVC评价模型，并指出森林康养型优势资源的开发与利用存在不足，康养产品开发需要考虑客源市场、产品吸引力、生命力与承载力，提高森林康养产业的社会经济效益。程云、殷杰（2021）以刺激－机体－反应（SOR）理论为依据，着重分析了公众对新冠疫情的强度认知（新颖性认知、颠覆性认知和关键性认知）对康养旅游意愿产生的影响机制。李晓玉（2021）从生态康养理论视角出发，整理了447处康养旅游资源点，结合新疆地区地域特点，利用最邻近指数、网络维数分析、核密度分析、相关性分析等方法，研究了新疆康旅资源的空间分布特征和影响因素，针对新疆康养旅游资源开发提出优化策略。李晓琴等（2020）从生态康旅环境、生态康旅产品与设施、生态康旅设施与服务、生态康旅管理四个维度分析建立了生态康养旅游评价指标体系，其目的是为生态康养旅游开发潜力的定量评估提供参考依据，并对生态康养旅游现状及研究进展有更深入的认识。张曦、吴广凤（2020）通过实地调研、文献查阅等手段，对滇西康养旅游资源进行了分类和功能定位，梳理了滇西康养旅游资源的分布状况，并结合滇西康养旅游资源特点，提出了开发滇西旅游开发的思路和途径。陶琼（2020）选取米易县作为研究区，将米易县康养旅游资源归类，分级评价，并评估其康养旅游市场的发展前景。陈小琴（2019）结合中医养生文化与旅游景观设计，从空间营造和布局、规划理念、康旅产品、主题景观设计、中医药商业项目方面还提出了一条新的研究思路。何少琪（2018）基于云南旅游经济数据，采用修正引力模型与社会网络分析法测算了16个地级市的空间特征指标，提出了云南省康养旅游点及面的结构改进。谢文彩、李星明（2018）等通过对武汉市50家康养旅游目的地的空间分布研究发现，康养旅游地呈现聚集形态，交通、河流与康旅目的地分布具有关联性，并就武汉市康养旅游空间布局提出了建设性意见。陆晓梅（2017）运用多层次灰色评价法，从资源环境、基础设施及社会支撑等角度，分析了安徽省五个国家森林公园，并评价了其森林康养旅游开发的潜力。

（4）康养旅游需求及动机。

刘战豫和朱康文（2021）从心理距离角度建立了康养旅游行为的影响机理模型，探讨了心理距离对康养旅游行为的影响。郭靖（2020）基于消费者偏好理论，对凯里市中医药康养旅游发展过程中的认识、偏好以及行为决策进行了分析。周思灏（2020）基于ERG需求理论中生理需求，关系需求和成长需求三个维度，通过对康养旅游行业8位资深从业人员的深度访谈，从业者意见的问卷调查，得出如下结论：目前做康养旅游的中老年群体仍处于生理需求的满足阶段，发展需求在旅游过程中同样是一个不可忽视的外部原因，从业人员在高龄游客发展与关系需求层面仍存在认知问题。林峰等（2006）从不同层次、不同领域对消费者的消费需求进行了分析，认为其市场具有如下特点：在地域上，珠三角地区和国外的市场份额很大，消费群体以中老年人居多，对健康食品、市场档次的消费需求较为集中。

3.1.3 国内外文献综述

国外关于康养旅游的理论与实践研究起步较早，形成了丰硕的研究成果。相较而言，国内关于康养旅游的研究尚处于起步阶段，实践发展领先于理论研究，尚未形成系统的理论体系，因为首先，现有研究仅侧重于实践研究，并且描述性和介绍性研究为主，忽略了系统性的理论研究；其次，现有研究仅侧重于定性研究，忽略了对康养旅游产业融合效率的定量评价，尤其是缺乏利用实际数据及现代统计分析工具展开的定量研究，要重视数理统计、模型构建及其他定量分析法的运用，并更多地参考国外学者研究内容和方法；再次，现有研究仅局限东部地区却忽略了西南地区康养旅游的融合发展问题；最后，以产业融合及乡村振兴为视角的康养旅游研究，内容深度不够，研究方法以定向分析为主，缺乏系统的深度的研究。

3.2 “旅游+”研究综述

“旅游+”就是要充分利用旅游的融合能力、带动能力、催化与整合作用，大力发展旅游+工、农、科技、交通、卫生、体育、健康、航空等，为相关产业发展提供平台，加入“旅游”基因，形成新业态，提升产业发展水平。“旅游+”不仅给旅游业发展带来了更多机遇，而且其创新成果也深入到经济社会各个领域，增强了其他行业创新力与生产力，丰富的“旅游+”内涵，引领经济建设新常态。

3.2.1 文化旅游研究综述

（1）国外研究现状。

1）文旅产业相关性研究。

Marion Markwick（2001）对20世纪80年代马耳他的旅游产业发展情况的研究发现，不同地区旅游产业多样化发展因政府政策和国际趋势影响存在差异，同时文化性质的差异也会对不同地区的旅游活动和旅游方式产生影响。A. M. Ogaboh Agba（2010）研究了尼日利亚亚克罗斯河州和尼日利亚埃菲克族文旅产业的发展的现状及其影响因素，发现该州的旅游发展与该族文化产业的发展具有显著的正相关关系，因此政策优势能推动当地文旅产业的融合。Esmaeil Kavousy（2011）就伊朗文化指数对当地私营和公共部门的旅游现状进行分析，指出旅游业现实与期望之间的差距。Jarkko Saarinen（2014）分析了博茨瓦纳的文化产业发展，发现当地文化产业发展与文化遗产吸引力以及多元化的旅游模式等因素有密切的联系，当地的文化旅游业对于区域经济协调发展、社会资源公平分配以及资源环境的可持续发展等方面都存在显著的影响。Borowiecki（2014）基于对意大利旅游产业的分析，发现其文化产业吸引了大量国际游客，剧场演艺、文博展览等文化产业与旅游产业融合的过程，具有丰富旅游产业内涵的作用。LiangTao Shan（2018）在研究中指出英国旅游资源开发需要重点把握消费者群体需求迎合和英国文化特色整合，旅游业发展需要将文化资源纳入旅游资源范畴，文化因素融入产品开发，促进文化与旅游产业深度融合，使其旅游产业得到全面升级。Chen 等（2018）发现文化参与感越高的旅游者对行程的印象越深刻，对旅游目的地的忠诚程度也越高。

2）文旅产业融合影响因素研究。

就影响文旅产业融合发展的相关因素而言，国外一些学者从不同利益相关者的角度对各地的历史文化资源和旅游业的发展进行了研究。Besculies（2002）在文章中利用里因引导法对西班牙当地游客感知、游客认识和游客接受度等进行了调查，认为地区发展文化旅游的重要条件是考虑和尊重当地居民的文化意愿。Alexandros Apostolakis（2003）研究认为，消费者对多层次、高品质旅游产品的需求和历史文化资源的旅游属性是推动文旅产业融合发展的主要动因。Ballesteros 等（2007）以西班牙典型矿区的旅游业为例，研究发现，文化遗产中的象征性社会身份可以促进旅游和文化产业的融合。Konstantions（2009）通过对希腊阿陀斯山圣地男性旅游者的观察，运用统计学原理，认为精神，文化，环境，居住和教育等均为影响旅游者对文化旅游体验感的核心因素，是决定景区对旅游者吸引力大小的主要因素。Richards（2011）发现，创意跨界应用为文化旅游的发展开辟了一个新的方向，即由历史文化资源向精神文化及受众更广泛的旅游活动转变。Zaheer Allam（2021）提出，技术在文化产业与旅游产业融合过程中扮演着重要作用，技术的进步增加了人们对文化产品的需求，并进一步促进高品质文化旅游产品不断涌现。Muhammad Shoeb - Ur - Rahman（2020）以孟加拉国吉大港山区（CHT）的一个偏远社区为案例，研究了社区文化对旅游规划和发展的影响。

3）文旅产业融合路径研究。

国外对于文旅产业在融合路径方面的研究，侧重于文旅产品融合路径的研究。Edward Addo（2001）在对加纳旅游产业进行探析的过程中发现，欧洲物质遗产以及当地文化的多元性是加纳旅游可持续发展的重要组成部分；Peter Dunbar - Hall（2011）在其研究中提出具备民族性特点的巴厘岛音乐舞蹈演出不仅能让游客体验到当地文化，也能增进游客和巴厘岛当地居民之间的沟通。Alvin Hung Chi Yu（2012）、Ling Ma 等（2012）以艺术节和节庆为视角，研究其对旅游产业发展的促进作用，发现旅游演艺，节事活动或者传统地方特色节日的举办，能够显著的促进文旅产业的融合；Connell（2012）认为，随着大众传媒的蓬勃发展，很多影视拍摄地已经成为促进当地旅游产业发展的重要因素；另有学者研究发现，创意产业是文旅融合的重要途径。Leslie - Ann Jordan（2012）认为，旅游目的地在设计自己的旅游产品时，应该充分考虑文化、旅游、创意等相关因素，让创意成为旅游地产品开发的第一源泉。Beata Krakowiak（2013）通过对波兰博物馆产生的旅游效应进行分析，得出结论博物馆以及其同类的旅游产品，在促进旅游业的发展方面具有显著功效。Juzefovic（2015）认为，创意旅游是本土文化、民族风情等各方面的综合产物，使游客对于旅游的体验，不仅仅止步于自然旅游景点，更多是体验一种新奇的民俗文化。Thirachaya Chaigasem，Mallika Jecan（2021）以泰国东北创意经济城市 Mahasarakham 为例，研究创意经济促进文化遗产旅游发展的作用机理。

（2）国内研究现状。

1）文旅产业融合机理研究。

从基本理论的角度，颜林柯、范清、徐虹、程锦等对“旅游产业融合”进行了概念研究。张辉、颜林柯、杨颖、程锦等对旅游产业融合的类型进行了解析。在概念界定层面，钟贤巍（2006）从本质上将旅游产业发展的过程视为一种文化的现象。沈祖祥的（2006）从文化学角度把旅游作为一种文化现象来看待，并且在文化现象的发展中推导出了旅游文化系统。徐红罡（2007）认为，文旅融合是文化产业的功能向旅游、商业等方面拓展的必然结果，正是文化生产促使文化和旅游相互融合。程锦（2011）提出，旅游融合是旅游产业与其他产业或者旅游产业内部不同行业之间发生相互渗透、相互关联，形成新产业的过程。语言、饮食、音乐、手工艺品、博物馆、文学等文化元素是旅游产业融合发展的主要内容。孙九霞、黄秀波（2017）、桑彬彬（2012）认为，文化产业与旅游产业两者的性质都是兼容并蓄的，容易引发两者边界模糊甚至重叠。这种模糊性可能导致文化产业与旅游产业两者相互吸引、相互渗透（李树民，2011）。沈巧巧、罗康明（2017）认为，“文旅融合”是将旅游产业嵌入文化产业的框架之下统一规划，从而带动旅游产业的发展。

在文旅融合现状方面，曹诗图（2005）结合宜昌旅游度假区旅游发展的实际情况，对旅游景区旅游行业的互动和融合路径进行了深入的剖析；徐虹（2008）则认为，应把旅游产业看成是一个有机整体，由于旅游体系中的各种因素（技术、产品、市场等）要素不断扩展，促使产业间处于相互竞争和合作状态，形成产业融合，推动新兴产业的发展。

杨颖（2008）指出，旅游与其他产业相融合应该属于跨界融合，新兴融合体在经历两大产业滞后发展成为一体后，主要体现为在旅游与其他服务业之间的融合体，旅游产业的特征在新融合体中得到了体现，同时一些其他的产业也与旅游产业形成一种互补与替代的关系。鲍洪杰、王生鹏（2010）在《文化产业与旅游产业的耦合分析》中第一次运用定量方法研究了文旅产业耦合关系，并建构了文旅产业耦合发展评价指标体系。张广海等（2012）以全新的视角：产业价值链来分析文化和旅游产业融合，指出文化和旅游两大产业之间相关性较高。赵蕾（2015）认为，文化与旅游产业是相辅相成的，旅游开放性使其更容易接受文化注入，文化渗透性使其打破行业边界，与旅游融为一体。周春波（2018）效仿侯兵的思路，采用耦合协调模型计量方法，分析了文化和旅游产业融合发展。袁俊、高智（2018）利用熵值法确定了文旅产业综合发展的指标权重，借助耦合度模型，从 15 个指标计算了文化产业和旅游产业的融合度。孙剑峰（2019）运用 BP 神经网络和耦合协调度模型，就山东省文化与旅游产业融合发展程度进行了计量分析。万学新（2020）以大连海洋旅游、文化产业为对象，采用问卷调查的方法，对目前大连海洋旅游发展状况及未来的发展趋势进行了研究。李树信、张海芹、郭仕利（2020）仿照产业生态系统，构建了包括核心产业群落、支持体系、外部环境的文旅融合产业链，并对核心产业群落内的价值循环体系进行了分析，提出价值循环体系，包含引入、创造生产、宣传推广、消费 4 个阶段，并从关键产业和企业、文化旅游产品和服务、支持体系和外部环境等方面探讨了文旅融合产业链的培育路径。王秀伟（2020）通过运用熵值法对大运河文化带文旅产业发展水平进行了综合评价，得出了大运河文化带文旅融合的水平发展态势。马波、王嘉青（2021）分析了常态化疫情防控下的旅游产业新态势，发现旅游不仅是经济发展的动力支撑，也是促进社会和谐、文化建设的重要载体、以及文化交流的重要枢纽，旅游回归文化是旅游业发展的高级阶段、高级形态，在常态化疫情防控阶段，旅游业要注入文化灵魂，加快文旅融合进程。马波、张越（2020）以梳理文化、旅游两大基本概念及相互关系的基础上，以“人类完美”作为文旅融合的最终目标，提出实体文化—有机文化轴系与旅游产业—旅游事业轴系，利用象限分析工具构建了文旅融合发展的四象限模型，借此系统地展现文旅融合发展的整体样貌，阶段性特征及转化过程。吴丽、梁皓、虞华君、霍荣棉（2021）基于2013～2017年31个省份文化产业与旅游业发展的相关面板数据，采用环节协调度模型分析了中国文化和旅游产业融合发展的联动协调度。刘红莉（2021）从本原性层面出发，探讨了文化与旅游的共生共在性。认为只有超出经济视域，回归现实个人的感性意识，回归现实生活的感性交往，实现人们居于世界之中不断生成兴盛的审美性生存，才是文旅融合的真实旨归。后疫情时代，从现实个人的生命需求出发而非从经济增长、资本增殖的需求出发，推进文旅深度融合，应成为文旅产业的发展方向。庄志民（2020）从复合生态系统理论的阐发和运用出发，以上海为例，将自然、社会和经济融为一体进行通观生态研究，从系统整体协调上对当地的文旅融合提出相应的发展建议；同时，按照复合生态系统的科学调控法则，设想以“自生”（个性活力）为基础，以“共生”（协同绩效）为常态，以“再生”（品牌意象）为愿景，在“自生—共生—再生”三级跳远中，推进上海文旅融合得到科学而艺术的可持续发展。傅才武提出文旅融合内在逻辑是个体旅游者参与文旅流派创造的过程，以及文旅主体与文旅装置（客体）之间作为符号意义（symbols）系统的创造、转换和关系。是一个人的“唤醒”“沉浸”“索引”“凝视”的统一、“吸收”与“被吸收”的相互作用。

文旅融合动力机制方面，张海燕（2010）认为，驱动文旅产业融合的主要因素来源于外界环境，如企业行为、政府引导、消费者需求等。王华东（2012）在研究中指出，人民群众精神文化需求增强是文旅产业需融合发展的基本动因。兰苑、陈艳珍（2014）对文旅产业融合发展的必然性进行论证，并在此基础上指出文旅产业融合发展过程中的主要核心要素，主要包括市场供给，市场需求和外部环境及其他相关要素。赵蕾（2015）认为，推动文旅产业融合的最大动力是两者的内在属性，而旅游的开放性和文化的渗透性是两者之间的内在驱动力。李静（2017）提出，基于层次分析，结合SOM网络，构建了产业整合的理论模型，得出环境、企业技术和旅游者需求等相关因素是融合障碍，将使产业融合水平重新回到融合准备阶段。伴随“互联网+”等新技术概念的提出，也有学者开始关注虚拟现实技术（郑雷、郑立波、江苏佳，2017），网络增值服务（曹三省、王春华、李灿，2018；刘沛林，2018）等新兴技术手段，指出旅游发展方式的变革伴随文化体验方式的转变，助推文化产业和旅游产业在作用机制层面产生交叉和互动。许春晓、胡婷（2018）从资源、资料、劳动力、技术四个维度构建了文化产业与旅游产业融合发展潜力，指标评价体系，并以湖南省大湘西地区各区县文化与旅游产业融合潜力为例进行研究，研究结果表明制湘西地区文旅融合发展的显著因素是人力资本和技术手段。针对珠三角地区，袁俊，高智（2018）运用熵值法对旅游产业的综合发展进行了评价，并运用耦合度模型对15个指标的融合程度进行了分析。孙剑峰等（2019）采用了定量分析对文化与旅游产业的动力因素进行了分析，通过建构多元回归模型为动力数据进行检验分析，研究表明旅游市场需求、文化资源、政府措施都对文化与旅游的融合发展具有促进作用。许妍谢（2019）建立了浙江省衢州市旅游度假区旅游产业融合协调的耦合模型和指标体系。范周（2019）在《文旅融合的理论与实践》中提出文旅融合不是简单的“拉郎配”，而是在理念、职能、资源、产业、技术领域的深层次融合。李丽、徐佳（2020）在建构文化产业与旅游产业发展水平评价指标体系的基础上，采用信息熵的方法对2007～2017年中国省际文化和旅游产业发展水平进行评价，采用耦合协调度模型测度二者的融合发展水平，并利用面板数据模型研究了影响文化与旅游融合协调发展的主要因素，研究发现人力资本、创新水平、对外开放水平是影响中国文化与旅游产业协调发展的主要因素，东—中—西部文旅融合协调发展影响因素存在差异。秦继伟（2020）通过研究发现，河南省黄河流域文旅产业得到了快速的发展，但文旅融合发展质量偏低的整体性问题依然存在，制约河南省文旅发展的主要动因包含了认知层面、制度层面、市场层面、资源层面和人才层面等几个方面的因素。吴丽，梁皓，虞华君，霍荣棉等（2021）认为，文化与旅游协调发展是公共资本、社会资本投入、科技手段使用、社会消费支撑等因素共同驱动的结果。王经绫（2020）利用系统工程学解释结构模型，就文旅融合影响因素间的关系进行了探索分析。文旅融合发展在民族地区，文旅领域政府支出在各影响要素中处于“排头兵”地位；与旅游资源相比较，文化资源在民族地区的引领性更显著。

2）文旅产业融合的效应研究。

石艳（2012）不仅提升了旅游的内涵，拓展了文化产业市场，也带动了相关产业的发展。庄猛（2015）定性分析了文旅产业融合对地区经济发展、社会进步和精神文明建设等方面的带动作用。霍艳莲（2015）在研究中提出了文旅融合进程会提升区域的创新能力、增强竞争力、拉动消费，并利于区域进行整合。红雁（2015）在对四川文旅产业融合发展进行调研时，发现两者融合发展既可以丰富产品打开市场，又可以节省行业之间成本，使产业链增值，同时也可以带来组织与管理方面的革新。周春波（2018）借助空间计量分析，探讨文旅融合产业发展驱动因素，发现消费需求、制度环境与技术创新三个方面对于文化与旅游产业融合发展有明显推动作用。王云（2019）《基于文旅融合的城市旅游品牌建设分析》中指出，文旅融合是指将各地独特的历史事迹、民俗风情等文化要素融入旅游品牌产业建设之中，增强各产业特点，吸引更多游客，促进当地经济良性发展。肖怀德（2020）研究发现，对于北京而言，文旅融合将对都市文化建设发挥积极的作用，文化旅游融合在于重组文化、旅游生产消费链条，实现深层的互相交叉融合，实现提升旅游的文化内涵和增强文化生产消费的市场动力和体验价值。徐翠蓉、赵玉宗（2020）认为，游客通过旅行找到了个人与族群和集体的联结，并完成了自我文化身份构建，所以旅行过程就是游客个人情感体验和文化认同过程。文化让旅游具备了身份标签的符号意义，能够激起游客的怀旧、回忆等情感体验。文化遗产、纪念地及特定的社会生活场景是具有象征符号系统集合而成的特定文化地域，是人类社会文化记忆的储存方式和符号载体，承载着国家记忆和集体文化记忆。文化与旅游融合则将隐藏在回忆空间中的文化象征意义进行阐述，唤起旅游者的民族记忆和文化记忆，以共同的历史记忆凝聚情感力量，从历史传统文化深处唤起个人与国家命运的同频共振。通过在场体验与历史回溯，旅游者与国家民族久远的过去、共同的文化发生密切的关联，并在与现实的映照中，将自己与民族历史和族群文化紧密联结，产生对民族文化的认同和对国家的归属感，进而激发对民族和国家的责任感与使命感。宗祖盼、蔡心怡（2020）提出，文旅融合介入城市更新能够产生积极的耦合效应，二者有着诸多内涵与目标上的一致性。从经济层面来看，文旅融合作为激发经济活力的一种产业手段，是城市寻求经济转型的重要方向。从社会层面来看，文旅融合是强化身份认同的有效通道，能够改善城市个体与个体、个体与群体、群体与群体之间的关系，是构建新型城市社会关系的重要媒介。从文化层面来看，文旅融合对工业遗产的改造，为延续城市文化脉络，提升城市文化内涵发挥重要作用。

3）文旅产业融合路径和模式研究。

徐虹（2008）指出，在企业、产品、技术、市场、制度等多种方式的协同作用下，可以实现旅游产业的融合。张雷（2009）根据文化资源的产生形式和使用方式，将文化与旅游产业的融合模式划分为文化资源开发、体验文化资源、再现文化资源、创造文化资源。张海燕、王忠云（2010）通过对比国内外不同经济社会背景下文旅产业发展格局，并界定二者的融合边界，对文旅产业融合发展的路径、机制等问题进行了定性研究。麻学锋、张世兵等（2010）提出，文旅产业的整合主要有资源、市场、技术、功能四条途径。阎友兵（2011）绘制了旅游和文化产业联动发展模式图，包括两大产业在区域内和区域间联动的发展模式。辛欣（2013）认为，文旅融合要从资源、功能、市场、空间、业务、技术六个方面的整合中提炼并加以实现。朱海燕（2014）从旅游产业的主体性出发，提出了旅游产业主动融合、文旅产业互动融合、旅游产业被动融合三种方式，并对这些模式的形成机制进行了系统的梳理。董芳等（2014）提出，可以从资源、技术、市场和功能四个方面探索文旅融合。而辛欣（2013）认为，可以从资源、功能、市场、空间、业务、技术六个方面对文旅融合进行提炼和实现。赵蕾、余汝艺（2015）充分考虑两大产业融合过程中核心企业对跨产业资源要素的配置定位与整合程度，涵盖整合、吸收、渗透与重组四条融合路径。尹华光、王换茹、姚云贵（2015）总结出武陵山片区文化产业与旅游产业融合发展三种模式，包括延伸型、重组型和一体化。孙九霞、黄秀波（2017）从产业要素的视角出发，认为文化概念中的语言、饮食、音乐、手工艺品、博物馆和文学元素是旅游产业融合发展中的重要元素。熊正贤（2017）在《文旅融合的特征分析与实践路径研究以重庆涪陵为例》中指出文化和旅游融合发展主要存在三种模式，即文化产业交叉式、文化产品嵌入式、文化符号渗入式，并结合国家的发展模式和重庆涪陵的现状，提出区域文旅融合的特征及后续的发展方向。张苏秋（2017）立足我国东中西三大区域的文化产业和旅游产业的资源禀赋、产业特色及发展状况，提出了嵌入式发展、衍生式发展和重组式发展三种不同的发展模式。关旭等（2018）分析指出，当前关于我国文化演艺业和旅游业有两条融合之路，即单要素融合和多要素融合。李志刚（2019）认为，文旅深度融合可大致划分为两种模式，一种是以高科技手段为辅助的“文化创意模式等”；另一种则是以元素融合为手段，通过发展把文化元素揉合到旅游元素之中。李萌、胡晓亮（2020）着重探讨长三角都市文旅融合一体化问题，提出需要从提升战略定位、构建品牌形象、明确重点内容、创新业态模式、完善治理机制等方面采取有效措施，进一步推动长三角都市文旅融合。刘利红（2020）参考日本moku-moku农场的“六次产业化”模式和无锡田园综合体的建设模式，拟对城口县在探索农文旅融合发展之路进行探索，需立足自身的发展优势，从打通命脉、汇聚资金、内外协作、整合产业、产品定位等方面努力推进农文旅融合发展。邵明华、张兆友（2020）研究了国外文旅融合的不同模式的现状、政策和模式等，结论认为，国外文旅融合发展包括文化遗产旅游，主题公园旅游，乡村文化旅游，影视文化旅游，节事会展旅游，体育文化旅游等六种特色鲜明、相对成熟的发展模式。周淑云、卢思佳、冉从敬（2021）提出，可以通过培育公共图书馆文旅融合示范馆、健全公共图书馆文旅融合区域联动机制、构建公共图书馆文旅融合全域发展格局来实现未来公共图书馆文旅融合事业的长足发展。陈斌、刘明、龙隆、董燕、贾永花（2021）以四川南江县为例，提出应紧抓旅游资源五大特色，寻根地学文化引领，发挥“旅游+文化”、红色文化旅游串联、乡村文化旅游辐射作用，布局“12822”空间结构、设计4个品牌、7种产品、构建6类融合工程的创新模式，推动地方文旅产业创新发展、跨越发展。孔凯、杨桂华提出多位一体文旅融合发展模式应在民族特色文化的保护与传承、可持续利用等前提下，坚持民族文化特色是灵魂、乡村振兴是动力，将乡村旅游产业作为文旅融合创新载体，从政府层面提供规范标准、权益保障、政策支持等公共服务功能来凸显乡村主体性，提高村民参与程度，文化公司专业化，标准化发展与经营，第三方媒体、机构、专家监管等具体路径。崔凤军，徐鹏，陈旭峰提出近期新一轮文旅机构改革后，文化和旅游部门积极探索职能融合、市场融合、服务融合、产业融合、交流融合，文旅融合优质高效发展的内在动力非常强劲。但同时，各市县文化和旅游部门由于理念差异、运行不畅、人才短板、布局相异等问题长期存在，对文旅融合高质量发展构成了巨大的内在矛盾。需要从遵循文旅融合的客观规律、夯实文旅融合的内容支撑、优化文旅融合的空间布局、强化文旅融合的要素保障等方面入手，助力文旅融合高质量发展。侯志茹，岳世聪分析了西藏地区文旅融合发展模式，得出西藏文旅产业融合的模式主要为节庆旅游、创意园区、非物质文化遗产和西藏文创产品。邹统钎（2020）提出，打造文旅融合价值共创机制；发展文旅融合市场主体，培育文化旅游经纪人；打造个性化、地方化文旅融合业态和文化体验空间；将数字科技运用其中，实现体验上的文旅融合，走市场驱动模式，从外生协同走向内生融合。

3.2.2 乡村旅游文献综述

（1）国外研究现状。

1865 年意大利“农业与旅游全国协会”的成立标志着乡村旅游的诞生，乡村旅游至此成为旅游产业的重要分支。20 世纪 70 年代乡村旅游得到了快速发展，成为国外学者关注的重点。

第一，乡村旅游发展方面，Sharpley 等（2004）结果发现：乡村旅游除乡村性之外，还应反映地方环境与产业综合特征，并具有可持续性与效益型特征。乡村旅游资源中乡村的传统文化最为宝贵（Roberta，2003），乡村旅游一定要结合当地的地方特色进行规划（Erick T，2009），从乡村本土居民的生活方式、生活空间、乡土文化、乡村特色景观、乡村民俗等多方面入手，开发出形式多种多样的乡村旅游产品（Marcelo，2009）。同时乡村旅游发展利益相关者在民族和文化方面存在着差异，这些差异使利益相关者之间会存在一定的矛盾与冲突，乡村旅游的开发建设过程中需要妥善处理利益相关者之间的关系，有效调节利益相关者的矛盾，使利益相关者达到最优化发展。乡村旅游朝理性的可持续方向发展是未来乡村旅游发展的必然趋势（Gonsalves，1987）。HwanSuk Chris Choia（2006）提出了涉及经济、政治、文化、生态、技术等多个层面的125个指标，综合全面地衡量了乡村旅游可持续发展水平。Vincentia（2016）在对Kalibiru和Lopati两个旅游村调研后得出结论：本地居民的环保意识，对实现乡村旅游可持续发展至关重要。

第二，乡村旅游影响因素方面，Ionel Barbu（2013）认为，自由可支配收入和休闲时间的增加，游客多样化动机和欲望的产生是乡村旅游发展的主要因素。Andrew Lepp（2007）在东非调研时发现，乡村旅游资源的开发程度与当地居民的受益程度及对开发的支持力度成正比。乡村地区所具有的神秘色彩、文化、历史、民族和地理特征对游客有着独特的吸引力，不同国家和地区乡村旅游社区居民参与方式与程度存在明显差异。Sharpley（2004）研究了英国乡村旅游的现状，指出体验活动的丰富性决定了民众参与乡村旅游意愿的高低。Kontogeorgopoulos（2015）提出，乡村旅游发展的影响因素主要来自游客的旅游需求。Andrew Lepp（2003）以乌干达乡村旅游为背景，提出游客素质和乡村旅游管理是乡村旅游发展的驱动力。Reichel Aetc（2000）深度剖析以色列的特色乡村旅游，得出结论：服务质量、服务定位和产品品质决定着乡村旅游发展程度。Sudhiani Pratiwi（2000）通过对73个村寨社区参与乡村旅游的参与范围、参与者的特点、程度的比较分析，得出不同程度的居民性和乡村生态旅游的发展水平呈正相关。Chris Ryan（2002）对澳大利亚北部乡村生态旅游者的态度和行为进行分析，认为游客对目的地的情感认知影响当地乡村旅游的发展。Barkauskas（2015）将立陶宛作为研究对象，从宏观的角度分析宏观因素对乡村旅游产生的影响及影响方式，结合当地实际发展情况，从经济、社会、自然、政治和技术角度进行分析。

第三，乡村旅游营销推广方面，Mark（2010）从客户关系管理角度出发提出企业应该与供应商和销售商建立良好关系，将线下推介活动与线上渠道相结合，注重客户满意度的反馈和售后服务质量的提升。Bernard和Elisabeth（2015）主张利用科学先进的市场营销手段来创建全新的乡村旅游体验模式。

Marion Joppe（2015）指出，乡村旅游产品的创新需要创造全方位环境，从管理、投资、研究、营销和沟通多方面进行创新。Juris Smalinskis（2019）提出，文化和遗产是乡村旅游发展的基础，产品开发和创新需要从自然资源中寻找，文化、历史、民族和地理的独特特征，增加产品的社会和经济附加值。

第四，乡村旅游开发潜力分析，Laventhol（1982）认为，应该从可达性、可开发性和游客承载能力等方面对乡村旅游资源开发潜力进行评估。Priskin（2004）结合AVC旅游资源评级理论从资源吸引力，公共服务和旅游的基础设施方面分析澳大利亚西海岸城市旅游资源的开发潜力。

（2）国内研究现状。

1）乡村旅游产业发展模式及路径研究。

凌申的《论我国乡村旅游资源的开发》是我国第一部可供查找的乡村旅游文献，该文从乡村旅游发展的重要性、乡村旅游资源的开放性、乡村旅游发展的主要途径几个方面进行了阐述。侯斌、陈肖静（2008）从制度环境、利益主体、开发形式以及农民参与的现实意义等方面来探讨我国乡村旅游可持续发展的机理。傅瑾雯（2008）通过分析政治、社会、经济和技术等4个不同的因素在乡村旅游发展过程中的影响，得出结论：乡村旅游的发展是综合社会背景下的产物，受到内在动力——技术经济因子和外在动力——发展因子、旅游推介因子和投资环境因子共同作用。胡柳（2014）指出，收入分配不公才是导致乡村旅游问题产生的根本原因，从包容性增长视角出发，提出了乡村旅游包容性增长的实施路径。曹雯（2015）提出，将农业现代化融入乡村旅游发展中，并首次提出乡村旅游融合路径。陈立群（2016）从全产业链的角度，提出了乡村旅游的核心主体培育；为了使农村旅游资源得到最大程度的优化，需要加强各地区的协作。陈瑞萍、张岚（2017）从供给侧结构性改革视角，指出乡村旅游发展需要进行改革和创新，强调需要提高乡村旅游产品有效供给，融入绿色发展理念，实现我国乡村旅游的转型升级和长远性发展。毛峰（2016）、朱莉莉（2017）、李占旗（2018）等基于“智慧旅游”前提下，提出将“互联网+”融入乡村旅游发展中，实施乡村智慧旅游与可持续发展的科学路径，通过建立综合旅游信息系统，为我国更加科学地规划和发展旅游业提供扶持。孙琳（2017）在城乡统筹视野下，重构乡村旅游可持续发展机制，包括产业融合机制、全域合作机制、综合发展机制和整体运营机制。刘曙霞（2017）基于新媒体视角下乡村旅游中社区参与问题展开研究，以期为新媒体时代下乡村旅游社区参与提供新的思路，并建议通过强化网络平台运用、加大活动宣传和活动策划，推动乡村旅游社区参与。李香、张金丽（2018）基于公共产品理论视角下乡村旅游公共服务体系构建和发展状况，认为必须强化国家，市场和社会三者之间的协调合作，才能为乡村旅游产品的供给提供更加稳定的保障。罗海霞（2018）通过分析固原市乡村旅游资源的特征、开发现状及问题，系统地提出了固原市乡村旅游资源发展的完整策略。邓珺劼（2018）提出，乡村旅游可持续发展存在旅游层次低、产业结构不合理、各类服务不完善、同质化现象严重以及缺乏文化内涵等问题，需要从措施、组织、环境与安全以及服务保障等方面完善（俞慧敏、李媛媛 2018），以期实现其可持续、高质量发展。张碧星（2018）在对农村旅游产业化的探讨中，提出了从产业链角度来规划乡村旅游的可持续、高质量发展。康敏（2019）通过建立六个维度共 12 个指标的乡村旅游产业生命周期模型，对贵州乡村旅游产业生命周期阶段进行判定，并依据生命周期各阶段的特征与表现，提出目前正处在形成末期和成长初期贵州乡村旅游发展方向和道路。《大城市边缘区乡村旅游转型发展研究——以武汉市黄陂区为例》一文以“大城市边缘区乡村旅游如何转型发展”为问题导向，以“大城市边缘区”为研究区域，以“乡村旅游转型”为研究对象，以武汉市黄陂区为典型案例区，分析地域乡村旅游发展历程、发展成效、发展模式和存在问题。王巧琪通过对大墨雨乡村旅游相关利益者利益诉求进行分析和整理，分析认为大墨雨乡村旅游共生模式可以解决当前大墨雨乡村旅游业相关利益者之间共生冲突问题、均衡大墨雨乡村旅游利益相关者之间的利益分配，以推动大墨雨乡村旅游的健康发展。曹宸璐（2019）运用描述性统计分析、聚类分析、因子分析、AMOS 软件构建结构方程模型的研究方法，以武汉市黄陂区木兰云雾山景区附近当地居民为研究对象提出有利于乡村旅游可持续发展的对策建议。李姣琦（2020）主要从外部的产业要素融合、内部产品品牌创新设计和季节性产品短板弥补等方面提出乡村旅游产品创新发展的路径。焦润东（2021）从系统动力学的角度出发，采用定性研究与系统动力学模拟仿真相结合的定量研究方法，模拟了西宁市乡村旅游在不同政策下的发展情况，并预测出西宁市乡村旅游发展在不同发展方式下的未来形势，通过比较分析各种模式的模拟结果，得出综合驱动模式能促使乡村旅游驱动机制系统达到最优发展的结论。孙启蒙（2021）从供给角度切入，结合德尔菲专家访谈、实地案例考察、Python 网络舆情特征词爬取，全方位分析海南乡村旅游产品供给瓶颈，探索海南乡村旅游产品供应的提升路径，结合海南自贸港现实发展要求、海南乡村旅游特色资源、来琼游客消费倾向角度系统提出“一前提、两结合、三协调、四提升、接二连三”的海南乡村旅游产品供给体系。张宏胜（2020）运用 11 个指标：地区生产总值、城镇居民人均可支配收入、地区人均生产总值以及农村人均可支配收入等构建了贵州省乡村旅游发展影响因素指标体系，结合 2013～2017 年贵州省统计数据采用灰色关联度分析方法，计算了 11 个指标和贵州省乡村旅游发展之间的关联度，并根据乡村旅游发展中存在的问题提出了切实可行的对策建议。佘汝艺等（2020）以洛阳市 375 个旅游村调研数据为基础，采用 Bootstrap DEA－Tobit 两步法，围绕乡村旅游资源的配置效率、空间格局及影响因素展开研究，研究发现：交通因素、人居环境、集聚效应以及村庄贫困状况显著影响乡村旅游效率，但各因素对综合效率、纯技术效率、规模效率的影响具有差异性。刘雨潇等（2022）采用网络文本分析和重要性与表现性分析法（Important－Performance Analysis，IPA）相结合的方法，提出了乡村康养旅游发展中存在的问题和发展策略。

2）乡村旅游评价指标体系研究。

乡村旅游评价从理论和实证的角度出发，一般采用多因子分析法、层次分析法、灰色关联度法等对乡村旅游资源进行评价。吴鸿燕（2017）利用定量评价模型和灰色系统理论对哈尔滨 9 个地区的乡村旅游资源进行了分类，提出了相应的发展设想和发展计划。张东月（2019）从开发条件、资源价值以及社会效应三方面构建评价体系，运用层次分析法分析洛阳市乡村旅游资源发展禀赋。陈宇（2019）将湘西旅游资源按照属性和特征进行分类，采用多因子分析法评价了湘西少数民族香醋旅游资源。杨应明等（2019）建构了盘州市乡村旅游指标体系，选择 5 个一级指标从乡村环境系统、旅游产业、乡村旅游文化、乡村旅游收入、乡村管理服务进行研究，构建了乡村旅游评价指标体系，为盘州市乡村旅游产品开发与体系构建提供科学依据。解雅婷（2020）构建乡村旅游可持续发展评价指标体系，对珠海市乡村旅游可持续发展水平进行了评价分析，并通过回归分析探讨了影响珠海市乡村旅游可持续发展的各个因素，提出了相关发展对策。何星（2020）通过对川西北高原乡村生态旅游资源的等级分类及定性与定量评价，研究了川西北高原藏区乡村生态旅游产品开发、乡村生态旅游扶贫效应及乡村生态旅游的可持续发展机制等问题，提出了改进措施与发展途径。施志成（2020）构建乡村旅游资源发展潜力评价系统，并建立乡村旅游开发评价模型进行实证研究，找出对乡村旅游开发有极显著影响的关键因素。向程、李环（2020）以四川省通江县为研究对象，采用AHP－Fuzzy综合评价模型对其乡村旅游资源自然禀赋条件进行评价。鄢志武等（2020）采用MEC理论和软式阶梯法，通过内容分析和编码处理，构建了乡村旅游者的“属性—结果—价值”关联矩阵和层级价值图，揭示出的乡村旅游中的重要动机、旅游者期望实现的价值和旅游地的客观因素之间的直观联系。贺肖飞（2020）从乡村自然资源，乡村社会文化资源，乡村旅游经济，乡村旅游管理和开发及乡村旅游资源保护五个主要层次上构建了符合内蒙古实际情况的评价指标体系；接着利用AHP（层次分析法）对各个指标权重进行了确定，并利用FCE（模糊综合评价法）进行了计算，认为五大准则层权重值分别是乡村旅游资源的保护＞农村自然资源的保护＞农村社会文化资源的保护＞农村旅游管理和开发＞农村旅游经济的保护。杨更生等（2020）运用多元回归模型，对影响全域乡村旅游和乡村振兴两大体系耦合协调的因素作用力度进行实证分析。张攀（2021）基于体验经济理论，旅游城镇化理论以及乡村旅游与新型城镇化的耦合机制构建了指标评价体系及耦合发展模型，对乡村旅游和新型城镇化建设协调发展关系进行了剖析。杨兰芬等（2021）以浙江省下属的52个县域单元作为研究对象，构建浙江省县域乡村旅游评价指标体系，运用主成分分析的方法，研究县域乡村旅游竞争力的影响因素和作用力度。林珊珊等（2022）根据乡村绿色生态旅游的特点，在充分考虑游客个体感受和群体效益的基础上，构建乡村绿色生态旅游适宜性评价指标和隶属函数，对乡村绿色生态旅游的适宜性等级进行研究。郭伟等（2022）构建京津冀乡村旅游发展环境评价指标体系，运用变异系数法和地理探测器分析了京津冀乡村旅游发展环境的时空动态差异，进一步采用 Spearman 相关分析探究了乡村旅游亚系统的权衡协同关系及权衡程度。

3）乡村旅游消费者行为研究。

消费者行为研究主要包括：客户满意度、游客动机和偏好、游客消费行为特征等方面。王群（2006）从旅游地环境感受、旅游体验价值、旅游地的满意度和忠诚度等角度构建了游客满意度评价体系。周子英、李仕文等（2018）从景观、餐饮、消费、景区承载量、信息取得和预期收获等角度研究了游客的预期与满意度之间的相关影响。卢风麟（2018）运用相关性分析及构建结构方程模型对旅游者个人涉入、乡村旅游体验、行为意向等问题展开研究，并深入探讨三者间的相互关系，从而确立乡村旅游体验改善途径。李梦（2019）利用计划行为理论构建了一个由旅游目的地形象、感知行为控制、主观规范、知觉行为控制和行为态度变量构成的乡村旅游行为意向概念模型，结合探索性因子分析、结构方程模型等研究方法，阐释不同变量间的关系以及对乡村旅游行为意愿的影响。张孝存等（2019）从客源市场构成、游客出游动机、游客消费结构和游客满意度角度就乡村游客消费者行为进行了分析。得出结论：游客个体和目的地都将影响游客消费行为，游客个体影响因素包括：性别、年龄、文化程度、收入、职业等；旅游地影响因素包括：旅游地知名度、旅游地环境、旅游地质量。张锦（2020）以推拉理论为基础，通过主成分分析法实证分析居民乡村旅游动机，结果发现：从推力动机来看，乡村旅游动机可分为个体自身动机与社会动机；从拉力动机看，能体现农村特色旅游地更具吸引力。赵珂铭等（2020）以南京市浦口区为例，研究了乡村旅游者旅游体验偏好指标体系，结果发现乡村旅游者旅游体验偏好有“欣赏自然，求知，营造农家氛围，休闲，改善人际关系”五个常见因素；此外，旅游者性别、学历水平、专业、家庭月收入、家庭结构、出游人员构成和出游动机等因素对旅游者旅游体验偏好有不同影响。陈娟（2022）通过对江西乡村旅游顾客旅游动机，信息收集情况的问卷调查和分析，根据各阶段顾客典型特征提出与顾客行为相匹配的网络营销策略。郑颖莉（2022）从乡村旅游营销视角构建了短视频传播，旅游者认同度，品牌社区支持和旅游者行为之间关系模型。

4）乡村旅游空间分布及特征研究。

我国对于旅游资源的空间分布的研究主要集中在旅游资源分布规律、影响因素以及研究的技术方法等。杨秀成（2019）借助 Gis 空间分析、结合基尼系数、规模度指数等方法，对福建省康养旅游资源空间分布特征及其成因进行了研究，发现交通通达度、政府行管的政策、医疗水平等因素对旅游资源分布影响较大，而人口规模等因素对康养旅游资源分布产生影响较弱。李强（2019）等以湖南省衡阳市 268 个乡村旅游资源点为研究对象，运用 Arcgis 空间分析法，得出乡村旅游资源分布受到公路及河流指向性、优势资源、政策、交通、地形地貌以及区域经济发展状况等因素影响。陈海彬（2020）以郑州市为例，运用洛伦兹曲线，最邻近指数，地理联系率以及基尼系数的量化研究方法，对乡村旅游资源的空间分布进行了分析，然后选择 24 个驱动力指标，通过相关性系数的计算来分析驱动力。黄葵（2020）基于 GIS 技术，定量分析了重庆市乡村旅游资源在空间上的分布特征，并运用回归模型从总体上分析了重庆市乡村旅游资源量与乡村振兴之间的相互关系，运用 Pearson 相关系数研究了不同经济发展区域之间的关系，尝试得出乡村旅游资源数量和乡村振兴之间的辩证关系。马斌斌等（2020）选取我国第一批 320 个乡村旅游重点村作为研究样本，在 ArcGIS 软件的支持下，采用最邻近点指数和核密度估计建立空间分析模型，对它们的空间分布特征，均衡态势，分布密度等做了定量化的刻画。郑光辉等（2020）、刘姝（2020）、郭新颖等（2022）讨论了乡村旅游重点村相应空间分布特征，定量分析了相关影响因素。肖钊富等（2022）运用熵权法、耦合协调模型和地理探测器分析了 2008 ~ 2019 年四川省乡村振兴与乡村旅游发展水平与耦合协调度的演变特征及驱动因子，总结了各市（州）乡村旅游的发展类型，并提出差异化发展策略。

3.2.3　体育旅游文献综述

（1）国外研究现状。

英国学者 Don Anthony（1966）题为《体育与旅游》的文章最早对体育旅游进行了研究，回顾了度假旅游中体育活动扮演的角色。Glyptis（1982）做的有关欧洲五个国家体育和旅游的研究，成为体育旅游研究的一个重要标志点，标志着体育与旅游间的关系正式开始被研究。Joy Standevne 和 Paul De Knop 在前者的研究基础上，进行了优化，分析了旅游和体育的本质关系，阐述了各国体育旅游发展模式的差异，深入分析了体育旅游的发展状况，基于此对未来体育旅游的发展前景进行了预测。Cha McCleary 和 Uysal（1995）通过研究发现主要的大型体育赛事（奥运会、世界杯足球赛、英联邦运动会、泛美运动会、欧洲杯足球赛等）能够给游客提供满足他们体育度假的机会。Standeven（1998）认为，体育旅游形式不只限于大型体育赛事，还包括参与和观看体育相关活动的。Novelli（2006）、Klaus（2003）就体育旅游产业集群进行了研究，研究发现游客需求变化、增加生产力、知识溢出、创新、增加就业、市场参与都能够促进体育旅游产业集群的形成，形成产业集群能够促进当地经济发展，带来社会和经济效益。Simon Hudson（2003）提出，性别、种族、社会等级都会造成参与体育旅游形式的变化，导致体育旅游消费行为存在差异。Funk（2007）对体育旅游者动机进行了深度研究，发现体育旅游者的旅行动机会受到旅游收获、旅游社交、景区质量、地区文化特色和体验等因素的作用。Chia - Chen Yu（2013）研究了以美国为体育旅游目的地的台湾大学生的旅游动机，发现其会受到旅游通达性、旅游服务便利性、参与体育活动的需求与兴趣、体育活动中运动员的知名度和吸引力、地区文化特色以及游客过往参与体育活动的经历等因素的影响。Wu W（2015）认为，冰雪体育旅游作为一种特殊旅游形式，空间、时间和环境都会对其产生较大影响。Simon Hudson 提出了“体育旅游分析模型”，其能够使利益相关者更好地评价体育旅游的开发价值，使得行业的利益最大化。

（2）国内研究现状。

1）体育旅游产业发展模式及路径研究。

关于体育旅游产业的研究主要聚焦体育旅游产业概念、分类、耦合机制、存在问题、发展路径等方面，以综合理论分析、数据量化和地区实证为主要方式，基于多种视角和研究方法展开。潘荣静（2009）分析了节假日制度变更对体育旅游供需的各种影响，并提出体育旅游市场发展的建议。石晓峰、李建英、王飞（2009）在分析了体育旅游市场特点的基础上，结合山西当地资源禀赋，构建了“三纵”“三横”“三圈”的发展模式。郭清霞等（2011），曹秀珍（2011）从资源、市场、产品三个方面分析了体育旅游发展现状，并从市场、产品、营销三个方面上为体育旅游市场提供了开发和品牌建设策略。殷生宝（2007）将绿色发展引入体育旅游的发展，指出要避免超前发展，积极落实生态开发。曹天荣（2018）强调要加快推动乡村产业融合，积极发挥政府的作用，不断完善乡村体育旅游产业发展综合环境。刘晓明（2014）分析了体育旅游发展所依托的基本动力和基本条件，认为体育旅游发展的动力主要来源为政府、市场及企业，体旅融合主要基于产业间的渗透、延伸和重构等途径进行，强调要重视完善体育旅游发展面临的机制、政策和市场环境。匡立（2016）研究发现区域体育旅游组织结构和过程影响着涉及其中的各种不同的参与者，参与者们相互影响进而形成了该区域的体育旅游产品，并通过参与者个体之间的相互关联和合作解决问题。苏敷志等（2019）提出，体育旅游需要结合自身特点，形成良好的产业关联，充分整合产业链资源，实施协同发展。武传玺（2020）认为，需努力推进体育旅游产业与互联网融合，通过新媒体进行宣传，提高地区体育旅游知名度，提升游客冰雪体育旅游的消费意愿。王月华等（2020）认为需推动体育旅游生态发展，释放体育旅游发展的绿色效益，积极建设和完善区域产业链。任萌等（2022）就区块链对我国体育旅游的影响进行了研究，区块链技术运用在体育旅游领域，可提高对体育旅游发展的管理效率，改善体育旅游市场宣传环境，提高体育旅游服务便捷性，促进智慧体育旅游产品和服务开发。

产业融合发展方面，邢中有（2010）在研究了体育与旅游产业融合发展现状后发现制度障碍、中介服务障碍、能力障碍和需求障碍是阻碍体育旅游产业发展的主要障碍，未来应该把握产业融合的融合效应、创新优势促进体育与旅游产业多方位深层次融合。公衍芬（2013）以产业融合理论为基础，就青岛市体育旅游产业的融合动力、优势、障碍和路径等提出了建设性的意见。目前我国体育与旅游产业属于层次较浅的渗透性融合，具有较大的发展空间和水平，可以通过合理的资源配置、稳定高效的业态对接和良性的市场和管理机制来实现（尹宏等，2019），结合我国体育发展的实践情况，需要从管理优化、制度完善、项目和人才建设等维度进行实施。体育与旅游融合发展的动力机制方面，刘晓明（2014）指出，大众旅游消费观念和消费需求的变化成为体旅融合的重要前提和支撑，两大产业的关联性则构成二者融合的基本依托。张环宇（2015）、张瑞林（2016）对冰雪体育旅游进行了全面的研究，研究发现，冰雪体育旅游发展需要考虑当地的产业基础和产业潜力，合理规划布局，统筹多方利益，构建体验式生态化的模式，优化产业结构。柳化林（2013）综合地从行业、经济、就业及市场等视角探究了黑龙江省冰雪体育产业的产业链结构。谢经良（2015）以体育旅游产业集群协同创新为研究对象，以政府主导的体育旅游产业集群协同创新模式为切入点，阐述了体育旅游产业集群协同创新模式的运行机制、动力机制和运行保障措施。温美玲（2017）指出，体旅融合是特殊的，二者融合发展的技术、生产、营销、消费路径急需建立。

2）体育旅游评价指标体系研究。

李菲采（2010）借助问卷和统计研究方法，以体育旅游为主题，建立了冰雪体育旅游资源评价指标体系。郑利利（2012）综合共生理论和钻石理论，深入分析了河南体育旅游资源的特点。范彬彬（2016）借助 AHP 法，就柳州体育旅游资源展开了评价和分级。田启（2017）通过建立耦合度模型对陕西秦岭山地体育产业与旅游产业的耦合发展问题进行了研究探讨。易涛（2018）对杭州度假体育旅游自然资源进行 ASEB 栅格分析，并对杭州度假体育旅游自然资源分析结果提出建议来解决杭州度假体育旅游自然资源开发中的若干问题。张修河（2019）基于专家咨询和讨论等方式，确定了山东体育旅游资源评价的具体指标构成。韩宙（2019）综合了专家讨论法和 AHP 法，就山西体育旅游发展现状和框架展开了系统研究，并以圣天湖镇为例开展了实证探究。王勤（2021）在现有学者有关体育旅游资源评价的相关研究基础上，筛选体育旅游资源禀赋各级评价指标，并以山西为例，就其体育旅游资源展开了市域尺度的系统评价，找出山西省体育旅游资源在开发过程中存在的问题并提出优化路线。李岩（2021）对体育与旅游产业融合度进行了测量，并利用多元线性回归模型对市场需求因素、企业竞争与合作因素和政府政策因素三大影响因子影响程度及差异进行了分析。魏振华（2021）依托 Gartner 提出的三分量法和大量前人的研究成果，依据"认知—情感"模型对上海市体育旅游目的地形象进行了评价。汤帅（2021）参考“投入—产出”模型，以2010～2019年为研究区间，测算和分析了我国31省区市的体旅融合度及其时空演变。葛书林（2021）通过引入Expert－Choice层次分析工具构建了民俗体育旅游资源整合开发评估体系，进一步剖析其在整合发展过程中各资源要素间的有机联系，测算和分析了民俗体旅资源发掘和运用潜能。牛晓晨（2022）采用德尔菲法、层次分析（AHP）等方法对贵州山地体育旅游的可持续发展能力进行了评价，提出了山地体育旅游的可持续发展策略。

3）体育旅游消费者行为研究。

李珂（2012）研究了不同年龄段的居民对于体育旅游的认识、动机、消费频率、人均费用、制约因素等方面的消费行为，认为不同年龄段的居民体育旅游消费行为存在明显的差异。邢志娟（2017）研究得出，一半的旅游者在获寻具有有效性和完整性的旅游信息方面存在问题，多数旅游者通过网络来获寻旅游信息。武传玺（2017）研究了高校学生冰雪体育旅游的消费过程，并进一步探索了影响高校学生于此过程中的消费行为的具体因素。谭波（2018）基于推—拉理论，深入分析了上海市大学生体育旅游动机的特征并进行分类，通过大学生体育旅游动机的推力、拉力和阻力量表对体育旅游动机和参与行为之间的关系进行探讨。魏啸宇（2021）以“认知和情感”理论为基础，探索了旅游者对宁夏沙漠体育旅游景区的形象认知、再赴和分享兴趣，同时给出了优化宁夏沙漠体育旅游景区形象认知的相关策略。陈治等（2021）从文化场域视角对体育特色小镇的空间游客吸附机制进行了分析，得出结论游客忠诚度的推力机制和拉力机制，通过情感成分中的旅游满意度影响行为成分进而构成忠诚度传导机制。谭波等（2021）从推力、拉力和阻力三方面构建结构方程模型，对男、女大学生体育旅游参与行为影响的差异进行了研究。吕敏（2021）在《贵州世居少数民族传统体育旅游游客偏好研究》一文中，采用联合分析法等研究方法，分析了贵州省世居少数民族传统体育旅游游客的选择偏好和18种体育旅游产品组合效应。

4）体育旅游空间分布及特征研究。

吴黎（2017）对湖北体旅资源进行了空间格局分析，并针对性地给出了促进湖北体旅资源空间格局优化的建议。张新等（2020）在进行参与式体旅资源类型划分的基础上，运用空间分析等方法，探讨了1998年、2008年和2018年参与式体育旅游资源的时空演化特征及影响因素。韩云（2021）基于基尼系数等多种研究方法，就我国体旅目的地的空间格局展开了研究，发现体育旅游目的地整体数量在各省份之间分布极不均衡，中国体育旅游目的地呈聚集分布状态且空间集聚态势最为显著，并认为这种空间格局受地表形态、区域气候、区域人口和地区生产总值等因素的综合作用。王天俊等（2021）将收集整理的数据导入地理信息系统，建立阿克苏地区体育旅游资源分类数据库。

3.2.4 国内外研究综述

国内外“旅游+”方面的研究主要集中在文化旅游、体育旅游和乡村旅游方面，随着全域旅游和绿色低碳发展的提出，目前研究逐渐出现了文化、体育或者乡村、体育相融合发展的研究。“旅游+”研究国内主要选取CNKI进行数据选取分析，样本情况存在部分差异，国外受多方因素影响样本较少，范围较窄。分析现有的研究成果发现，实证类研究数量较多，概念分析和量化研究也占据一定比例，但理论建设还比较滞后。研究内容聚集在旅游资源现状、开发路径等方面，多是对某一区域展开不同角度、不同方法的研究，研究没有和消费者需求完全切合，在消费者行为方面的研究缺乏定量全面深入的研究。另外对旅游主体及其利益相关者的研究相对较少，产业要素间的交叉影响与其创造经济效益的研究不充分。现阶段所取得研究成果尚缺乏研究框架的系统性、研究内容的深入性以及研究过程的动态性，缺乏从系统的视角将其他产业与旅游产业的运行过程进行系统、全面、动态的研究，及其运行规律和发展趋势的把握，国内外关于“旅游+”研究的程度、发展阶段、发展方式、发展策略等方面存在差异。所以，需重视引入和优化国内外其他学科的基本理论和研究方法，提高研究内容的广度和深度，促进良好的研究结构加快形成。研究应紧扣研究热点，结合研究的发展趋势。通过定量分析，科学洞悉发展态势，构建标准的评价体系，融合各学科研究成果，进行科学、系统、全面、动态、创新的研究。

3.3 乡村振兴背景下旅游发展研究综述

3.3.1 国内文献现状

乡村振兴战略具有其特定的时代背景和丰富的内涵，顺应了新时代社会主要矛盾的变化。具体而言，乡村振兴战略就是坚持农村优先发展，实现产业兴旺、生态宜居、乡风文明、治理有效、生活富裕的总要求。乡村旅游作为一项新型综合性产业在加速城乡要素流动、优化产业结构、提升乡村主体价值方面具有独特作用，乡村旅游的成长适应乡村振兴战略，有助于地区产业和综合经济发展，有助于地区文化和生态环境不断改善。乡村振兴战略提出后，乡村振兴背景下的旅游相关研究不断增多，研究聚集在旅游高质量开发研究、旅游发展模式和路径创新研究、乡村旅游同乡村振兴的互动研究、乡村旅游助推乡村振兴内在机理与实现路径研究、乡村旅游发展利益协调机制研究、旅游空间分布格局及影响因素研究、旅游地发展综合评价研究等方面。研究对象主要为生态旅游、文化旅游和乡村旅游等方面。

（1）乡村振兴背景下旅游发展模式、路径研究。

杨瑜婷等（2018）基于演化博弈视角，探究了合作双方在乡村旅游资源开发过程中合作路径的演化及影响双方合作策略的选择的主要因素，认为只有优化资源配置、调整产业结构、加强基础设施和服务水平等措施可以有效促进合作双方合作的演化。马勇（2019）运用分布—互动—竞争—演化模型提出在乡村构建旅游产业生态圈的路径，即旅游发展遵循创新、协调、绿色、开放、共享的发展理念，以旅游业为平台促进产业命运共同体协同发展有助于乡村振兴的实现。谭莉（2019）指出，需积极利用地区资源禀赋，加强农村旅游休闲经济的开发与布局，以农村旅游休闲经济作为发展思路，推动乡村经济发展。乡村旅游以“乡土性”自然及文化资源满足游客需求，需要遵循“资源供给推动、市场需求拉动”的市场逻辑，充分发挥当地的生态环境和民俗文化通过多种渠道助力乡村振兴（郭景福，2019）。乡村振兴应以产业振兴、生态振兴和文化振兴为指导，构建以组织振兴、人才振兴为保障的旅游产品开发保障体系（周正浩，2019），拓展产业链（拓链条）、优化生态链（优链条）、融合文化链（融链条）、提升治理链（强链条）和完善生活链（补链条），促进乡村旅游的转型升级（陈跃，2019）。李燕青（2019）基于欧洲一体化乡村旅游框架的启示，指出要结合乡村特色和地区实际，坚持走具有创新性和时代性的乡村振兴之路。乡村旅游可持续发展和高质量发展是践行乡村振兴战略的重要路径，但乡村旅游成长过程中还存在很多问题，乡村旅游急需提质增效升级（申潜，2019）。随着旅游大众性和全域性的增强，旅游对实现乡村富强和振兴的推动力也在不断提升。胡晓琰等（2019）强调，推动乡村旅游融合发展，需做好乡村生态质量提升、乡村本真特色保持、乡村旅游创新、乡村脱贫和乡村旅游居民参与性提高等方面的工作。李波等（2020）探讨了影响乡村旅游发展的两个主导因素：乡村性、政府力量。夏正超（2020）提出乡村旅游发展需根据区位、资源、经济条件探索适宜的发展模式，发挥不同模式的特点促进乡村旅游多元化经营，推进乡村振兴战略实施。蔡舒（2020）研究发现“互联网＋乡村旅游”对于实施海南乡村振兴战略所具备的重要价值，通过乡村旅游同互联网产业的互动与融合，能够稳定且有效地推进电子商务建设，满足国家对于乡村振兴战略要求，推动当地旅游业顺利发展。徐宏、李军（2021）通过全域旅游开发驱动乡村振兴机理与发展策略的研究，提出驱动原动力不足、驱动主体缺失、驱动路径复杂多元、驱动效果隐性滞后等因素制约着全域旅游的发展，实践中需要加强思想认识、发挥政府市场村民协同作用、丰富驱动路径、提升驱动效果，驱动全域旅游促进乡村振兴的实施发展。伴随乡村旅游带来的流动性与现代性嵌入，民族地区乡村正经历着破碎化、脱域化、无序化等空间异化问题。周梦等（2021）在乡村振兴战略实施背景下，分析了基于旅游发展推动的民族地区乡村文化空间重塑的三重策略。温莹蕾（2021）以乡村振兴战略实施为切入点，分析了推动乡村人居环境与乡村旅游形成良好的互动发展关系的具体策略。乡村旅游与乡村振兴之间存在着具有典型的双向互动关系。其中，人才、精神、资源、产业作为两者之间的联结要素保证了古村落旅游发展和乡村振兴战略实施过程中有效推进。

要以“人本向”“精神向”“资源向”和“产业向”推动乡村旅游成长（李艺等，2022）。庞艳华（2022）遵循乡村振兴背景下河南省乡村旅游营销现状、存在的主要问题、解决途径的逻辑，以 4P 理论为基本分析框架，分别对河南省乡村旅游营销现状，产品组合、定价策略、渠道建设、促销方式存在的问题进行了分析，据此提出了河南省乡村旅游的四点营销策略优化对策建议。

（2）乡村振兴背景下旅游发展评价体系建设研究。

梳理乡村振兴背景下旅游发展评价的研究发现，研究主题主要包括：乡村振兴同乡村旅游的互动发展关系研究、生态农业和美丽乡村研究、新型城镇化与生态环境静态关系研究、乡村旅游发展评价研究、旅游农业发展综合评价研究、乡村振兴旅游路径的准入评价研究、乡村振兴旅游效率评价研究等方面。其中，乡村振兴与乡村旅游耦合协调发展研究和乡村旅游发展评价研究占据了数量优势。乡村振兴与乡村旅游耦合协调发展研究开始于 2019 年，截至目前以“乡村振兴与乡村旅游耦合协调”为关键词，在 CNKI 中搜索文献 15 篇，研究区域包括：安徽（唐静，2022）、甘肃（田少华等，2022）、山东（杜岩等，2021）、吉林（李佳艳，2021）、新疆（胡莉莉，2021）（许益恒，2020）、湖北（项晨薇等，2020）、广西（赵玉婵等，2020）、青海（郑群明等，2020）、山西（马小琴，2019）、浙江（丁华等，2019）、湖南（李志龙，2019）。该类研究多以面板数据为基本，通过构建乡村振兴与乡村旅游系统耦合协调评价指标体系，并利用耦合度、耦合协调度模型测算了乡村振兴与乡村旅游综合发展水平、以及耦合度。一些研究得出：乡村振兴与乡村旅游的综合发展水平呈上升趋势；乡村振兴与乡村旅游耦合发展呈现阶段性和波动性；乡村振兴与乡村旅游耦合发展呈现差异性和区域性，各市的耦合协调组合状况与其经济水平、历史基础、资源禀赋、区位条件等存在空间的对应性。董文静等（2020）。旅游产业、乡村振兴、生态环境的发展耦合协调关系研究方面，许益恒（2020）运用耦合协调度模型测算和分析了新疆乡村振兴与生态环境的耦合协调情况，研究得出地区乡村振兴情况良好，生态环境水平还需要进一步提高。陈仕玲等（2020）通过构建乡村振兴评价指标体系和生态旅游评价指标体系，分别计算了贵州、云南和四川三省的耦合度、耦合协调度和综合发展值。黄晨红（2022）根据河北省近五年来的乡村旅游与生态经济发展实践，运用耦合度模型实证分析河北乡村旅游与生态经济协同成长状态，指出乡村振兴为乡村旅游与生态经济融合提供了一个新发展契机，乡村旅游和生态经济在乡村这一空间载体上，也取得了良好的融合发展效果。郭显鹏等（2022）在构建综合评价体系的基础上，采用综合发展评价模型和耦合协调度模型对2013～2019年重庆市生态农业、乡村旅游和乡村振兴协调状况进行实证分析。其他方面的研究，施佳伟（2020）构建了以乡村旅游的发展潜力和居民认同度两个维度的准入评价分析体系，为准入评价开展量化研究奠定基础。张静等（2020）从经济效益、社会文化效益和环境效益三个方面定量分析了乡村旅游扶贫进程中乡村居民的效益感知水平，研究结论为：居民对乡村旅游发展带来的三个层面的效益整体处于较高的感知水平。杨秋婷（2020）基于乡村振兴战略视角构建了山地旅游农业发展评价指标体系，通过多因素综合评价模型评价了农业旅游综合发展水平。庄婷婷等（2021）通过熵值法测算了我国新型城镇化水平和农村生态环境质量，利用回归模型（PVAR）分析了乡村旅游、新型城镇化与农村生态环境之间的两两静态交互关系和动态作用机制。邓娜（2021）通过对宁夏实施乡村振兴战略、美丽乡村和乡村旅游政策的内在逻辑和互动关系进行研究，发现三者之间具有联合、融合、耦合三个层次的互动关系，其黏性由浅入深。殷章馨等（2021）在数据标准化和熵权法确认指标权重的基础上，采用多指标综合评价法、格兰杰因果检验和回归分析等揭示了乡村旅游功能及其对乡村振兴的影响。许业辉等（2022）依据对乡村旅游同质化内涵的解构和解读，构建了乡村旅游同质化程度的评价指标体系，评估、判定和比较了某些地区乡村旅游案例的同质化水平。

（3）旅游助推乡村振兴的内在机理、动力机制及影响因子研究。

王明浪（2021）将旅游资源、产业结构、组织方式作为基本维度，将乡村旅游对乡村振兴的作用机制进行了分析，并指出产业协同共进、渗透升级是乡村振兴的响应逻辑，生活富裕是乡村振兴的根本，激活乡村资源是实现乡村振兴的主要路径，乡村振兴的驱动力合力为组织联合行动和价值多元化。向延平（2021）基于“三农”视角、生产要素视角、效应导向视角、目标导向视角，分析了乡村旅游对乡村振兴的内在驱动机制，并指出乡村生产旅游资源是乡村振兴的主要驱动力，乡村生活旅游资源是乡村振兴驱动活力、乡村生态旅游资源是乡村振兴驱动推力、乡村文化旅游资源是乡村振兴驱动拉力、乡村人力资源是乡村振兴驱动辅力、乡村组织资源是乡村振兴驱动合力。

（4）乡村振兴背景下旅游资源空间特征研究。

田颖（2020）以福建省472个旅游扶贫重点村为研究对象，综合运用空间分析法和相关数学模型等方法对旅游扶贫重点村的空间分布格局和影响因素进行定量分析。黄葵（2020）利用GIS技术定量分析重庆市乡村旅游资源的空间分布特征，通过空间分布模型探究乡村旅游资源空间分布的聚集程度，利用地理联系率探析人口规模和经济发展水平与乡村旅游资源分布的配合度。采用回归模型从整体上对重庆市乡村旅游资源数量与乡村振兴的关系进行分析，利用Pearson相关系数对不同经济发展区域关系进行研究，试图得到乡村旅游资源数量与乡村振兴的辩证关系。

（5）乡村振兴背景下旅游消费者行为特征研究。

赵豫西等（2021）运用利益相关者理论，分析了核心利益相关者的角色定位和利益诉求，进而对他们之间的利益冲突进行剖析。沈洁等（2021）通过利用Spearman相关性分析研究旅游产业顾客定制影响因素，得出结论：各影响因素与大众对旅游产业顾客定制的青睐程度存在显著的正向关联关系。李彩云（2021），从游客人口学特征、游客出游情况、游客停留及住宿等数据分析入手，结合龙脊古壮寨乡村旅游成长状态，给出了该地乡村旅游绿色成长的实践路径。朱明等（2021）将IPA分析法同服务质量差距模型进行结合，重点研究了乡村旅游供需失配的实际表现和改变策略。殷猛等（2020）以UTAUT模型为基础，结合乡村旅游中消费者的个人特性和感知，构建研究模型，发现乡村旅游环境、乡村旅游电商平台感知以及消费者个人感知是影响消费者参与乡村旅游的主要因素。

3.3.2 国内文献综述

在乡村振兴战略大布局下，研究领域不断的拓展，研究方法主要为案例研究和实证研究方法进行因子分析、聚类分析、多元回归分析等各种数理统计分析，研究视角主要为驱动机制、耦合关系、产业的优化升级与产业融合问题、发展现状路径和策略、内在机理、动力机制及影响因子研究等，乡村旅游作为乡村振兴和建设的强有力推手，研究文献数量最多，乡村旅游产业推动乡村振兴的研究历程、政策机制、发展模式、效应影响等方面都为研究热点。但是当前研究还存在一些不足，例如乡村旅游同乡村振兴互动发展的实践案例研究不够深入，旅游产业关联效应研究运用的定量方法有限，横向拓展和纵向深入不够系统全面，研究在消费者行为、空间分布、规划设计策略等方面研究文献较少，缺乏定量全面深入的研究。因此，乡村振兴战略背景下旅游研究体系和内容需要进一步优化和丰富，并采用定量和定性相结合的方法进行科学、系统、全面、动态、创新的研究。

第 4 章

西南地区康养旅游发展现状

4.1 西南地区康养旅游发展环境系统分析

4.1.1 自然环境

西南地区包括四川省、云南省、贵州省、西藏自治区以及重庆市，地形构成复杂多样，以高原山地为主，具体可分为四川盆地及其附属山地、云贵高原山地丘陵区、青藏高原山地区三个地形单元，地势高差大，呈现西北高东南低的总体特征，喀斯特、峡谷地貌分布广泛，垂直分带性特征十分显著，拥有多种利于康养旅游发展的小环境。西南地区发展康养旅游有其独特的资源禀赋，其资源储备丰富且构成类型多样，主要包括气养、地养、药养资源等。

气养资源是指能够使游客产生旅游动机，并满足其健康养生需求的特殊气体的集合，包括植物精气、空气负氧离子等。植物精气是在天然状态下绿色植物释放的气态有机物，对人体健康有止咳、平喘等多种功效。空气负氧离子有气态维生素的美誉，其康养价值主要包括舒缓身心、辅助治疗人体疾病、刺激造血功能等，其在瀑布河湖水域周围浓度较高。西南地区森林资源丰富，是我国第二大天然林区，自然原始林和成熟林占比在 90% 以上，蓄积量比重超 95%，树种类型繁多。主要分布在四川西部、云南西北部以及西藏东南部的高山峡谷区，森林覆地面积达 1700 万公顷，森林蓄积量超 31 亿立方米。除高山峡谷区外的森林资源多分布在四川盆地周边山区、云南中部及东南部。西南地区森林资源利用率仅为 42%，远低于全国平均水平，利用空间还很充分。广阔的土地面积和多样的地理环境赋予西南地区以优越的林业发展条件。西南地区以亚热带季风气候为主，年平均降水量在800mm～1000mm之间，属气候湿润地区，区内多大江大河，受起伏巨大的地形影响，形成众多瀑布和峡谷。丰富的森林和水域资源不仅蕴含着大量的植物精气和空气负氧离子等有益气体，利于人们保健养生，同时也具有游览休闲的价值，这为西南地区森林康养旅游发展提供了强有力的资源支撑。

地养资源指利于开展保健养生活动的地貌、地质资源。西南地区的地氧资源以喀斯特地貌和地热资源为主。西南地区是我国喀斯特地貌发育最具代表性且拥有全球最完备的岩溶洞穴资源的地区。喀斯特地貌在西南地区有着广泛的分布，其中以云南、贵州发育最为典型、充分。云南、贵州喀斯特地貌覆地面积分别达到10.66万平方千米和12.88万平方千米，在省面积占比中分别达到21%和73%。由岩溶作用发育形成的喀斯特地貌不仅是发展旅游的重要景观要素，同时还具有极大的保健养生价值，例如岩溶洞穴对风湿性疾病、慢性呼吸道疾病、皮肤病均有良好的医疗功效。西南地区丰富的喀斯特地貌资源助力发展洞穴医疗旅游，助力西南地区打造中国喀斯特医疗旅游胜地。西南地区邻近地中海—喜马拉雅火山地震带，地热资源十分富足，适合温泉康养旅游发展。西南地区的温泉资源主要分在四川西部和西南部、重庆西部、云贵高原西部和西北部，可分为火山型地热带温泉和隆起断裂带温泉两类，具有酸度大、温度高且微量元素含量高（以铁、锶、锂、氡等元素为主）的特征。

药养资源指对疾病具有预防医疗功效，利于人体养生保健的动植物、矿物等资源的总和。西南地区气候湿润温暖，适合动植物生长，且因显著的山地垂直带性和纬度地带性，动植物物种十分丰富。以植物为例，西南地区的植物类型几乎包括了从我国南方地区到东北地区的绝大部分的地带性植被。其中，云南植物种类在西南地区中最多（426科），贵州次之（284科）。丰富的动植物资源蕴藏着巨大的药用价值，是药材资源的重要组成。西南地区药材资源有类型多样，储备充盈的特征，是我国中医药材四大产区之一，其产量在全国总产量中占比超过1/2，其中，麝香、冬虫夏草、川贝母、黄连等药材产量在全国有重要地位。从空间分布上看，西南地区药材资源集中在四川西部和云贵高原地区，四川西部分布的药材种类达5800种，并以天麻、云木香、冬虫夏草、穿山甲、鹿茸、熊胆、川贝母、麝香为代表。云贵高原地区有矿物药材约40种，动物药材约250种，植物药材约4000种，并以黄连、三七、当归、雷公藤、三尖杉、木香为代表。

除了丰富的气养、地养、药养等康养资源外，西南地区的旅游景观资源也非常丰富，是我国旅游资源集中度最高的区域之一。西南地区地形地质构成复杂，地貌景观类型繁多，如冰山地貌、峡谷地貌、喀斯特地貌、火山地貌、丹霞地貌等，拥有世界自然遗产一项，拥有多个国家级风景名胜区，如川渝地区的峨眉山、长江三峡、青城山、九寨沟、蜀南竹海、四姑娘山、剑阁蜀道、金佛山、西岭雪山、金佛山、贡嘎山、缙云山、四面山风景区等，云贵地区的黄果树、荔波樟江、赤水、马岭河、梵净山、红枫湖、织金洞、滇池、路南石林、西双版纳、腾冲地热火山风景区等，数量在全国占比近1/3，拥有国家自然保护区32个，在全国占比超1/5，拥有全国十大重点风景区2个，在全国占比达1/5。

西南地区主气候类型为亚热带季风气候，并具有典型的垂直分带性特征，由此发育形成多种各具特色的自然生态系统和丰富的动植物资源。其中，最具代表性的应属喀斯特自然生态系统，西南地区是我国岩溶地貌发育最为典型、分布最为广泛的地区，有岩溶博物馆之称。拥有亚洲最大和最为壮丽的喀斯特溶洞，即建水燕子溶洞。西南地区各省区市的喀斯特岩溶地貌各具特色，重庆岩溶地貌的立体性特征突出，如武隆的岩溶地貌。四川的岩溶地貌则以堆积性为特色，如九寨沟、黄龙岩溶地貌。云南和贵州的喀斯特岩溶地貌则以多样性和广泛性见长。此外，西南地区现存着超6000种的高等植物、超600种的脊椎动物以及超100种的国家重点保护的动植物。特别是，云南的自然生态系统和动植物特色十分突出，拥有较为原始的西双版纳热带生态系统和经典的喀斯特岩溶生态系统，素来也有动植物王国和花卉之国的美誉，境内拥有昆明世博园、香格里拉等著名的生态旅游风景区。

西南地区的峡谷风貌特色显著，以虎跳峡和长江三峡最为著名。虎跳峡是全球最深的峡谷，海拔高差近4000米，以壮丽险峻而闻名。长江三峡则包括瞿塘峡、巫峡和西陵峡，瞿塘峡以雄壮艰险为主要特点，巫峡以宁静秀美为特色，且其下还包含了秀丽的大宁河小三峡，西陵峡则以湍急滩险为主要特征。

此外，西南地区的山地和高原风光也很优秀。区内山地和高原、丘陵面积占比大，有著名的横断山区、秦巴山区等大型山地以及云贵高原、青藏高原两大高原，山地高原旅游资源丰富，拥有发展如登山旅游等体育旅游类型和生态观光旅游的自然资源禀赋，如峨眉山、青城山、梵净山等区内景点已经成为全国知名的山地生态旅游风景区。

西南地区属气候湿润区，年降水量较为丰富，水体资源十分富足。区内有著名的长江、嘉陵江、金沙江、澜沧江、怒江等，并有三江并流、马岭河等全国闻名的水体旅游风景区。此外，西南地区的瀑布和温泉旅游景点众多，如九寨沟钙华瀑布群、贵州黄果树瀑布群、安宁温泉等。最著名的是贵州黄果树瀑布。黄果树瀑布曾被认为是中国最美丽的地方和西部最具吸引力的景点，瀑宽101米，瀑高达77米，是全球最大的瀑布群，其水景规模巨大，形态柔美，且类型丰富。安宁温泉有“天下第一汤”的美誉，水质柔和，且富含对人体健康大有裨益的多种微量元素，是西南地区温泉旅游发展的典型代表。此外，西南地区的火山地貌也很有特色，并以云南腾冲火山为典型代表。云南腾冲有近100座处于休眠状态的火山，其中火山口留存较为完善的火山近1/4。云南腾冲火山类型繁多、规模巨大、集群度高，也被称为自然火山地质展览馆，其火山地貌观光旅游和温泉旅游发展较有代表性。

总的来说，西南地区也是我国旅游业发展的重要增长极和世界级的旅游胜地，康养资源和旅游资源极为丰富，且开发空间广阔，其发展康养旅游有着雄厚的自然环境基础。

4.1.2 经济环境

目前，西南地区经济发展总体上呈现出稳中向好的态势。具体来看，在经济增长方面，2021年，四川省实现GDP收入达5.38万亿元，同比增长8.2%。从四川各区域来看，成都平原经济区实现GDP收入3.3万亿元，同比增长8.5%；环成都经济圈实现GDP收入1.3万亿元，同比增长8.4%；川西北生态示范区实现GDP收入0.089万亿元，同比增长7.2%；川南经济区实现GDP收入0.87万亿元，同比增长8.6%；川东北经济区实现GDP收入0.82万亿元，同比增长7.6%；攀西经济区实现GDP收入0.3万亿元，同比增长7.6%。四川2021年城乡居民人均收入分别增长8.3%和10.3%。在消费品零售额上，城镇地区为1.98万亿元，同比增长15.6%，农村地区为0.43万亿元，同比增长17.1%。全社会固定资产投资增长10.1%，进出口总额增长17.6%。七大区域中心城市经济总量均超过2000亿元。重庆市2021年实现GDP收入2.78万亿元，同比增长8.3%，人均GDP为8.68万元，同比增长7.8%。民营经济增长值1.66万亿元，同比增长9.4%，在全市经济中占比近60%。全市新增外商投资企业351家，同比增长22.3%，全年实际使用外资金额106.65亿美元，同比增长3.8%。民间投资增长9.3%。城镇消费品零售额增长17.8%，乡村消费品零售额增长23.2%。居民人均可支配收入增长9.7%。此外，成渝双城经济圈作为“四极”之一进入国家立体交通网，65个成渝合作共建项目开工建设，完成总投资达2154亿元。云南省2021年GDP收入达2.71万亿元，同比增长7.3%，人均GDP为5.76万元，同比增长7.5%。非公经济增长值1.27万亿元，同比增长7.8%。社会消费品零售总额1.07万亿元，同比增长9.6%。其中，城镇消费品零售总额0.93万亿元，同比增长9.6%，乡村消费品零售总额0.13万亿元，同比增长9.8%。全年共批准利用外资项目337个，同比增长26.2%。贵州省2021年实现GDP收入1.96万亿元，增长约8.1%，人均GDP为5.08万元，同比增长8%。地区社会消费品零售总额、城镇消费品总额、农村消费品总额分别增长13.7%、13%和18.6%。地区进出口总额654.16亿元，同比增长19.7%，城镇新增就业人口64.75万人。西藏2021年实现GDP收入0.2万亿元，同比增长6.7%。人均GDP为5.68万元，同比增长6.1%。区内市场主体增至40.66万家，同比增长11.5%。全区社会消费品零售总额810.34亿元，同比增长8.7%。全年货物进出口总额40.16亿元，同比增长88.3%。

在产业发展方面，四川2021年三大产业结构为10.5∶37.0∶52.5，第二和第三产业的经济占比进一步增加，对地区经济发展的贡献力逐步增强①。2021年，建成高标准农田470万亩，粮食产量超716亿斤。规上工业企业

① 数据来源：西南地区各省市2021年统计公报。

1.5611万户，规上工业增加值增长9.8%。重庆市产业结构不断优化，2021年三大产业结构比为6.9∶40.1∶53。制造业向高端化发展速度加快，汽车产业增长12.6%，医药产业增加值约增长14.5%。全市新设市场主体57.9万户，总量达320万户。云南省2021年三次产业结构比为14.3∶35.3∶50.4，其中第三产业增加值1.37万亿元，同比增长7.7%。农业产值0.34万亿元，同比增长7.8%，粮食总产量1930万吨，同比增长1.8%。规上工业增加值增加8.8%。贵州省产业成长和营投环境持续改善，地区2021年工业经济占比达27.1%，增长约1.2%。绿色经济占比45%，工业投资增长19.7%，民间投资占比42.7%，增长约2.2%。出资200亿元设立"四化"和生态保护基金，带动银行和社会资本超1000亿元。西藏2021年第一产业增加值164.12亿元，同比增长7.3%。全年粮食产量106.15万吨，同比增长3.2%。规上工业增加值增长12.9%。第三产业增加值1158.77亿元，同比增长11.8%。

在基础设施方面，2021年，川藏铁路四川段全线开工建设，成都天府国际机场投入使用，出川大通道达40条，区域对外通达性进一步提升①。四川建成全国首个乡村振兴金融创新示范区，1292个村探索合并村集体经济融合发展试点，农村公路新建里程达1.7万公里，乡村全面振兴有了良好的开局。同时坚持绿色发展，出台了支持绿色低碳产业政策18条。重庆建设乡村"四好公路"3330公里，改造乡村危房5097户，在建高铁里程929公里，营业里程839公里，三环高速全线贯通，高速公路通车总里程达3841公里，出渝通道增至27个。云南绿色能源机突破9500万千瓦，8项国家重大水利工程全面开工。地区2021年货物运输量14.39亿吨，旅客运输量2.27亿人，旅客运输周转量399.1亿人公里，同比增长6.1%。全年完成邮政业务总量125.15亿元，同比增长28.1%。贵州2021年公路通车里程达20.72万公里，同比增长0.2%。其中，高速公路通车总里程突破8000公里，同比增长3%。内河航道里程增至0.39万公里。全年货物周转量0.14亿吨公里，同比增长13.5%。年末拥有养老机构969个，儿童福利和救助保护机构34个。城市污水处理率、生活垃圾无害化处理率分别提至97%和98.1%。西藏年末公路总通车里程

① 数据来源：西南地区各省市2021年统计公报。

12.07万公里，同比增加0.18万公里。铁路运输15.38亿人公里，同比增长24.6%；公路运输14.77亿人公里，同比增长1.1%；民航运输65.17亿人公里，同比增长11.7%。新增19条航线，贡嘎机场投入运营。

可以看出，目前西南地区经济发展依然以较快的速度增长，增速在7%以上，各省市人均可支配收入不断提高，人均消费能力进一步提升，这为地区康养旅游发展提供了广阔的市场。同时，西南各省市社会投资活力充分释放，投资环境进一步改善，西南地区市场环境更加和谐。此外，交通通信等基础设施建设不断完善，整个西南地区内部各省市协调发展格局初步形成，对外的通达性显著提升，发展康养旅游的基础支撑进一步巩固。西南各省市产业现在已向智能化、高端化、绿色化、创新化发展成效显著，产业结构体系进一步优化，康养旅游产业发展的产业环境持续改进。

4.1.3　政策环境

西南地区发展康养旅游有着良好的政策环境基础。一方面，西南地区是我国的战略大后方，在我国经济发展中有重要地位，对推进区域协调发展也有重要意义。国家一直高度关注西南地区的发展，并给予诸多宏观政策支持，例如西部大开发战略、“一带一路”倡议、乡村振兴战略等。此外，康养旅游作为一种新兴产业，也受到国家政府和社会的高度重视。国务院印发的《中国生态文化发展纲要（2016～2020年）》《关于进一步促进旅游投资和消费的若干意见》以及《“健康中国2030”规划纲要》均指出要大力推进旅游与养老、健康、文化等产业融合，形成旅游产业多业态、多模式的格局。《关于新时代推进西部大开发形成新格局的指导意见》也提出鼓励西部地区立足自然资源、生态环境、文化民俗等优势，加强区域间旅游资源整合、信息共享、基础设施建设、行业管理等方面的合作，完善公共服务网络，深化数字技术应用，积极推进旅游产业、健康养生产业发展，打造地区发展核心支柱产业。同时强调四川、重庆应积极发挥区域中心城市的综合优势，建设西南地区开放高地和开发枢纽。可以认为，在国家支持西南地区发展和鼓励康养旅游等旅游新业态成长双向政策激励下，凭借西南地区自身自然、经济、文化等优势，发展康养旅游是极适宜并具有强大竞争力的。

另一方面，聚焦到西南地区各省市，康养旅游发展的政策体系也在不断完善。四川省政府大力推进森林康养旅游发展，并注重发挥政策叠加效应。先后将森林康养产业作为重要新兴产业写入《中共四川省委关于国民经济和社会发展第十三个五年规划的建议》和《四川省养老与健康服务业发展规划(2015～2020年)》。出台的《关于以绿色发展理念引领农业供给侧结构性改革切实增强农业农村发展新动力的意见》强调要大力发展森林康养产业，提出建成200万亩康养林目标。印发的《四川省大力发展生态康养产业实施方案(2018～2022)》提出四川生态康养产业发展总目标：截至2022年，建成250个生态康养基地、100个森林自然教育基地、4000个生态康养人家、生态康养步道总里程突破5000公里，生态康养年服务突破2.5亿人次、年产值达到1000亿元，加快全国森林康养目的地和生态康养产业强省建设步伐。重庆政府出台的《促进大健康产业高质量发展行动计划》指出要大力推进健康产业向创新化、集聚化、智慧化方向发展，增加健康及其附带产业服务和产品供应，培育一批龙头康养企业。《重庆市人民政府办公厅关于促进旅游投资和消费的实施意见》鼓励社会资本进入中医养生旅游产业，提出要围绕A级景区，建设一批中医养生旅游基地，培育一批中医药旅游、温泉旅游龙头企业，加快中医药旅游产业集群化发展。《重庆市文化和旅游发展“十四五”规划（2021～2025年)》提出要推动温泉旅游产品多元化、精致化开发，推动温泉产业与中医药产业、茶产业、旅游产业融合发展，建设国际温泉旅游中心。此外，重庆政府注重政策顶层设计，积极搭建高新区发展健康政策支持体系，鼓励高新区大力发展医药、医疗器械、康养等大健康产业。云南省政府印发的《云南养老旅游发展专项规划（2016～2030年)》指出积极完善康养旅游体系，建设先进养老配套设施，加快形成候鸟型养老旅游目的地。《云南省进一步扩大旅游文化体育健康养老教育培训等领域消费的实施方案》指出要加快康养产业与旅游产业融合发展，打造一批富有地域特色的康体、康疗、养老旅游产品，积极建设省级康养旅游示范基地。在云南省十三届人大四次会议上，云南省强调要打好“健康生活目的地”这张牌，加快国际康养旅游示范区建设，围绕“文、游、医、养、体、学、智”全产业链，建设以大滇西旅游环线为代表的旅游新品牌。《云南省"十四五"健康服务业发展规划》强调要推动国际康养旅游示范区高标准、高品质建设，推进中医药产业与相关产业融合发展，积极打造具有高原特色的康体旅游目的地。贵州省先后出台《关于支持社会力量发展养老服务业的政策措施》《关于全面放开养老服务市场提升养老服务质量的实施意见》《贵州省养老服务创新发展工程专项行动方案》等政策文件助力康养旅游产业发展，提出要以建设全国养老基地和国际一流康养目的地为目标，大力探索旅居养老、健康养老、智慧养老等养老产业发展新模式。西藏政府印发的《西藏自治区康养旅游示范基地评定管理实施细则（试行）》和《西藏自治区绿色旅游示范基地评定管理实施细则（试行）》提出康养旅游基地、绿色旅游示范基地建设和管理的具体要求，助力旅游与康养产业融合及实现旅游绿色化发展。《西藏自治区"十四五"时期旅游综合发展规划》也强调要推动旅游产业融合发展，大力开发农业旅游、温泉旅游、避暑旅游、健体旅游、健康旅游等产品，尤其要重视深挖藏药文化，积极把西藏建设成高质量的康养旅游、体育旅游目的地。

4.1.4 文教环境

西南地区是我国少数民族聚集分布最多的地区之一，以藏族、瑶族、白族、傣族、水族、佤族、苗族、回族、怒族、门巴族、彝族、土家族等民族为主要代表。西南地区各民族生活方式和传统习俗有很大的区别，由此发源的民族文化也呈现缤纷多彩、特色显著的特征。民族文化既是一种重要的旅游资源，也蕴含着深刻的养生智慧。西南地区很多民族都有着养生保健的意识，并已形成独特的民族养生文化不断传承。除此之外，西南地区许多民族在长期的药用实践中，形成了较为完备的药养理论体系，开创了藏药、彝药、傣药、苗药、羌药等珍贵的民族医药。这些民族医药疗效明显，且种类繁多，以四川为例，区内分布的阿坝藏族藏药有1000多种，彝族药物数达1000余种，羌药类也有600余种。

除了多彩的民族养生文化，西南地区宗教养生文化也很繁盛，并以道教和佛教养生文化为主。西南地区道教养生文化强调修身养德的重要性，认为其是健康长寿的前提，并提出要重视练气之法，保养元气，同时要积极锻炼，动静结合，最后还需保持心理健康和良好的饮食习惯。佛教养生文化则以修禅为核心，所谓禅，也即修心节虑，达到一种物我两忘、羽化登仙的状态。通过思禅打坐，可以使人体经络更加通畅，活血平气，协调阴阳，坚持每天修炼，则对健康长寿大有裨益。可以认为，这些多彩的民族文化和繁盛的宗教养生文化是一种重要的康养旅游资源，同时也为西南地区康养旅游发展奠定了良好的文化环境基础。

在教育环境方面，西南地区的教育资源比较丰富，为康养旅游发展所需人才提供了坚实的支撑。具体来看，西南地区高等院校数量众多，实力较强。从结构上看，拥有985、211院校10所，其中四川有四川大学、电子科技大学、西南交通大学、西南财经大学、四川农业大学五所，重庆有重庆大学、西南大学两所，云南、贵州、西藏分别有云南大学、贵州大学、西藏大学一所；除西藏外，非985、211院校共46所，其中四川14所，重庆24所，云南5所，贵州3所。此外，西南地区院校康养旅游人才培育和输送能力也有保障。以川渝贵为例，2020年，四川医药类院校有12所，毕业生数达25703人，医学本科毕业生数14600人，医学学科研究生毕业生数3592人，中等职业学院旅游服务专业毕业生数19828人；重庆医学类专业毕业生数5766人，中等职业学院旅游服务专业毕业生数达7239人；贵州医药院校有12所，毕业生数达27539人，中等职业学院旅游服务专业毕业生数为9547人。近年来，国家加大了对西南地区基础教育经费的投入，西南地区各省市也大幅增加了区内教育经费的配置。可以认为，西南地区整个教育环境是比较优秀的，这对康养旅游人才培养有重要意义。

4.1.5 科技环境

技术的更新进步赋予了西南地区康养旅游产业创新发展更多的可能性，是康养旅游产业融合的“马尖刺”，其中以大数据技术和VR技术最引人瞩目。大数据的快速发展是当今时代的一个重要特征。大数据也是我国重点培育的一个领域，它在各行各业都有广泛的应用。就其定义来看，大数据是一个形式多样、内容丰富的庞大数据组，它以云计算作为技术基础，具有数据内容庞大、价值巨大、数据类型多样、信息传递效率高等特点。在推动康养旅游融合发展的过程中，大数据有着不可忽视的重要作用。此外，近年来，VR 技术发展也十分迅速，并在旅游市场需求分析及预测、市场营销、服务优化、产业综合管理等方面得到了初步的应用。可以认为，当今时代国内宏观科技环境对推进西南地区康养旅游产业融合发展是大有裨益的。

聚焦到西南地区，康养旅游产业融合发展也有较好的科技环境支撑。2021 年，三个国家重大科技基础设施，两个国家重点实验室落户四川，地区省级工程技术研究中心增至 375 个。四川省现代化产业体系建设步伐不断加快，产业链的完整性和供应链的稳定性进一步提升，产业综合创新能力持续增强。同年，四川高新技术产业营业收入达2.4 万亿元，同比增长19.4%，高新技术企业突破1 万家；数字经济核心产业增加值4012 亿元，同比增长 18%；拥有 8 个国家级高新技术产业开发区、19 个省级高新技术产业园区、11 个国家级农业科技园区、40 个国家级科技企业孵化器和 135 个省级科技企业孵化器。重庆科学城建设取得突破，中国科学院重庆科研中心等平台建设稳步推进，15 个高新区引进重大科技产业项目 474 个，总投资 2604 亿元。年末重庆有高新技术企业 5108 家，技术型企业达 3.69 万家。重庆产业转型升级持续推进，战略新兴产业和高技术产业增长均在 18% 左右，数字经济增长超过 15%。云南省年末拥有 4 个工程技术研究中心、123 个省级工程技术研究中心，7 个国家重点实验室、115 个省重点实验室，277 家创新型企业，建成国家级高新技术产业开发区 3 个，省级高新技术产业开发区 3 个，科技创新能力在全国排名中跃居第四。贵州大数据产业发展成效显著，已形成以数据集聚和数据安全防护为核心的特色产业，且大数据产业集群发展的趋势不断增强。此外，贵州 2021 年末已拥有国家级科技合作基地 5 个，院士工作站 91 个，国家重点实验室 6 个，其科技创新能力进一步提升。西藏基础网络环境建设取得突破，年末移动电话普及率和互联网家庭普及率分别提至 91.4% 和 92.35%，区内行政村的光纤宽带覆盖率也达到 99%。建成 5G 基站 3083 个，光缆线路达到 28 万公里。地区高技术产业进一步发展，其中医药制造业增幅达 17.9%。高新技术企业增长 18%，科技型中小企业增长 127%。

4.2 西南地区旅游产业发展现状①

受益于西部大开发、“一带一路”以及乡村振兴战略，加上地区独特的自然人文旅游资源，西南地区旅游业规模不断扩大，发展势头稳中向好。四川省旅游经济体量不断扩展，2019 年，地区的旅游总收入为 11594.3 亿元，同比增加约 15%。旅行社组织出境游客人数为 184.4 万人，增长 9.5%。同时，四川旅游业发展的基础设施得到进一步完善。现已建成 613 家 A 级旅游景区，其中 5A 级旅游景区 12 家，全国排名第五，4A 级旅游景区 260 家，全国排名第一，3A 级旅游景区 59 家。拥有星级酒店 502 家，其中 5 星级酒店 53 家，4 星级酒店 97 家，3 星级酒店 210 家。建成国家级旅游度假区 2 家，国家级生态旅游示范区 6 个。此外，还打造形成大批特色鲜明的红色旅游精品线路、文化遗产旅游线路等，天府旅游名县、文旅特色小镇和三星堆、九寨沟、大熊猫等系列线路产品吸引了八方游客安逸游四川。现有旅行社 761 家，其中出境旅行社 32 家。已建设大型机场十余个，开通 54 条国际航线和 200 条国内航线，铁路运营总里程超过 3500 公里，高速公路通车里程超过 3000 公里。

重庆市优质景区建设持续推进，且成效显著，2019 年末全市拥有国家 A 级景区 242 个，其中 5A 级景区 8 个，4A 级景区 106 个。重庆市旅游服务配套水平不断提升。截至 2018 年底，全市共有旅行社 581 个，其中出境旅行社 97 个，一般旅行社 484 个，旅行社从业人员总数达 9865 人；星级饭店总数达 197 家，其中五星级饭店 28 家，四星级 52 家，三星级 89 家，全部客房总数达 24665 间，床位数达 40140 张。目前，重庆旅游发展已形成核心都市圈独特都市旅游资源、渝东北城镇群优质生态旅游资源、渝东南城镇群丰富民族民俗风情旅游资源三大旅游资源片区，以一圈带两群、三大资源片区协同发展的旅游格局雏形初现。

云南旅游经济体量快速拓展，旅游发展势头良好。2019 年旅游收入为

① 数据来源：西南地区各省市 2021 年统计公报。

11035.2 亿元，较 2018 年增加 2043.76 亿元，同比增长 22.73%。云南省现有星级经济型酒店共 495 家，其中一星级 16 家，二星级 180 家，三星级 205 家，四星级 75 家，五星级 19 家。其中，三星级酒店为云南省主要酒店类型，占比为 41.41%，其次为二星级，占比为 36.36%。目前，云南省已形成较为完善的独具地域特色和市场竞争力的旅游产品发展体系，其主要内容包括：加快建设以昆明为发展核心的三条文旅线路；协同发展丽江、景洪、大理、瑞丽四大次级旅游城市；持续优化民族特色文化旅游、热带天然植物园旅游、综合型体验旅游等产品和服务。

贵州旅游产业基础不断加固，旅游接待能力持续增强。2019 年末全省客房数达 82.45 万间，比上年末增长 4.1%；客房床位数 143.89 万张，增长 4.2%。近年来，贵州旅游业发展质量不断提升，对地区经济的贡献力不断增强，逐步成为贵州经济发展的重大支柱产业，旅游业供给侧结构性改革稳步推进，全域旅游、智慧旅游、满意旅游发展成效显著，“旅游 + 多产业”高质量融合发展取得重要突破，推出了如温泉康养旅游、滑雪健身旅游、非遗研学旅游、冬日阳光旅游等多种旅游产业融合产品。目前，正在稳步推进长征国家文化公园贵州重点建设区工作，并积极打造国际一流山地旅游目的地以及国内一流度假康养目的地。

西藏 2019 年接待游客 0.4 亿人次，同比增加 19.1%①。接待入境游客 54.19 万人次，同比增加 13.8%；接待国内游客 0.39 亿人次，同比增长 19.2%。实现旅游总收入 559.28 亿元，同比增加 14.1%。其中，旅游外汇收入 2.79 亿美元，同比增长 12.9%；国内旅游收入 540.44 亿元，同比增加 14.1%，旅游经济发展成效明显。年末拥有 A 级旅游景区 127 家，比上年增加 11 家，4A 及以上景区 24 家；旅行社 310 家，从业人员数达 2285 人；星级饭店 165 家，比上年增加 85 家，四星及以上旅游饭店 47 家；星级饭店客房数 5306 间，床位数达 9489 张，旅游产业基础支撑不断巩固。西藏现已建成 30 多个乡村旅游重点村，60 多个全国红色旅游发展示范县以及多条藏行精品旅游线路，旅游产品供给能力和质量不断提升，如健康旅游等新颖的旅游业态也不

① 数据来源：西南地区各省市 2020 年统计年鉴、2019 年统计公报。

断涌现并平稳发展。

4.3 西南地区康养旅游发展概况

在长期的探索实践中，西南地区各省市逐渐形成了与地区发展相匹配且地域特色显著的康养旅游体系。各省市体系相互配合，相互协调，共同助力西南地区打造产品丰富多彩、服务质量优异的康养旅游胜地。近年来，整个西南地区康养旅游发展质量稳步提升，发展成果不断丰富。从各省市来看，四川省已建成以成都为发展核心，协同发展川南、三州两大区域，围绕峨眉山、青城山、攀西地区，打造民族医药生态旅游、文化旅游、中医药研学旅游、中医养生保健旅游四大模块，包含阿坝藏羌、甘孜藏民族、攀西彝族三条民族药养文化与养生保健探寻线路以及中医药+佛教养生、中医药+道教长寿文化两条宗教养生旅游线路的中医药健康旅游发展体系。同时，四川已建设以特色机械医疗、慢性疾病理疗、温泉养生护理为核心的森林康养国际合作示范基地11处，已开发以绵阳、巴中、广元、达州为主的秦巴地区森林饮食养生康养旅游区和以乐山、雅安为主的森林茶道养生度假区两大系列代表性产品。已建设涵盖大成都、大九寨、大川南、大峨眉、环贡嘎山、大秦巴、香格里拉、攀西阳光温泉等在内的若干温泉养生护理旅游发展片区。此外，都江堰的中医药养生和文化旅游、广元的生态修身平心旅游、攀枝花的阳光沐浴康养旅游、成都温江区的特色医疗康养旅游发展成效突出，在国内外的知名度和影响力都有较大幅度的提升。

重庆在2019年中国康养城市50强中取得了排名第九的好成绩，其康养产业的发展已初具规模。目前，重庆市已建成玉峰山生态园、御风天池、山水都市、彩色森林、龙头嘴、四面山、怡家人、乌江画廊、摩围山等11个国家森林康养基地，积极推动温泉旅游与中医药养生、康养文化以及生态康养相融合，开展与如匈牙利等温泉旅游发展成果显著的国家进行交流合作，重庆温泉康养旅游发展的国际水平有了进一步提升。从区县上看，重庆南川区和石柱县康养旅游发展比较有代表性。重庆南川区积极拓展康养旅游发展产品业态，形成了运动康养、文化旅游康养、中医药康养、森林康养四大产品业态，开发了极具南川特色的金三泉温泉康养旅游酒店、天星温泉康养旅游城、黎香湖中医养生馆等康养旅游产品，积极建设森林美食康养、森林氧气沐浴、森林药材理疗等康养旅游服务项目。重庆石柱已建设围绕文养旅游、食养旅游、疗养旅游、动养旅游、住养旅游、观养旅游六大主题进行康养旅游产品制造的产业发展体系，并取得不错的成效，在2019年上半年康养产业经济增加值达42亿元，占地区生产总值比重超过49%。

目前，云南旅游业的发展正在由传统观光型向健康养生型转变。康养旅游产业作为云南重点培育的万亿级支柱产业之一，发展前景十分明朗。云南充分发挥生态环境资源、中医药资源、地理区位等优势，推动医疗与旅游、互联网与健康、医疗与旅游、医疗与养生、高原体育与健康生活方式、金融和健康五类融合，积极促进多种康养旅游产业业态成长，积极推动康养旅游产业与国际接轨，与大数据、VR、区块链、人工智能、5G等先进技术相结合，与地域特色文化产业相融合，不断推进康养旅游产业向高端化、智慧化、国际化方向发展。积极打造世界一流康养旅居地品牌，围绕游览观光、康养文化、医疗护理、保健养生、研学教育等主题开发康养旅游产品，建设大滇西生态康养旅游环线、昆玉红旅游文化环线，努力打造国际康养旅游示范区。此外，云茶康养中心的建设不断助推云南康养旅游产业深度发展。云茶康养中心是集远程医疗、大数据防控、健康数据分析、健康数据监测、智能健康管家等功能于一体的智能化现代康养中心。其凭借云南丰富深厚的康养旅游资源和云茶巨大的健康养生价值，依托绿色生态云茶康养，集中康养旅游、康养餐馆、康养酒店、康养地产、康养农业等康养服务打造具有完备产业链的康养旅游发展体系，积极拓宽西南地区康养旅游的业态边线，通过绿色生态养生、茶山风光游览、云茶食补养护等方式，形成了独具特色的云茶生态康养服务体系。

贵州省老年人群体达到4500万，年避暑养老和旅居养老人口近1000万，注册的健康养老旅游企业超过4600家，养老机构超过1000家，康养产业的发展初具规模。贵州积极实行政策宏观引导和资金精准补助双向优惠，大力推进城乡居家社区养老服务发展，投入运营的城乡养老机构达到1581所，其中乡村敬老院956所，已经形成了覆盖乡村所有村镇的康养服务供养机构网络。同时，贵州还积极打造健康、养老旅游产业投资有限公司投资平台，搭建由政府出资引导的贵州省养老旅游服务产业发展基金融资平台，设立贵州省“互联网+养老旅游服务运营监测管理平台”，促进现有养老、医疗、健康、旅游等资源的优化配置和使用效率的提升。贵州以建设中国一流养老基地和国际知名康养旅游目的地为目标，探索形成了健康+养老、旅居+康养、智慧康养旅游等康养旅游产业发展新模式，成功打造“康养贵州”“生态和谐贵州”“避暑避寒养老旅游胜地”等康养旅游品牌，建成了一批康养旅游产业示范基地，积极培育了一批创新能力强、辐射带动效益佳的康养旅游龙头服务企业，现已形成以黔中城市群为核心的康养旅游产业发展主体区、围绕高速公路和高速铁路建设的康养旅游服务拓展带以及主要机场干支线周边的康养产业发展区，康养旅游发展的空间格局不断优化。

西藏高度重视培育地区康养旅游产业，积极开展康养旅游示范基地建设，评定了拉萨市达东村、羊八井蓝色天国、甘露曲秘藏药浴三家康养旅游示范基地建设试点单位。积极推进登山旅游基地、漂流旅游基地以及航空旅游基地建设。注重推动温泉与藏医药融合，羊八井等温泉旅游小镇国际化发展水平不断提升，日多、德仲、邱桑等温泉旅游资源开发平稳推进，温泉疗养基地建设步伐加快。康养旅游产品供给向多元化、特色化方向发展，包含藏药养生、温泉疗养、食疗健体、健康养老、森林康疗多种服务的康养旅游细分产品成长迅速。此外，成功开展了冬游西藏等康养旅游活动，推出了冬日暖阳+藏药浴旅游系列产品，在一定程度上打破了禁锢当地冬季旅游市场发展的桎梏。拉萨、山南、林芝等地藏医药旅游小镇建设有序开展，以藏药养生、高原观光、藏文化体验为核心的养生观光基地也在迅速发展。林业、农业与旅游业的融合不断加深，尼木藏香种植基地、林芝松茸种植基地等药材种植基地旅游发展成效显著，森林和草甸资源的生态化、康养化以及旅游化开发日益成熟。

4.4 西南地区康养旅游产业融合发展存在的问题

（1）旅游产业层次较低、产品质量及内容有待提高。

西南地区旅游产业发展水平低、层次浅，各地区景点之间竞争大且交通不便，景点之间分散经营，互相合作少，旅游者消费成本高，旅游市场发展较慢。我国旅游业高质量的发展要求旅游相关企业从单一的“吃、游”向“吃、住、行、游、购、娱”横向延伸，从满足单一的观光需求向个性化和多样化需求的纵向延伸，以面对旅游业质量和结构上的改变。西南地区多数旅游景区在深挖地方文化内涵、改变旅游理念、延伸旅游层次方面较为薄弱，存在商品重复性高、个性化和多样性服务水平较差的问题。

（2）康养产业作为新兴产业起步较晚，发展滞后。

目前，西南地区康养旅游发展水平较低，呈现出有品牌无服务、有旅有药而无医无养的现象，康养旅游发展缺乏政府统筹力量，康养相关机构基本都是民营企业且规模较小。康养产业应重点发展旅游业的司时关注康养水平的提升。康养旅游的重点不仅在建设康养旅游基地，更要提升当地康养服务水平。对于医疗康养水平的评价，一方面是对医疗康养的硬件建设，主要包括康养机构的数量、质量以及康养设备配套情况，另一方面是对医疗康养的软件建设，主要包括康养服务的质量、康养环境质量、康养效果。

（3）旅游产业和康养产业存在发展不协调，同质化现象严重。

一方面，西南地区旅游和康养产业融合项目同质化严重，产品和服务定位雷同，忽略市场需求与消费者定位，因此在发展过程中出现许多同质化景区。同时，开发康养旅游产品意识不强，产品种类单一，特色旅游文化产品开发不足，康养旅游产品没有各自特色、创新缺乏，大家的产品规划大致一样，没有区分度。由于康养旅游发展高度依赖当地的自然环境，而区域自然环境和资源又具有地域性差异，所以康养旅游资源地域分散，从而导致康养产业协同合作弱，融合度低。

另一方面，地方政府对有些康养旅游资源丰富的地区进行了战略规划，但在具体执行过程中，存在路径依赖，仍然按照发展旅游的方式发展康养旅游。目前康养旅游发展模式仍是以旅游为主，康养为辅，导致康养旅游产品与传统观光旅游产品相似，产品泛化满足不了康养旅游消费者的个性化需求。由于康养旅游发展时间较晚，基础设施落后，资源的保护与发展尚不同步，限制着康养旅游的发展。西南地区生态环境良好，空气质量高，是民族文化资源富集区，适合开展高品质的康养旅游产品，但适合发展康养旅游地区的经济发展水平相对落后，服务水平程度较低，不能很好地满足追求生活品质的人群，因为他们对旅游地生态环境质量和康养旅游服务要求更高。

（4）政策支持不到位，缺乏可行性和实用性。

近几年，国家陆续出台了与康养旅游相关政策，从政策、资金、人才和税收等方面支持康养旅游的发展，但是西南地区各省市未能将国家政策具体细化，缺少相应的执行方案，使政策难以落地，无法发挥国家政策对康养旅游产业的鼓励和支持。一方面，康养旅游在发展过程中缺乏对康养的管理经验，所以在规划中没能体现具体的康养旅游发展细则及管理制度。在已经编制的旅游规划总方案中缺少一些详细具体的规划。另一方面，有些康养旅游基地的规划与标准以初期形态存在，由于当地政府对康养旅游未能充分认识其重要性，使康养旅游的规划与标准和旅游规划与标准相似，缺乏可行性和操作性。

从中央到地方对于康养旅游产业的政策情况来看，主要是对于康养产业发展的规划和意见，康养旅游产业发展仍然缺乏实质性、突破性地资金方面支持。未能合理结合文化与旅游部门与中医药、民政、卫生、人社等部门的协调，形成康养旅游产业发展的多方合作。

（5）缺乏科学建设规划，融合发展思路不清晰。

在2016年颁布了《国家康养旅游示范基地标准》，《‘健康中国2030’规划纲要》（以下简称《纲要》）指出在2030年健康服务业总规模达16万亿。《纲要》指出要积极促进康养产业与旅游产业的深度融合，打造康养产业新业态、新模式。国家大力推进说明我国康养旅游业发展迅速且发展潜力大，市场广阔。但西南地区政府仅停留在浅层次合作，没有从思想深入、从根子上筑牢融合的根基。在思想上，仍恪守传统康养产业和旅游产业各自产业边界，思想观念“两张皮”的现象和康养旅游分割管理思路依然存在。主要管理医院养老机构的地方卫生部门、养老服务机构从康养产业的角度考虑问题，至于康养产业如何发展、经济效益和市场需求都欠缺思考和规划，没有就康养旅游产业如何深度融合发展进行规划和设计；而文化和旅游主管部门注重旅游服务提升、市场化运作、旅游产业效益等问题，缺乏对旅游产业康养价值、康养资源挖掘和生态环境保护进行科学规划，导致旅游产业与康养产业融合度不高。西南地区各省市在政策层面和文件层面有沟通和配合，但都未能把康养旅游作为一个整体来融合发展，各自单打独斗，合而不融。

（6）人才培养机制不健全，缺乏高水平全面的专业人才。

一方面康养旅游是一种新兴的旅游形式，又具有较高的综合性，要培育和引进的人才需要具备旅游、管理、康养基础知识，但是目前学校的学科建设与对于旅游学、管理学和康养、中医药的知识是独立的，所以复合型管理的人才较少。另一方面，首先，因为西南地区旅游景区大多是经济落后的农村地区，造成大量人才外出，已有的人才也不能充分利用，而且相关旅游人才培训机制也没有，跟不上康养旅游业发展的需要，造成了从事旅游业方面的人才能力低，管理水平低，服务能力、应急能力等综合能力水平欠缺。这种情况造成的后果是在融合旅游产品不能提供给旅游消费者个性化、多样化、智能化的旅游产品，没能满足个性化需求。其次，旅游行业因工资较低，不稳定，不能吸引优秀的人才进入行业。新时代，产业融合需要具有新理念、专业能力过硬、经验丰富、协调能力强的复合型旅游人才，而这些人才的缺乏，将成为旅游产业进一步融合的障碍。所以，需要重视康养旅游复合型人才的培养，同时建立人才引进机制，建立优秀人才优惠政策，解决人才少的问题。西南地区旅游业的迅速发展，主因在于政府多方面支持旅游人才队伍建设，然而康养旅游人才队伍建设，也面临诸多问题，主要是高层次应用型旅游人才少、旅游人才职业发展限制。这些问题不仅使康养旅游业的吸引力低，而且缺乏对复合型旅游人才的制度支持，很多优秀的康养旅游人才外流。

（7）行政资源支持有限，管理体制不健全。

目前西南地区产业融合管理体制还不完善，地区之间合作少，存在行业壁垒，由于地方管理目标和利益不同使得各产业和行业形成了不同的政策规定，存在着较为严格的产业管理限制、产业政策管制和市场垄断。康养旅游管理体制不完善，使得旅游与康养管理部门的协调能力弱，康养旅游市场发育不好，导致康养旅游企业不能对康养旅游市场需求的变化做出准确及时反应，不能深度融合。因此，康养旅游管理体制不健全限制了康养旅游产业融合发展，所以，需要地方行政部门建立有效的产业机制，为两大产业的深度融合提供有效的平台与广阔市场。

第 5 章

西南地区康养旅游产业融合发展效率评价研究

本章将定量分析西南地区旅游与康养产业融合发展现状，通过构建旅游产业与康养产业综合评价指标体系，并计量分析西南地区除西藏外（因数据不全）四省市 2010～2019 年间旅游与康养产业综合发展值、耦合度和耦合协调来探究西南地区康养旅游融合发展效率。

5.1 旅游与康养产业耦合协调度的模型设计

5.1.1 指标体系构建

耦合概念的出现是在物理学学科，它是指两个或两个以上的事物或者领域具有相互影响和相互作用。随着社会的变化。多数学者将耦合定义为系统内多个子系统间通过相互作用与影响而达到的稳定状态。耦合度则是用来定量测量这一相互作用关系的程度。而旅游与康养产业之间具有耦合关系，二者相互作用、相互影响。本研究遵循旅游与康养产业融合发展的规律性、科学性、数据可获性、可比性等原则，结合西南地区的经济状况、资源禀赋、生态环境和旅游业发展情况，并参考生延超（2009）、高楠等学者在康养产业与旅游产业指标构建和综合发展评价领域所取得的相关成果，构建了西南地区旅游产业与康养产业综合评价指标体系，共 16 个二级指标，各 16 个，如表 5.1

所示。

表 5.1　　西南地区旅游产业与康养产业综合评价指标体系

系统	评价指标		系统	评价指标	
旅游产业综合评价	国内旅游者人数（万人次）	旅游景区总数 A 级（家）	康养产业综合评价	医疗卫生机构数	森林覆盖率%
	入境旅游者人数（万人次）	旅游社总数（家）		中医医院个数	森林面积（万公顷）
	国内旅游收入（亿元）	A 级景区旅游营业收入（亿元）		卫生机构床位数	湿地面积（千公顷）
	旅游外汇收入（亿元）	旅游院校数（所）		每千人医疗机构床位数	第三产业增加值（亿元）
	星级饭店数（家）	旅游院校学生数（人）		卫生人员数（万人）	日照时数
	星级客房间数	旅行社从业人员（人）		每千人口卫生技术人员数	建成区绿化覆盖率（%）
	星级饭店营业收人（亿元）	星级饭店从业人员（人）		三甲医院数量	人均可支配收入（元）
	固定资产原价（亿元）	旅游景区从业人员（人）		平均温度	居民人均消费支出（元）

熵值法是通过分析不同评价指标之间的相关程度以及不同指标所表示的信息量来确定指标的权重，是一种确定指标权重的客观赋权法，可规避主观因素产生的偏差。为了弱化指标量纲或指标测度量级不同而造成的误差，将各个指标进行无量纲化处理。公式如下：

$$X_{ij} = \frac{x_j(t) - x_{min}}{x_{max} - x_{min}} + 0.01 \tag{5.1}$$

公式（5.1）中，t 表示年份，j 表示各个指标的具体个数，X_j（t）表示的是第 t 年的康养产业与旅游产业的第 j 个指标原始数据；X_{max}和 X_{min}分别表示最大值和最小值。

$$S_{ij} = \frac{x_{ij}}{\sum_{i=1}^{m} x_{ij}} \tag{5.2}$$

$$H_{ij} = \frac{-1}{\sum_{i=1}^{m} s_{ij} ln\, s_{ij}} \tag{5.3}$$

$$\alpha_j = 1 - h_j \tag{5.4}$$

$$w_j = \frac{\alpha_j}{\sum_{j=1}^{m} \alpha_j} \tag{5.5}$$

公式中，S_{ij}是第 i 年第 j 项指标的权重，h_j是第 j 项指标的权重，α_j是第 j 项指标的差异系数，h_j和 w_j是指第 j 项指标的权重。

5.1.2 耦合度模型

旅游与康养产业系统是两个不同而又相互影响的子系统，可通过耦合度模型的方法来实现子系统中各指标对总系统的贡献程度。公式如下：

$$F(x) = \sum_{j=1}^{n} w_j m_{ij} \tag{5.6}$$

$$G(y) = \sum_{j=1}^{n} w_j N_{ij} \tag{5.7}$$

式中，$F(x)$ 、$G(y)$ 分别表示旅游产业系统和康养产业系统的综合评价指数，w_j 表示权重。

引用物理学中的容量耦合系统模型，可推广得到旅游与康养产业的耦合度模型，公式如下：

$$C = \sqrt{\frac{F(x) * G(y)}{F(x) + G(y) * F(x) + G(y)}} \tag{5.8}$$

式（5.8）中 C 表示耦合度，F（x）为旅游综合评价指数，G（y）为康养综合评价指数。且 C 的取值［0，1］，C 值越高，两系统的耦合度越好，反之，系统耦合度越差。参考魏金义等（2015）的相关论文，将康养旅游产业耦合度划分为六个阶段：如表 5.2 所示。

表 5.2　　康养旅游产业耦合度阶段划分标准

(0 – 0.3]	低水平耦合阶段	(0.5 – 0.8]	磨合阶段
(0.3 – 0.5]	拮抗阶段	(0.8 – 1.0]	高水平耦合阶段

5.1.3 耦合协调度模型

康养旅游是旅游与康养产业在相互影响、相互交融、相互协同的耦合关系与动态演化过程。在融合过程中，旅游产业作为具有较强带动性产业，对康养产业的转型升级具有助推作用，同时康养产业不断丰富旅游产业业态，提高旅游产业综合性。因为旅游与康养产业彼此的发展水平不同，会出现两个子系统发展水平都低的情况，而耦合度却较高的结果，这和两个子系统发展水平较高，耦合度较高的定义是有差异的。为了避免这种假象，本研究引入旅游产业与康养产业耦合协调度模型，其目的是能更客观反映旅游与康养产业系统协调发展水平，即：

$$D[F(x),G(y)] = \sqrt{C * T},\text{其中}, T = \alpha F(y) + \beta G(y) \qquad (5.9)$$

式（5.9）中，T 为旅游产业与康养产业综合评价指数，D 为耦合协调度值，取值［0－1］，耦合协调程度越高，则耦合协调度值越接近 1；耦合协调程度越低，则耦合协调度值越接近 0。α、β 为待定系数，表示旅游与康养产业的权重，即贡献系数。本研究将康养产业与旅游产业视为同级系统，即在经济发展中具有同等的地位，故而赋值 $\alpha = \beta = 0.5$。据上述公式，耦合协调度与两产业协调发展效果呈正相关，耦合协调度越高，产业之间的协调发展情况越好；反之，协调发展情况越差。

为了更为直观地反映旅游产业与康养产业耦合协调发展状况，参考廖重斌（1999）的研究结论，运用均匀分布函数法来划分耦合协调度的区间和等级（如表 5.3 所示）。

表 5.3 康养旅游产业耦合协调度等级划分标准

等级	耦合协调度	协调水平	等级	耦合协调度	协调水平
1	[0.9－1.0)	优质协调	6	[0.4－0.5)	濒临失调
2	[0.8－0.9)	良好协调	7	[0.3－0.4)	轻度失调
3	[0.7－0.8)	中级协调	8	[0.2－0.3)	中度失调
4	[0.6－0.7)	初级协调	9	[0.1－0.2)	严重失调
5	[0.5－0.6)	基本协调	10	[0－0.1)	极度失调

5.1.4 数据来源

本书以2010～2019年为研究样本区间，数据来源于《中国旅游统计年鉴》《中国统计年鉴》《中国卫生统计年鉴》《中国环境统计公报》等，以及西南地区各省市的统计年鉴和公报。

5.2 实证分析

根据上述模型、评价指标体系和相关数据计算出2010～2019年西南地区旅游与康养产业综合发展值以及两系统之间的耦合值、耦合协调度值。

5.2.1 旅游与康养产业的综合发展值

本研究通过计算得出全国平均值与西南地区四省市旅游综合发展值（如图5.1所示）。由计算得出，2010～2019年全国旅游综合发展平均值和西南四省市即重庆市、四川省、贵州省和云南省旅游综合发展值不断增长、波动上升，全国旅游综合发展平均值与西南地区四省市的旅游综合发展从2010年到2019波动上升，不断增长。2010年旅游产业综合发展值整体水平较低，其中旅游综合发展值重庆市最高（0.31），贵州省旅游综合发展值最低（0.08），四省市旅游综合发展值波动增长，到2019年，云南省跃居第一位（0.79）、四川省位列第二（0.73）、第三名为重庆市（0.69）、第四名为贵州省（0.58）。其中云南省和四川省的发展最快，2018年后云南省和四川省旅游综合发展值超过全国和其他省市，贵州省发展最慢。除重庆市以外，2017年前云南省、贵州省和四川省旅游综合发展值基本在全国旅游发展综合平均值以下，2017年刚好持平，2017年之后逐渐超过全国平均值。

如图5.2所示，2010～2019年全国康养综合发展平均值与西南四省市康养综合发展值不断上升。2013年全国康养综合发展平均值高于四省市，2017

年后云南省、四川省和贵州省超过全国平均水平，重庆市2017年后康养产业发展速度放缓，落后于全国康养综合发展平均水平，到2019年全国综合发展平均值与西南四省市康养综合值均高于0.9，表明康养旅游产业发展速度较快。

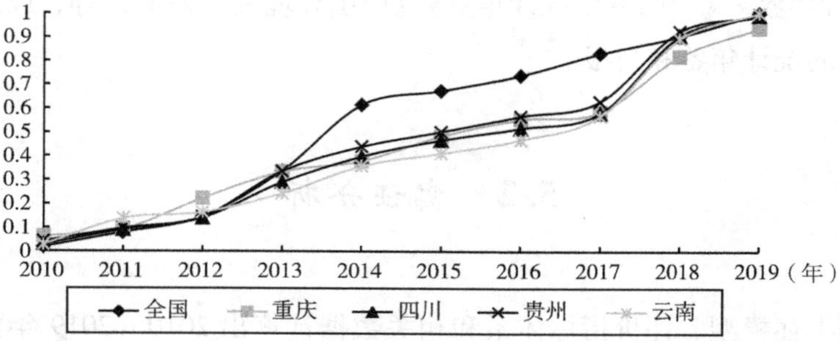

图5.1 全国平均值与西南地区四省市旅游产业综合发展值

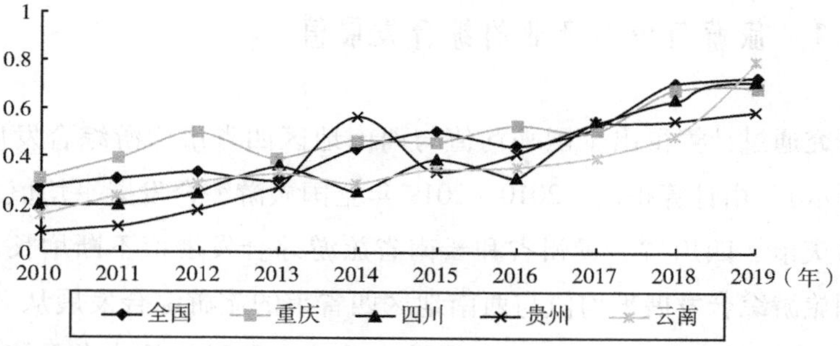

图5.2 全国平均值与西南地区四省市康养产业综合发展值

5.2.2 耦合值及耦合度阶段

见表5.4，全国耦合平均值及西南地区耦合值从2010～2019年逐年增加。从2010年西南四省市的耦合值高于全国耦合平均值，到2013年后全国和四省市的耦合值基本持平。2019年全国耦合平均值和西南四省市的耦合值都集中在0.48～0.49，耦合值没有发生明显波动，整体耦合值属于较低水平阶段。

表 5.4 2010～2019 年全国耦合平均值及西南四省市康养旅游产业耦合值

年份	全国	重庆	四川	贵州	云南
2010	0.2436	0.3751	0.3384	0.4746	0.3644
2011	0.4083	0.3953	0.4590	0.4996	0.4880
2012	0.4521	0.4629	0.4801	0.4986	0.4877
2013	0.4996	0.4987	0.4983	0.4973	0.4959
2014	0.4919	0.4978	0.4900	0.4968	0.4962
2015	0.4935	0.4998	0.4971	0.4907	0.4979
2016	0.4842	0.4998	0.4862	0.4938	0.4945
2017	0.4871	0.4985	0.4988	0.4973	0.4910
2018	0.4954	0.4975	0.4930	0.4838	0.4770
2019	0.4926	0.4942	0.4945	0.4831	0.4965

5.2.3 耦合协调度值与等级

由表5.5可知，全国耦合协调度平均值和西南四省市耦合协调度值从2010年到2019年逐年增加，耦合协调度等级从2010～2019年由严重失调到初级协调阶段。全国耦合协调度平均值高于西南四省市耦合协调度值，除了2014年之前重庆市和2019年的云南省。2010年重庆的耦合协调度值最高（0.26），贵州省最低（0.17），到2019年云南省耦合协调度值最高（0.67），贵州省最低（0.61），但耦合协调度值都在0.6以上，说明从2010～2019在不断增加。云南省发展较快，四川省次之、重庆市第三，贵州省发展较慢。

由表5.6可知，西南地区旅游与康养产业综合发展值和耦合协调度值演化过程基本吻合，随着时间演变而不断增长。从数值上看，西南地区耦合协调度值从2010年的0.2上升至2019年的0.65左右，达到初级协调水平。全国耦合协调度平均值在2014年最先达到基本协调，而西南四省市处于失调等级，与全国水平相比有一定差距。从趋势上来看，随着时间的增长，西南地区四省市耦合协调度值和全国耦合协调度平均值差距正在逐渐缩小。2019年与全国耦合协调度水平持平，基本达到初级协调等级。

表 5.5　　全国及其西南四省市耦合协调度等级

年份	全国	重庆	四川	贵州	云南
2010	严重失调	中度失调	严重失调	严重失调	严重失调
2011	中度失调	轻度失调	中度失调	中度失调	中度失调
2012	轻度失调	濒临失调	轻度失调	中度失调	轻度失调
2013	濒临失调	濒临失调	轻度失调	轻度失调	轻度失调
2014	基本协调	濒临失调	濒临失调	濒临失调	轻度失调
2015	基本协调	濒临失调	濒临失调	濒临失调	濒临失调
2016	基本协调	基本协调	濒临失调	濒临失调	濒临失调
2017	基本协调	基本协调	基本协调	基本协调	濒临失调
2018	初级协调	初级协调	初级协调	基本协调	基本协调
2019	初级协调	初级协调	初级协调	初级协调	初级协调

表 5.6　　全国及西南四省市耦合协调度值

年份	全国	重庆	四川	贵州	云南
2010	0.1879	0.2651	0.1927	0.1713	0.1778
2011	0.2769	0.3088	0.2626	0.2245	0.2937
2012	0.3294	0.4067	0.3049	0.2785	0.3192
2013	0.4024	0.4234	0.3961	0.3886	0.3708
2014	0.5059	0.4555	0.4025	0.4954	0.3975
2015	0.5345	0.4848	0.4570	0.4537	0.4328
2016	0.5343	0.5180	0.4508	0.4915	0.4487
2017	0.5740	0.5197	0.5194	0.5317	0.4839
2018	0.6271	0.6086	0.6180	0.5974	0.5723
2019	0.6485	0.6338	0.6525	0.6150	0.6686

5.3　本章小结

西南地区旅游与康养产业间存在交互耦合关系，二者综合评价值呈增长态势。贵州省旅游综合值最低，云南省旅游综合值最高，四川省次之。由此可知，云南省和四川省的旅游业发展快速，贵州省和重庆市相对滞后，究其原因是政府政策、旅游资源、生态环境以及社会文化和地区经济发展等方面存在差异。重庆市康养综合值最低，云南省最高，四川次之。总体来说，随着经济和社会的发展，环境问题凸显，人口老龄化问题严重以及亚健康群体增加，人们对康养产业的需求不断增加，与此同时，国家不断重视康养产业的发展，使得西南四省市康养综合值的发展速度在2016年后都有所提升。

旅游与康养产业耦合值不断增长，但增长速度较慢，耦合值在0.48左右，整体耦合值属于低水平耦合和拮抗耦合两类，这说明西南各省市的旅游资源和康养资源地区分布不均，地区经济、社会发展水平存在差异。这表明旅游与康养产业之间的耦合存在问题，产业之间交互作用较弱，旅游产业和康养产业还需要从多方面提高其耦合度。

西南地区旅游与康养产业耦合协调度等级从严重失调、中度失调、轻度失调、濒临失调到基本协调、初级协调阶段，这表明旅游与康养产业间的交互作用增强，开始从不协调、无序向健康协调有序方向发展，但尚未演化到良好协调甚至优质协调阶段。耦合协调度等级整体处于中等偏下水平，这说明耦合协调度受到地区的经济发展水平、资源种类和数量、历史基础、地区政策和区位条件等的影响。

第 6 章

西南地区康养旅游产业融合发展动力机制研究

6.1 康养旅游产业融合发展动力机制

6.1.1 旅游产业与康养产业高度的关联性

旅游产业具有产业关联性强、综合属性显著的特征，不仅与传统的食、行、住、游、购、娱六大产业有紧密的联系，同时还与文化、体育、康养、房地产、信息服务等产业广泛交织。旅游产业与康养产业间存在着高度的产业关联性，康养产业有助于协调旅游产业健康发展，同时旅游产业带动康养产业的快速成长。对于旅游产业而言，康养功能、康养文化赋予旅游产品更为丰富的内涵，提供旅游产品以康养附加值，优化旅游产业结构，延伸旅游产业价值链，满足游客多样化、个性化的需求，促进旅游产业转型升级和创新发展。对于康养产业而言，旅游为康养产品、康养文化宣传提供平台和载体，扩展康养产业市场空间，创新康养服务供应，提升康养服务质量，给予康养产业快速发展以持续的活力。旅游产业与康养产业高度的产业关联性决定了二者融合发展的必然性和可行性，这种突出的产业关联性是两大产业融合的重要基石。其支撑着两大产业进行融合发展，创造新的产品、市场、技术和服务，衍生出新的产业形态，实现旅游产业的创新发展和康养产业的快速成长。

6.1.2 康养旅游产业融合驱动力构成

旅游产业与康养产业融合发展的驱动力分为内动力因素和外动力因素，前者包含旅游与康养产业自身升级和创新发展需要以及二者相通的产业属性，后者包括宏观政策、市场需求、资金支持和技术创新，内动力因素与外动力因素共同作用，推动旅游与康养产业融合发展。

（1）旅游产业与康养产业优化升级和创新发展需要。

经济利益是促进旅游产业与康养产业优化升级和创新发展的重要动力。传统旅游由于固化僵硬的发展模式，单一的产品结构，难以适应当今游客多元化、个性化的需求，其市场趋于饱和，产业利润增长动力明显不足。同时，康养产业还处在快速成长的阶段，需要进一步拓展市场边界，推进产品服务和生产技术创新，提升康养资源开发价值的利用程度，获取更高的产业利润。双向的产业利润需要推动着旅游产业与康养产业探索新的发展模式，优化调整产业结构，推进产业升级和创新发展。旅游产业与康养产业优化升级和创新发展需要属于两大产业融合的内原动力。由两大产业融合而成的新兴产业——康养旅游，具有产品附加值高、市场新、增长潜力大等特点，对传统旅游的优化升级和康养产业的创新发展助推作用十分显著。通过推进康养旅游产业融合，旅游产品的康养内涵更加显著，服务功能更加健全，产品供应更加多样，市场空间更加广阔，发展模式更加多元，产业竞争力和利润进一步提升，产业发展活力不断增强，发展质量进一步提高，地区康养产品和文化的知名度得到提升，品牌效应不断增强，康养产品的呈现形式更加丰富，产业生产技术得到提升，康养资源开发效益和价值绽放更加全面充分，资源要素配置更加合理。

（2）旅游产业与康养产业内在属性相通。

旅游产业与康养产业尽管拥有各自的产业边界，在产品供应、业务构成、生产技术、运作模式、市场受众等方面有所不同，但二者相通的产业属性使得推进康养旅游产业融合具有可行性。旅游产业与康养产业相通的产业属性体现在：第一，旅游产业与康养产业同属于服务业、新兴产业和环保产业，都具有较强的经济性特征，都向人们提供物质和精神产品以满足人们的需要，都具有较强的产业关联性，都对地区经济发展有较强的辐射带动作用，也都是推动我国经济发展的重要绿色产业，二者都具有文化和经济两种属性，在满足人们日益增长的美好生活需要、加快我国经济发展方式转型、优化产业结构上都有重大作用。第二，旅游产业与康养产业都具有明显的地域性。各地区的康养资源条件存在差异，由此发展的康养产业各具特色。同时，自然和人文旅游资源分布和特性的差异也使得旅游产业的发展存在强烈的地域特征，这种地域差异构成人们产生外出康养和旅游动机的重要前提。第三，实现的功能有相交性。旅游产业与康养产业都具有使人修心健体、怡情悦性、和谐身心、陶冶情操、增长见识的功能，有助于游客综合素质的提升，推进人的全面发展。第四，发展的过程中具有传承性，养生文化的发展是一个缓慢的沉积过程，传统养生文化中适应时代发展的方面和地域养生文化中极具特色的部分总会以一定的形式保留下来，通过康养和旅游活动在横向上不断扩展，在纵向上不断沉积。第五，在产品供应均有创造性。旅游产业与康养产业在承载地区历史发展基础的同时，根据不同时期社会需求的差异对产品进行创新，通过在旅游产品中融入文化、康养、体育等元素，或对康养产品进行地域组合和形式更新供应匹配市场需求的新颖产品。

（3）宏观政策助推康养旅游产业融合。

政府出台的康养旅游政策对推进康养旅游产业融合有重要作用。它一方面能为康养旅游开发提供必要的支持，另一方面也引导整个社会对康养旅游融合发展的舆论走向。政府对康养旅游融合发展的宏观政策支持在分类上属于康养旅游融合发展的外部驱动因素，对康养旅游融合发展的助推作用十分显著，是康养旅游融合发展的助推器。

推进旅游产业与康养产业融合，政府的角色至关重要。近年来，大量推进旅游产业与康养产业融合发展的利好政策出台实施，包括总体规划、税收减免、财政金融、土地流转、人才建设等方面的政策，例如《国家康养旅游示范基地标准》《“健康中国 2030”规划纲要》等，这些有利的政策指明了方向，宽松了规制，削低了准入门槛。政府对推进康养旅游产业融合的作用主要有三个方面。首先，政府为推进康养旅游产业融合提供必不可少的合作交流平台和基础服务设施。通过举办康养旅游产业融合发展论坛、建设康养旅游产业融合发展示范园区等方式，组织旅游企业与康养企业共同协商、探讨、解决推进康养旅游产业融合发展的若干问题，促使旅游产业与康养产业间形成良好的合作关系，强化旅游产业与康养产业推进融合发展的合力。同时，康养旅游产业融合发展初期往往存在着基础设施支撑不足的问题，需要政府给予充分的政策支持，通过制定地区基础设施建设总体规划、设立地区基础设施建设专项资金等途径完善地区康养旅游产业融合发展依赖的水电、交通、网络等基础服务设施。其次，政府能够给予必要且有力的资金支持。通过设置康养旅游产业融合发展专项资金等方式助力地区康养旅游产业迅速成长，同时，利率政策在推进金融机构与康养旅游企业合作中，税收政策在降低中小康养旅游企业发展成本中均有发挥重要作用。最后，政府对康养旅游产业的总体规划和宏观管理是推进旅游产业与康养产业健康融合发展的保障。康养旅游产业总体规划为旅游企业与康养企业在具体推进康养旅游产业融合的实践中提供了方向指引和基本遵循。同时，政府还通过构建科学高效的产业管理体制和合理稳定的管理系统促使康养旅游产业融合规范有序进行。

（4）市场需求促进康养旅游产业融合。

康养旅游产业融合发展改变了旅游产业与康养产业原本的发展模式，由先前的资源带动向两产业互动融合发展转变，这种转变是消费需求升级的重要反映。现今，因巨大的工作、生活、学习压力，处于亚健康状态的人数不断上升，加上人口老龄化进程的加速，大众的健康保健意识和健康旅游消费意愿在不断提升。人们对旅游产品和康养产品的供应质量要求更高，需求结构更加多样，需求内容更加细致。从经济学上讲，供给决定需求，需求反作用于供给，这种反作用的表现之一就是新的需求影响供给的变化方向。同样地，消费者对旅游和康养产品新的复合需求也要求旅游企业和康养企业积极推进康养旅游产业融合，通过在旅游产品中融入康养内涵，或增强康养产品的旅游属性实现产品供给的多元化和针对性，推动传统旅游产品向有康养功能和文化内涵的高质量旅游产品转变，推进康养产品功能服务和价值绽放向综合全面转变。

广阔的康养旅游市场吸引着如资金、人才、资源等生产要素向康养旅游行业涌入，这些充分的康养旅游生产要素构成了康养旅游融合发展的重要基础，推动着康养和旅游向两者之间的中心移动。此外，旅游行业和康养行业自身内部市场竞争的加剧，使得各个旅游和康养企业不得不探寻新的生路。这种探寻既包括：旅游企业吸收康养行业的资源，对自身的产品价值链进行延伸或重组，对旅游资源进行再开发；也包括康养企业利用旅游活动的平台对康养资源进行再生产，再激活，从而使自身获得新的发展活力。此外，推进康养旅游融合发展需要协调好政府与市场两大动力的关系。历史已经证明单一的政府调控或者全面自由的市场调节都是不可取的。一般而言，政府和市场只是资源配置的两种不同的方式，在实践中两者往往相伴而行。推动康养旅游融合发展时，要以市场自发调节为基础，以政府的宏观调控为辅，在政府宏观调控的大背景下充分发挥市场对康养旅游资源的配置作用。这里的宏观调控一般包括地区康养旅游产业整体发展规划、康养旅游融合发展政策等。在面对地区康养旅游融合发展出现的问题时，需要将政府和市场放在一个整体中进行分析，从而能够完整地、全面地制定对应的解决措施。协调好、处理好康养旅游融合发展过程中政府与市场的动力关系，对于康养旅游产业的健康发展有重要意义。

(5) 技术创新推动康养旅游产业融合。

康养旅游产业融合本质上是一个以技术手段为基础的创新过程，其中互联网技术发挥着重要的作用。互联网时代的不断发展，数字化技术的不断进步，使得旅游和康养行业更加智能化，康养旅游产业融合边界逐渐模糊，融合范围不断扩展，融合深度进一步提升。这种融合不仅是旅游与康养产业间要素的转移，还涉及康养旅游产业链延伸和重组。智慧康养旅游就是互联网技术在康养旅游产业中运用的体现，它将网络信息技术运用到整合康养旅游资源、创新营销模式、完善管理体制、开发康养旅游项目、改进服务方式等方面，充分发挥了网络信息技术在促进康养产业和旅游产业资源交融、设施共享、信息互通等方面的作用，从而实现了旅游产业经营理念、产业结构、产品市场的创新。

同时，具有技术支撑建设的平台也使得康养旅游产业融合后形成的新业态获得新的市场空间。借助大数据技术，康养旅游企业对游客的需求作细致精确分析，对康养旅游资源进行高效优质整合，开发生产高度匹配游客需求的、特色显著的康养旅游产品，创新康养旅游产品的呈现形式，提高市场宣传的效率，开拓康养旅游市场空间，更好地推进康养旅游产业融合发展。此外，康养旅游智慧服务平台发展已比较成熟，无论是前台服务供应，还是后台数据储备，都具有良好的技术基础，将景区、产品、服务等信息传递给游客，提升康养旅游企业服务质量。现代康养技术的发展，例如智慧机器人康养、个性护理与细胞工程的结合，使得康养服务更加优质，特色更加显著，虚拟现实技术的进步赋予康养旅游服务形式创新更多可能，为康养旅游产业融合提供有力的技术支撑。

6.1.3 康养旅游产业融合内容分析

旅游与康养产业融合发展包含产业要素、产业结构和产业布局三个方面。在产业要素方面，首先，旅游和康养产业发展资源具有相通性，例如温泉资源既是发展温泉康养又是发展自然风光旅游所需的产业要素，这种相通性使得加大两大产业资源交互、共享的力度能极大地促进旅游与康养产业的协同成长。其次，产业技术创新模糊了旅游与康养产业之间的界限，先进生产技术在两大产业间的自由转移，加速了旅游与康养产业融合步伐。劳动力流动性的增强也将提升两大产业融合的协调度。最后，由于旅游产业的资金吸收率和转化率较高，更多的资金将涌向康养旅游产业，能够为康养产业的发展提供资金支持，资金融通构成旅游与康养产业融合的关键。

在产业结构方面，分为广域融合和沉积融合两类。在地区经济发展过程中，对旅游产业和康养产业进行改造升级和创新融合，形成新的产业形态，使地区产业结构中旅游产业和康养产业的占比趋于合理，产业定位更加清晰，实现二者产业结构的广域融合。同时，地区旅游产业和康养产业发展在时间上有先后承接性，发展起步较晚的一方借助另一方的基础进行发展，并对其产生反促作用，实现二者产业结构的沉积融合。

在产业布局方面，旅游产业和康养产业布局选择既有差异性，又有交叉性。康养产业布局依赖于具有康疗作用资源的分布，例如养生温泉、森林、中医药、康养设施、疗养机构、体育设施密集的地域，而旅游业布局更多地依赖具有游览价值的自然资源和人文资源的分布。旅游与康养产业融合后形成的新兴产业会聚集在两大产业要素交叉的区域，形成产业交叉布局的空间形态，地区产业布局进一步优化。

在高度的产业关联基础上，内动力因素和外动力因素共同作用下，通过产业要素、产业结构、产业布局三方面的融合，旅游与康养产业融合的最终目标是建立由政府、企业、人才培养机构的三位一体融合机制，实现旅游与康养产业高质量融合发展。康养旅游产业融合发展动力机制如图 6.1 所示。

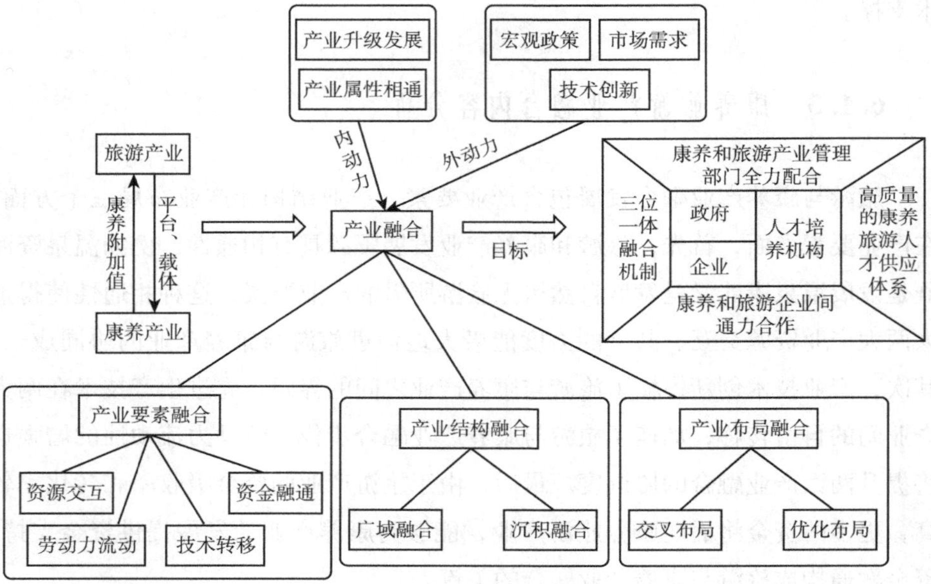

图 6.1　康养旅游产业融合发展动力机制示意图

6.2　旅游与康养产业融合发展动态演化博弈模型

演化博弈理论强调博弈主体理性的有限性，认为博弈主体的策略选择是一个不断试探、模仿、学习的长期动态过程，博弈主体追求“满意”而非“最优”的结果。同样地，旅游与康养产业的融合发展也是一个长期的演化过程，二者融合的协调度和质量的提升是在反复的博弈中实现的。因此，本文通过构建以旅游企业和康养企业为博弈主体的康养旅游产业融合发展的动态演化博弈模型，探究两大产业融合的演变过程。

模型基本假设：

旅游企业（L）和康养企业（K）作为博弈主体，二者面临的策略组合为（融合发展、独立发展），融合发展策略表示愿意同对方合作，协同发展，独立发展策略则表示放弃与对方合作，独立发展。P_L、P_K分别表示旅游企业和康养企业选择独立发展时的基本收益，P_L、$P_K>0$。R_L、R_K分别表示旅游企业和康养企业融合发展时能够实现的收益增长率，这主要体现在旅游企业与康养企业融合发展时，由于共享基础资源、基础设施、市场信息等获得的收益增长，R_L、$R_K>0$。C_L、C_K分别表示与对方融合发展时需要投入的合作成本，例如产品联合开发投入成本、企业融合发展的环境成本等，C_L、$C_K>0$。S_G表示政府为促进旅游与康养产业融合发展而给主动采取融合发展策略的一方的企业补贴，$S_G>0$。x，y分别表示旅游企业与康养企业群体中采取融合发展策略的比例，$0\leqslant x$，$y\leqslant 1$。当旅游企业和康养企业都选择融合发展策略时，假设旅游企业为主动与对方建立合作关系的一方。由此，建立旅游企业与康养企业博弈收益矩阵见表6.1。

表6.1　旅游企业与康养企业博弈收益矩阵

旅游企业 \ 康养企业	融合发展（y）	独立发展（$1-y$）
融合发展（x）	$P_L(1+R_L)-C_L+S_G, P_K(1+R_K)-C_K$	$P_L-C_L+S_G, P_K$
独立发展（$1-x$）	$P_L, P_K-C_K+S_G$	P_L, P_K

6.3 动态演化博弈模型的构建

旅游企业选择融合发展策略时的预期收益：

$$E_{L1}=y[P_L(1+R_L)-C_L+S_G]+(1-y)(P_L-C_L+S_G) \tag{6.1}$$

旅游企业选择独立发展策略时的预期收益：

$$E_{L2} = yP_L + (1 - y)P_L = P_L \tag{6.2}$$

旅游企业平均预期收益：

$$\overline{E_L} = xE_{L1} + (1 - x)E_{L2} = P_L + x(yP_LR_L + S_G - C_L) \tag{6.3}$$

建立旅游企业选择融合发展策略的复制动态微分方程如下：

$$F(x) = \frac{dx}{dt} = x(E_{L1} - \overline{E_L}) = x(1 - x)(S_G - C_L + yP_LR_L) \tag{6.4}$$

同理，构建康养企业选择融合发展策略的复制动态微分方程如下：

$$F(y) = \frac{dy}{dt} = y(E_{K1} - \overline{E_K}) = y(1 - y)[S_G - C_K + x(P_KR_K - S_G)] \tag{6.5}$$

建立旅游企业与康养企业演化博弈的复制动态微分方程组如下：

$$\begin{cases} F(x) = \dfrac{dx}{dt} = x(1 - x)(S_G - C_L + yP_LR_L) \\ F(y) = \dfrac{dy}{dt} = y(1 - y)[S_G - C_K + x(P_KR_K - S_G)] \end{cases} \tag{6.6}$$

6.4 均衡点的局部稳定性分析

由 F(x) =0,F(y) =0，得到复制动态微分方程组的五个均衡点，即（0，0），（0，1），（1，0），（1，1），（x_d，y_d），其中 $x_d = \dfrac{C_K - S_G}{P_KR_K - S_G}$，$y_d = \dfrac{C_L - S_G}{P_LR_L}$。同时，通过计算得到微分方程组的雅可比矩阵：

$$J = \begin{bmatrix} (1 - 2x)(S_G - C_L + yP_LR_L) & x(1 - x)P_LR_L \\ y(1 - y)(P_KR_K - S_G) & (1 - 2y)[S_G - C_K + x(P_KR_K - S_G)] \end{bmatrix} \tag{6.7}$$

由雅可比矩阵 J 计算该雅可比矩阵的行列式 detJ 和迹 trJ 如下：

$$\begin{aligned} detJ = & (1 - 2x)(S_G - C_L + y(P_LR_L)(1 - 2y)[S_G - C_K + x(P_KR_K - S_G)] \\ & - x(1 - x)P_LR_L(1 - y)y(P_KR_K - S_G) \end{aligned} \tag{6.8}$$

$$trJ = (1 - 2x)(S_G - C_L + yP_LR_L) + (1 - 2y)[S_G - C_K + x(P_KR_K - S_G)] \tag{6.9}$$

将复制动态微分方程组的五个均衡点代入该雅可比矩阵的行列式和迹中，结果见表6.2。

表6.2　旅游企业和康养企业博弈系统的雅可比矩阵的行列式和迹

均衡点	det$J$	tr$J$
(0, 0)	$(S_G-C_L)(S_G-C_K)$	$2S_G-C_L-C_K$
(0, 1)	$(S_G-C_L+P_LR_L)\ (C_K-S_G)$	$C_K-C_L+P_LR_L$
(1, 0)	$(P_KR_K-C_K)(C_L-S_G)$	$C_L-C_K-S_G+P_KR_K$
(1, 1)	$(S_G-C_L+P_LR_L)(P_KR_K-C_K)$	$C_L+C_K-S_G-P_LR_L-P_KR_K$
(x_d, y_d)	$(C_K-S_G)(P_KR_K-C_K)(S_G-C_L)(P_LR_L-C_L+S_G)/[(P_KR_K-S_G)P_LR_L]$	0

不同条件下各均衡点的局部稳定性分析结果如下

条件1：$C_K,C_L<S_G,P_KR_K>C_K$时，ESS为（1，1）。

条件2：$C_K,C_L<S_G,P_KR_K<C_K$时，ESS为（1，0）。

上述两种条件下各均衡点的局部稳定性情况见表6.3。

表6.3　条件1、2下各均衡点的局部稳定性

均衡点	条件1			条件2		
	J的行列式	J的迹	局部稳定性	J的行列式	J的迹	局部稳定性
(0, 0)	+	+	不稳定	+	+	不稳定
(0, 1)	−	不确定	鞍点	−	不确定	鞍点
(1, 0)	−	不确定	鞍点	+	−	ESS
(1, 1)	+	−	ESS	−	不确定	鞍点

$C_K,C_L>S_G$时，分四类讨论。

条件3：$P_KR_K>C_K$，$P_LR_L>C_L-S_G$，ESS为（0，0）和（1，1）。

条件4：$P_KR_K>C_K$，$P_LR_L<C_L-S_G$，ESS为（0，0）。

条件5：$P_KR_K<C_K$，$P_LR_L>C_L-S_G$，ESS为（0，0）。

条件6：$P_KR_K<C_K$，$P_LR_L<C_L-S_G$，ESS为（0，0）。

以上四种条件下各均衡点的局部稳定性情况见表6.4。

表6.4　　　　条件3、4、5、6下各均衡点的局部稳定性

均衡点	条件3			条件4		
	J的行列式	J的迹	局部稳定性	J的行列式	J的迹	局部稳定性
(0, 0)	+	−	ESS	+	−	ESS
(0, 1)	+	+	不稳定	−	不确定	鞍点
(1, 0)	+	+	不稳定	+	+	不稳定
(1, 1)	+	−	ESS	−	不确定	鞍点
(x_d, y_d)	−	0	鞍点			
均衡点	条件5			条件6		
	J的行列式	J的迹	局部稳定性	J的行列式	J的迹	局部稳定性
(0, 0)	+	−	ESS	+	−	ESS
(0, 1)	+	+	不稳定	−	不确定	鞍点
(1, 0)	−	不确定	鞍点	−	不确定	鞍点
(1, 1)	−	不确定	鞍点	+	+	不稳定

$C_K < S_G$，$C_L > S_G$时，分四类讨论。

条件7：$C_K < P_K R_K < S_G$，$P_L R_L > C_L - S_G$，ESS为（1，1）。

条件8：$P_K R_K > S_G$，$P_L R_L > C_L$，ESS为（1，1）。

条件9：$P_K R_K > S_G$，$P_L R_L < C_L - S_G$，ESS为（0，1）。

条件10：$P_K R_K < C_K$，$P_L R_L < C_L - S_G$，ESS仍为（0，1）。

以上四种条件下各均衡点的局部稳定性情况见表6.5。

表6.5　　　　条件7、8、9、10下各均衡点的局部稳定性

均衡点	条件7			条件8		
	J的行列式	J的迹	局部稳定性	J的行列式	J的迹	局部稳定性
(0, 0)	−	不确定	鞍点	−	不确定	鞍点
(0, 1)	−	不确定	鞍点	−	不确定	鞍点
(1, 0)	+	+	不稳定	+	+	不稳定
(1, 1)	+	−	ESS	+	−	ESS
(x_d, y_d)	−	0	鞍点			

续表

均衡点	条件9			条件10		
	J的行列式	J的迹	局部稳定性	J的行列式	J的迹	局部稳定性
(0, 0)	−	不确定	鞍点	−	不确定	鞍点
(0, 1)	+	−	ESS	+	−	ESS
(1, 0)	+	+	不稳定	−	不确定	鞍点
(1, 1)	−	不确定	鞍点	+	+	不稳定

$C_K > S_G$，$C_L < S_G$时，分两类讨论。

条件11：$P_K R_K > C_K$，$P_L R_L > C_L - S_G$，ESS为（1，1）。

条件12：$P_K R_K < C_K$，$P_L R_L > C_L - S_G$，ESS为（1，0）。

以上两种条件下各均衡点的局部稳定性情况见表6.6。

表6.6　　条件11、12下各均衡点的局部稳定性

均衡点	条件11			条件12		
	J的行列式	J的迹	局部稳定性	J的行列式	J的迹	局部稳定性
(0, 0)	−	不确定	鞍点	−	不确定	鞍点
(0, 1)	+	+	不确定	+	+	不稳定
(1, 0)	−	不确定	鞍点	+	−	ESS
(1, 1)	+	−	ESS	−	不确定	鞍点

根据上述分析结果，得到不同条件下博弈系统演化过程的相位图（图6.2）。

通过分析各均衡点的局部稳定性，本文发现：当政府补贴和融合发展带来的预期收益增长都小于需要投入的预期融合发展成本时，由于不确定对方是否选择融合发展策略，考虑到成本投入风险，旅游企业和康养企业更倾向于选择独立发展，即（0，0）成为演化稳定策略（图6.2a）。如果双方都预期融合发展带来的收益增长大于融合发展成本，而政府补贴效应不显著时，博弈系统演化稳定策略处于不定状态，即可能向（0，0）或（1，1）演化（图6.2e）。而当政府补贴大于其中一方预期需要投入的融合发展成本时，受到政府补贴激励的一方由于预期到其需要投入的成本更小，更倾向于选择融合发展策略，即稳定演化策略为（1，0）或（0，1）（图6.2b、图6.2c），而没有受到政府补贴激励的一方如果预期收益大于其需要投入的融合发展成本，受经济利益的刺

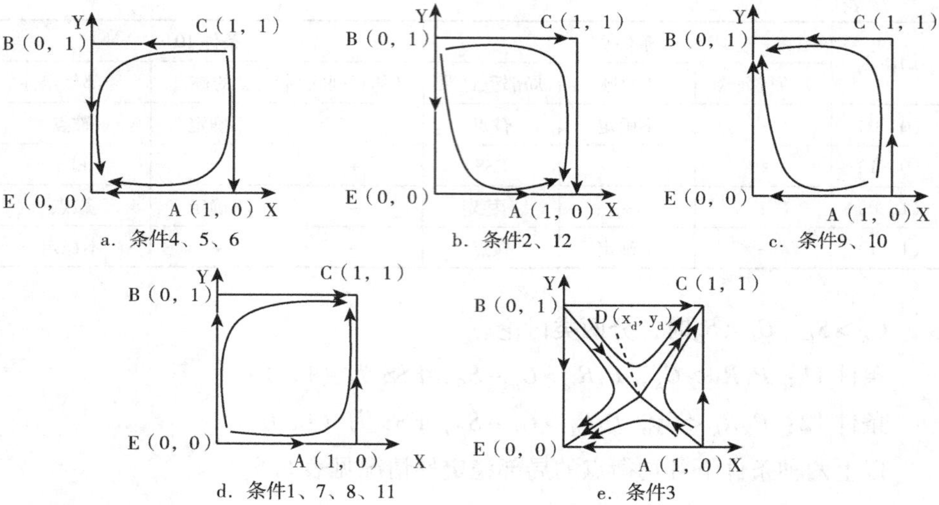

图 6.2 各条件下博弈系统演化动态相位图

激，也会选择融合发展策略，即博弈系统向均衡点（1，1）演化。当预期需要投入的融合发展成本都小于政府补贴时，预期需要投入的融合发展成本降低，旅游企业和康养企业预期增加的收益将更大，更倾向于选择融合发展策略，即（1，1）成为演化稳定策略（图 6.2d）。

6.5 博弈系统演化稳定性影响因素分析

6.5.1 收益增长率 R_L，R_K

当选择融合发展策略需要投入的合作成本 C_L，C_K，初始收益 P_L，P_K以及政府补贴 S_G保持不变时，收益增长率 R_L，R_K增加，将导致鞍点 $D\left(\frac{C_K-S_G}{P_K R_K-S_G}, \frac{C_L-S_G}{P_L R_L}\right)$的横坐标值和纵坐标值减小，D 点向稳定点 E 移动，选择融合发展的区域 ACBD 面积增加，博弈系统也将向稳定点 C（1，1）移动，旅游企业和康养企业选择融合发展策略的可能性也将增大。反之，收益增

长率 R_L，R_K减小，博弈系统将向稳定点 E（0，0）移动（如图 6.3 所示）。

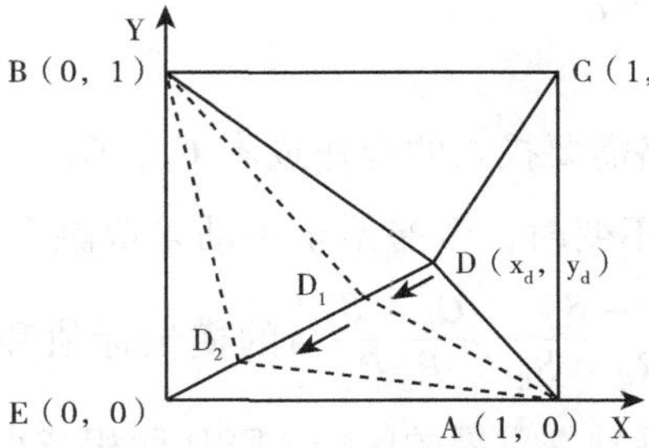

图 6.3 收益增长率增加时鞍点 D 的运动轨迹

6.5.2 融合发展合作成本 C_L，C_K

当初始收益 P_L，P_K，收益增长率 R_L，R_K以及政府补贴 S_G保持不变时，选择融合发展策略需要投入的合作成本 C_L，C_K增加，鞍点 $D\left(\frac{C_K - S_G}{P_K R_K - S_G}, \frac{C_L - S_G}{P_L R_L}\right)$的横坐标值和纵坐标值将变大，D 点向稳定点 C 移动，选择独立发展的区域 AEBD 的面积将增加，博弈系统向稳定点 E（0，0）演化，旅游企业和康养企业选择独立发展策略的可能性也将增大。当 C_L，C_K增加幅度不一致时，若 $\Delta C_K > \Delta C_L$，鞍点 D 的横坐标值增幅大于纵坐标值增幅，鞍点 D 将沿 X 轴方向趋近于稳定点 C，博弈系统仍将向稳定点 E（0，0）演化。反之，结论相反（如图 6.4 所示）。

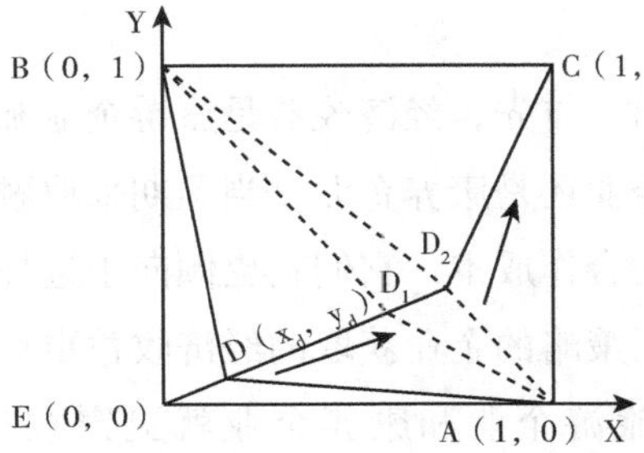

图 6.4 融合发展合作成本增加时鞍点 D 的运动轨迹

6.5.3 政府补贴 S_G

当选择融合发展策略需要投入的合作成本 C_L，C_K，收益增长率 R_L，R_K以及初始收益 P_L，P_K保持不变时，政府给予主动采取融合策略的一方的企业补贴 S_G增加，鞍点 $D\left(\frac{C_K - S_G}{P_K R_K - S_G}, \frac{C_L - S_G}{P_L R_L}\right)$的横坐标值和纵坐标值将减小，D 点向稳定点 E 移动，选择独立发展的区域 AEBD 面积减小，博弈系统将向稳定点 C（1，1）演化，即旅游企业和康养企业更有可能选择与对方融合发展（如图 6.5 所示）。

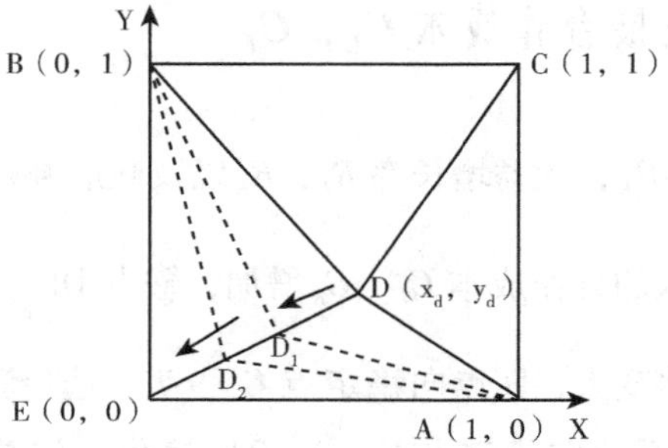

图 6.5 政府补贴增加时鞍点 D 的运动轨迹

6.6 本章小结

从以上分析可以得出：首先，经济收益是旅游企业和康养企业进行策略选择的基础。无论是旅游企业还是康养企业，当预期采取融合发展策略带来的经济收益大于其需要投入的合作成本，它们就更倾向于选择与对方融合发展。同时，如果已采取融合发展策略的企业获取的经济收益更加理想，经济示范效应更加显著，尚在观望的旅游企业和康养企业就更愿意加入到融合发展的系统中。

其次，旅游与康养产业融合发展系统演化的影响因素主要包括旅游与康养企业融合发展实现的收益增长率、融合发展成本以及政府补贴。各因素对旅游与康养产业融合发展的作用机制不同，旅游与康养企业融合发展实现的收益增长率和政府补贴与二者采取融合发展策略的比例呈正向相关，而融合发展成本与旅游和康养企业采取融合发展策略的比例呈负向相关，合理地运用各因素的作用机制对推进旅游与康养产业融合发展有利。

最后，旅游与康养产业实现融合发展是一个长期的动态过程，二者融合的协调度和质量会随着外部条件的改善而不断提升。当外部条件有利时，例如收益增长率提升、政府补贴力度加大、技术创新促使合作成本和环境成本的降低以及博弈主体间的信任水平较高等，旅游企业和康养企业中选择与对方融合发展的比例会随之增加，直至达到最优均衡策略（1，1）。而导致旅游企业和康养企业各自为战的主要原因在于二者信息获取的不完全性和对合作关系的不确定性。

第 7 章

西南地区康养旅游产业融合发展开发模式研究

7.1 西南地区康养旅游产业开发模式分类

西南地区康养旅游产业开发模式分类主要参考了《旅游资源分类、调查与评价》（GB/T 18972—2017）对旅游资源的分类，以及谢文彩、唐建雄、赵鹏宇、王兆峰和《中国康养产业发展报告》等对康养旅游地（产品）的分类，再结合我国西南地区康养旅游地的成因和属性特点，将我国西南地区康养旅游资源划分为康旅、康体、康疗三种开发模式，其中，康旅模式又可细分为阳光康旅、生态康旅、乡村康旅和森林康旅，康体模式细分为体育康体和温泉康体，康疗模式可细分为中医药康疗和医养康疗（见表 7.1）。

表 7.1 西南地区康养旅游开发模式分类表

主类	基本类型
康旅模式	乡村康旅、森林康旅、阳光康旅、生态康旅
康体模式	体育康体、温泉康体
康疗模式	中医药康疗、医养康疗

7.1.1 康旅模式

（1）乡村康旅模式。

乡村旅游最早可以追溯到十八世纪时期的法国，当时由于工业化的开始，城镇化开始快速发展，城镇当中的贵族们纷纷涌向农村体验农业生产和农村生活，随着城镇化的进一步发展，城镇环境日益恶化，前往乡村的人数不断增多，到20世纪50年代，乡村旅游逐渐形成规模，到20世纪80年代时，某些地区的支柱型产业已经逐渐衍变成乡村旅游。乡村康旅是乡村旅游的一个重要分支，目前国内外对乡村康旅的研究较少，大部分学者主要研究乡村旅游和养老旅游的结合，如我国学者黄璜提出乡村是养老旅游的最佳目的地，李泓沄强调养老型乡村旅游要注重“养老”“生态”和“乡村”这三个关键要素。李松柏通过分析长三角地区的老人季节性乡村旅游养老，得出随着我国老龄化程度的不断加剧，乡村康旅模式将不断发展。目前国内外关于乡村康旅的概念定义尚未统一，但对乡村康旅概念的理解存在一些共性，即乡村康旅应该具有生态性、健康性以及参与体验性。通过总结以上内容，本研究对乡村康旅模式概念的理解是：乡村康养旅游，即以发展“健康”为核心目的，通过乡村优质的自然生态环境、休闲的文化等条件，再辅佐以医疗健康设备和旅游休闲设施，融合了乡村旅游、医疗康体以及养老旅游等多种形式的新型康养旅游形式。

（2）森林康旅模式。

早期的工业化向空气中排放了大量有毒气体和灰尘杂质，许多城市的空气质量越来越差，人们长期呼吸着有害的空气使得身体出现了许多问题。许多人渴望呼吸到新鲜空气，与大自然亲密相处，许多长期生活在城市里的人们前往郊区森林密布的地方，森林康养旅游应运而生。森林康养旅游的研究最早可以追溯到19世纪中期，1840年，德国创立了世界第一个森林康养项目，随后德国科学家在此基础上，结合植物释放的精气、空气中负氧离子等科学研究，提出并完善了“自然健康疗法”。我国的森林康养旅游研究开始得较晚，直到21世纪才开始起步，不过，我国近些年来森林康养产业发展迅速，国家以及相关部门正在积极引导社会各界大力发展森林康养旅游。2019年3月，国家林业和草原局、民政部、国家卫生健康委员会、国家中医药管理局联合印发《关于促进森林康养产业发展的意见》，意见指出，森林康养是以森林生态环境为基础，以促进大众健康为目的，利用森林生态资源、景观资源、食药资源和文化资源并与医学、养生学有机融合，开展保健养生、康复疗养、健康养老的服务活动。目前，学术界对森林康养旅游还没有形成统一的定义。因此，本研究中森林康旅的定义以《关于促进森林康养产业发展的意见》中的定义为主。

（3）阳光康旅模式。

地球的自转和公转运动使得全球热量分布不均，总体来说维度热量与纬度成反比关系，纬度越高，热量越低，全球可以根据热量分布状况划分成热带、温带和寒带。同时又因为地表海陆位置和地形地貌等自然因素不同，导致同一纬度的热量和阳光会分布不均。阳光对于人体有许多好处，首先，适当的阳光可以促进维生素 D 在人体内的生成，维生素 D 可以帮助人体对钙的吸收；其次，阳光还具有杀菌的作用，经常晒太阳可以杀死皮肤表面的细菌；最后，阳光还可以加速我们人体的血液循环，增强新陈代谢的能力，增强免疫功能。中高纬度地区冬季大多寒冷且缺乏阳光，生活在该地区的人们会渴望前往温暖阳光的地区进行阳光康旅。阳光康旅最早起源于国外，在 20 世纪，英国人热衷于前往阳光充足的地中海进行阳光浴，美国东北部和中部的老人喜欢前往“阳光之州”佛罗里达州养老度假。国内阳光康旅起步较晚，从 21 世纪初才开始，比较典型的是东北地区大量人口移居海南。目前为止国内外学术界对“阳光康养旅游”概念的研究成果非常少。本研究参考马东艳和张旭辉的“阳光康养旅游”的定义，认为阳光康养旅游是以丰富的阳光、优良的自然环境为依托，以促进旅游参与者身体健康、精神愉快为宗旨，以休闲、健身、运动、养生、养老、度假功能为核心，辅之以优美城市环境和配套的服务设施为保障的创新型、生态型、健康型旅游。

（4）生态康旅模式。

生态旅游兴起于工业文明后期，工业化带来了资源短缺、环境破坏、生态恶化等一系列问题，迫使人们开始思考人与自然的关系，人们必须要保护生态环境，进行可持续发展，努力实现人与自然的和谐相处。生态旅游便是在这样的时代背景中诞生，生态康养旅游属于生态旅游的一种。国内外对于生态康旅的研究较少，2020 年 6 月 1 日，我国首部生态康养国家级标准《生态康养基地评定标准》正式发布实施，《生态康养基地评定标准》对生态康养的定义为以优良的自然生态、自然景观和与之共生的人文生态为依托，以促进人与自然和谐为准则，采取生态友好、绿色低碳、文明健康方式，将生态理念、生态体验和生态行为融入日常生活并基于生态资源获得心身愉悦的一种健康养老、健康养生的生活方式。本研究认为生态康养旅游与其他康养旅游不同之处在于，首先，理念上，坚持人与自然协调发展的核心理念。其次，生态康养旅游在旅游的各个过程中都强调“生态”，食，要食用绿色食物；住，要低碳环保；行，要低碳出行；购，要适度消费；游，要生态旅游；娱，要绿色环保。最后，以健康体魄，保护环境为主要目的

7.1.2 康体模式

（1）体育康体模式。

早在两千多年前，世界各地就有丰富多彩的体育活动，例如古希腊的奥林匹克运动会，中国古代的各种民俗体育。十九世纪中后期，随着欧洲工业革命带动欧洲城市化的快速发展，现代体育开始诞生。体育旅游起源于1857年英国人成立的登山俱乐部，之后各国相继效仿成立了许多相关俱乐部，直到20世纪初期国外的体育旅游开始逐渐具有规模性。随着体育旅游的进一步发展，出现了以体育训练、赛事观赏、康体运动、休闲健身等作为旅游主题的体育康体旅游。对于体育康体旅游的概念，陈传康认为，体育康体旅游的核心主题是“生命、运动、健康、享受”，是一种以健康的生命本体观为发展目标的社会生活发展观。崔华认为，凡是有利于人们心情愉悦、消除疲劳、改善身体和精神状态，满足其身心健康诉求的休闲活动均属于康体休闲的范畴。本研究认为体育康体旅游，实际上就是将体育产业与旅游产业进行融合，是一种以追求身心健康为直接目的的休闲方式，让游客在旅游的过程中深切地感受到体育为人们带来的好处。

（2）温泉康体模式。

人类温泉旅游历史悠久，中国的温泉旅游最早可以追溯到先秦时期，《山海经》中记载“壬夫”为掌管温泉的水神，秦朝时期，秦始皇设立“骊山汤”

用来治疗疮伤，唐朝时，天下第一温泉“华清池”是唐玄宗和杨贵妃过冬沐浴的地方，明清时期，温泉的药用价值得到进一步发掘，李时珍在《本草纲目》当中将温泉作为药引记载。国外的温泉旅游，以欧洲为例，最早可以追溯到古罗马时期，近代温泉旅游起源于18世纪初，因有些温泉内部含有丰富的微量元素，能够改善人体的身体健康状况，所以欧洲出现了温泉疗养热潮。温泉康体旅游和温泉旅游没有本质区别，主要区别在于温泉康体旅游更加强调以身体健康为目的。国内外学者对温泉康养旅游的定义界定较少，王立红认为温泉康养旅游以康养为主要目，以温泉为载体，利用温泉体验、健康咨询、运动健身、营养膳食、健康教育、修心养性、本地文化活动、亲近自然、关爱环境等各种有利于健康的综合手段，以保持和促进游客在身体、心智和精神上的平衡与良好状态的各种温泉旅游活动的总和。本研究认为，温泉康养旅游即是将温泉元素及其诸多功效融入康养旅游活动之中，以达到养身和养心目的各种温泉旅游活动的总和。

7.1.3 康疗模式

(1) 中医药康疗模式。

中国幅员辽阔，地形气候丰富多样，民族众多，中医药资源非常丰富。中国医药历史文化悠久，我国最早的医药可以追溯到上古时期的神农尝百草，秦汉时期集结成书《神农本草经》，明朝李时珍重新整理各种医药典籍编著出《本草纲目》，是“东方药学巨典”。除此之外，中国还拥有众多少数民族医药文化，例如苗药、蒙药、羌药、藏药等。国内对于中医药康疗旅游的概念界定还比较少，王景明提出，中医药旅游是旅游产业与中医药产业融合的产物，是中医药产业链的延伸，也是旅游业创新发展的产物。田广增和侯笑闻的定义为，中医药旅游是旅游业发展到一定阶段后，依托于深厚的中医药文化内涵、独特的理论体系和内容，以各种中医医疗保健手段、中药材资源为基本吸引物而产生的一种新型旅游方式。本研究认为，中医药康疗旅游与中医药旅游是同一概念，是以健康、疗养、保健、医疗及观光休闲度假等为目的，以各种中医医疗保健手段、中药材资源为手段，以中医药理论体系为指导思想的新型旅游活动。

（2）医养康疗模式。

医疗旅游的历史可追溯到几千年前，古希腊超生者和病人从地中海各地来到埃及道鲁斯的医神爱斯累普圣殿，中国古人的泉石膏肓、烟霞痼疾的成语，寄情于山水旅游，证明疾病与景观的密切不可分。美国等西方发达国家的公民在20世纪中叶因本国昂贵的医疗费，漫长的手术排期，因此去价格低且具有优秀医疗水平的亚洲国家进行医疗旅行。世界上医疗旅游业比较发达的是泰国、印度、印尼等国家，国际上，医养康疗旅游一般被称为 medicaltourism，是指人们为了某种疾病的诊断或手术治疗而离开惯常居住地的旅游活动，其目的也包括为了整形美容、减肥瘦身、抗衰老等目的。关于医养康疗旅游的定义，国内外尚未形成统一意见。比较广为认可的是世界旅游组织对医疗旅游定义，医养康疗旅游即医疗护理、疾病与健康、康复与休养为主题的旅游服务。我国大部分学者的定义为：由于人们不满足常居地的医疗服务，或者由于价格或技术等问题导致人们去寻求价格和技术相对能够接受的其他地区，并且在外地进行接受诊断治疗的过程中，会进行旅游活动，因此形成了一种全新的旅游活动，即医养康疗旅游。本研究认为，医养康疗旅游是医疗产业和旅游产业的交叉产业，是人们为了同时满足医疗诊断服务和旅游服务而进行的一种新型旅游活动。

7.2 西南地区康养旅游片区资源分析

本研究为进一步深入分析，并根据西南地区（除西藏外）境内康养条件及康养旅游资源分布特点，将西南地区划分为十九大康养旅游片区，它们分别是：四川省五大康养旅游片区即成都平原康养旅游片区、川西北康养旅游片区、攀西康养旅游片区、川南康养旅游片区以及巴山康养旅游片区；重庆三大康养旅游片区即重庆主城都市康养旅游片区、渝东南康养旅游片区及渝东北康养旅游片区；云南省五大康养旅游片区即滇中康养旅游片区、滇西康养旅游片区、滇东康养旅游片区、滇北康养旅游片区及滇南康养旅游片区；贵州省六大康养旅游片区即黔中康养旅游片区、黔南康养旅游片区、黔东南康养旅游片区、黔西南康养旅游片区、黔西北康养旅游片区及黔东北康养旅游片区。

7.2.1 四川省康养旅游五大片区资源分析

根据四川省境内康养条件及康养旅游资源分布特点，将全省划分为五大康养旅游片区，它们分别是成都平原康养旅游片区、川西北康养旅游片区、攀西康养旅游片区、川南康养旅游片区以及巴山康养旅游片区。

（1）成都平原康养旅游资源。

成都平原区域地理位置优越，范围包含：成都、德阳、绵阳、资阳、眉山、乐山、遂宁以及雅安等8个市。成都平原片区地形平坦，海拔大多在18～304米，大致范围在岷江和沱江流域，为岷江和沱江冲积而成的冲积平原。成都平原片区属于亚热带季风性湿润气候，年平均气温在17℃，冬季湿冷，夏季炎热，片区降水丰富，年平均降水量为900～1300毫米。成都平原片区水质良好，空气优良，根据2020年四川省生态环境状况公报显示，该康养旅游片区内所有水质均符合国家二级标准要求，环境空气质量优良率达87.5%。成都平原片区高度重视森林绿化工作，规划了“成都平原森林城市群”，该区域内已有成都、德阳、乐山和绵阳4个森林城市又是全国绿化模范城市，邛崃、都江堰2个省级森林城市，其中邛崃市是全国第一批以县为单位申报的国家森林康养基地，还拥有雅安市海子山、洪雅县玉屏山两个国家森林康养基地。区域内医疗资源丰富，在其片区范围内坐落着三级甲等医院20余家，包含著名的四川大学华西医院等，该医院是当前西南地区最为著名，也是规模最大的综合性单点医院，综合实力在全国医院中名列前茅，复旦大学医院管理研究所在上海颁布《2019年度中国医院排行榜》中，四川大学华西医院全国排名第二，仅次于中国医学科学院北京协和医院。四川大学华西医院在康养方面的实力也属于全国顶尖水平，在《2019年度中国医院专科声誉排行榜》中，四川大学华西医院的老年医学全国排名第二，康复医学全国排名第三。除此之外，四川大学华西口腔医院、四川省人民医院、四川大学华西第二医院也进入《2019年度中国医院排行榜》的全国100强名单，分别名列第50名、第67名和第84名，其中四川省人民医院的健康管理进入了《2019年度中国医院专科声誉排行榜》中，全国排名第4。成都平原片区中医药资源也十分丰富，四川本来就有“中药之库”的称号，而四川的医药资源主要集中在成都平原片区，位于成都的荷花池中药材市场是我国西南地区最大的药材市场，也是全球最大的虫草集散中心，拥有非常完善的药材交易基础。成都平原片区的医药资源与旅游产业融合发展，形成了独具特色的中医药景区，绵阳地区的药王谷是四川所建设并开发的首批以中医药为主题的旅游景区，成都龙泉健康科技旅游示范中心和四川花城本草健康产业国际博览园是第一批国家中医药健康旅游示范基地。除中医药资源丰富以外，成都平原片区的中医药医疗资源也非常丰富，该区域拥有三甲中医院5家，各中医医疗机构均设有针灸推拿、按摩等科室，其中，成都中医药大学是我国建立最早的中医高等院校，也是世界一流学科建设高校、国家“973计划”承担高校称号。成都平原片区内虽医学资源优势明显，但医疗费用相对低廉。以上康养资源均为成都平原区域开展康疗养旅游项目奠定了基础。成都平原片区内还拥有一批如罗浮山温泉、花水湾温泉、青城山豪生温泉等温泉资源。罗浮山温泉在21世纪初被鉴定并命名为高温医疗热矿水，在罗浮山温泉泉水中已鉴定含有大量对人体代谢有益的微量元素，因此具有良好的保健功能，可促进人体血液循环，调节人体免疫系统，是我国唯一经过国家卫生部门鉴定的温泉，享有“浮山圣水，人间一绝”之美称。区域内体育基础设施完善，体育资源丰富，拥有双流国家体育产业示范基地，建有金马国际体育城、成都国际马术体育公园等健康运动项目，金马国际体育城是集体育休闲、体验运动于一体的体育产业基地。

(2) 川西北康养旅游资源。

该区域位于四川省西部地区，包括甘孜州、阿坝州两个自治州，位于香格里拉金三角旅游区的北部区域，是中国香格里拉生态旅游的核心区域，拥有大量高品质的康养旅游资源。该区域海拔在3000~4000米以上，属川西北高原，是西南地区地势最高地区，气候属于高原山地气候，气温较低，大部分地区年均气温0~6℃，全年长冬无夏，春秋相连，为西南地区热量最低地区。但正因其地势高亢，空气稀薄，所以太阳年辐射量和年日照时数均为西南地区最高值，丰富的光能资源弥补了地高天寒、热量不足的缺憾。川西北区域地广人稀，开发程度低，生态环境优美，是良好的生态旅游目的地，其中该区域的阿坝藏族羌族自治州被世界旅游专家誉为“世界生态旅游最佳目的地”。川西北特殊的地形及地理特点，使区域内可入药的动植物类型十分丰富，该区域南方河谷地带具有丰富的药用资源，已查明的药用植物达800余种，且蕴藏量庞大，盛产名贵药材，其中理塘黄芪被誉为全国上等药材，除此之外，该地以石渠、色达盛产的著名中药材雪莲花为人所知。该区域的藏族羌族人民就地取材、潜心琢磨，在历史的长河中慢慢流传下很多藏族羌族独有的医药理疗方法，著有《草药鉴别》《晶珠本草》等著作。还有许多具有羌医特点的医疗机构，如茂县羌医药研究所、汶川羌医骨伤科医院、中国羌医药博物馆等。川西北地区位于我国四大地热带之首的藏滇地热带，具有丰富的温泉资源，是西南地区温泉资源富集地区，且温泉水质较好，具有丰富的微量元素，医疗保健功能显著，属于典型的医疗矿泉。区域内建有古尔沟温泉、日底寨温泉、海螺沟温泉、二道桥温泉、榆林宫温泉等高品位温泉项目。古尔沟温泉在20世纪九十年代中期被国家旅游局评为优质名泉，其中泉水属于淡矿化水，矿属于医疗保健矿，水质达到国家饮用水标准，属优秀矿物质水，古尔沟温泉是四川省内唯一具有洗浴、饮用、医疗保健等多种功能于一体的天然矿泉，享有“仙山瑶池、灵水神泉”之美誉。古尔沟温泉泉水平均水温为45℃，其中含有大量对人体有益的微量元素和矿物质元素。

（3）攀西康养旅游资源。

该区位于四川省西南部，包括攀枝花市、凉山州，地处青藏高原东部的横断山系中段，全区超过90%的面积都是山地，故垂直区域气候差异显著，由于海拔较高，日照时间较长，较为干燥，昼夜温差较大，四季不太分明。由于该区日照时间长，年日照时长达为2000多个小时，尤其冬季时候，气候干燥、温暖、少雨，尤其攀枝花市年日照时长平均可达2500个小时，是名副其实的“太阳城”，而该区的西昌市四季如春，也有“小春城”的美誉。由于独特的气候特点，攀枝花市的体感温度20～23℃，为人体可感受到的最适宜的温度。

虽然攀西地区日照时间长，但紫外线辐射却比西藏、海南等地的辐射要低，对人体进行日光浴更为适合，非常适宜发展阳光康旅。攀西彝族地区药材资源丰富，有茯苓、党参、当归，也有熊胆、麝香、28 牛黄、鹿茸、穿山甲等。彝医的著作也流传甚广，如《此母都齐》《斯色毕特依》《彝族医经》《彝族医药史》等著作。彝医有自己特殊的治疗手段，如常选用某些药物，固定于人体特定部位，利用药物的特殊气味来防病治病。在彝族特有的火把节上，彝族人会食用糯米酒，糯米酒营养丰富、甘甜芳醇，可补阴虚、补气血、补脾气，常食用可美容养颜、温补正气，适宜女性及身体较为虚弱的人食用，糯米酒现已成为彝族饮食文化中具有代表性的食品。攀西地区地处我国四大地热带之一的川滇青新地热带，地热资源丰富，以低温热水型资源为主，中低温温泉露点密集，据不完全统计有 70 个之多，规模较小，水温也较低，常在 50 ~ 60℃，水中钙、镁阳离子的含量较高。当地在温泉聚集点处建造了温泉小镇、度假村等旅游景点，著名的有红格温泉旅游度假区、公益海温泉度假村、灵山温泉小镇、竹核温泉度假村、螺髻山温泉度假区等。红格温泉，被称为“攀西名泉”，是全国少有的氡气矿泉，水温在 57℃左右，其微量元素有 60 余种，水质优良，可达到全国医疗矿泉的标准，对风湿病、关节炎、皮肤病、气喘等病症有显著疗效。

（4）川南康养旅游资源。

川南区域包括自贡、泸州、内江和宜宾 4 市。川南地区地形兼有盆中丘陵、盆周山地的地貌类型，气候属盆地气候，区域内气候较为温和，且日照充足，雨量丰富，四季分明，较为适宜人类生活居住。川南地区蕴藏丰富的康养旅游资源，如著名的佛宝森林公园，它的树种保存较为完好，且种类较为丰富，是四川省生物资源基因宝库，有奇特的丹霞地貌、穹窿地质地貌，山林、湖泊、湿地更是遍布各处，该区的宜宾长宁县曾获中国生态养生旅游目的地、中国人居环境范例等荣誉。位于自贡市的飞龙峡，是闻名全国的生态景区，森林覆盖率大于 70%。被称为“花海”的釜溪河复合绿道是西部地区体量最大的绿道，它以釜溪河为纽带，结合古镇民俗文化，建设有仓林盐话、飞鸟花语和东环之心等景区，是情侣体验浪漫最佳旅游胜地。有“小峨眉”之称的方山矗立在长江之畔，终年云烟雨雾缭绕其间，风景秀丽，神似仙境。川南地区的医疗医药产业也比较发达，复旦大学医院管理研究所发布的《2019 年度西南区域医院综合实力排行榜中》，川南地区的西南医科大学附属医院在其中，排名第 17，千草康养文化产业园是第一批国家中医药健康旅游示范基地。川南区域的自贡有“千年盐都”之称，其盐文化旅游资源十分丰富，如盐卤康养旅游，盐卤康养是指在天然卤水中加入一定比例的淡水，经过一系列科学处理后，可用于人体的保健疗养。盐卤水中含多种矿物质元素，可以改善睡眠、降低血脂血压、美容瘦身。

（5）巴山康养旅游资源。

巴山区在青藏高原和四川盆地的过渡地带，区域内包括广元市、南充市、广安市、达州市和巴中市，受巴山地质地貌的影响，其地形较为复杂，气温较为平均，全年舒适日数可达 200 多天，夏季温度适宜，有“华夏中央空调”之美称。巴山区域是我国重要的水源涵养地，全区森林覆盖率高，是重要的生态屏障，区域内共有国家森林公园 16 个，国家森林康养基地 1 个。由于该区所处的地质背景和自然条件，巴山区域盛产天然的山珍，山珍即在山区里靠自然环境长大的山货，常见的有真菌菇类、坚果类等，这些食物富含多种氨基酸、维生素及微量元素，对人体的健康很有帮助，可以提高人体免疫力、延缓衰老、有助于儿童智力发育等功效。该区域的巴中市盛产银耳，享有“中国银耳之乡”“中国富硒茶之乡”等美誉，该地区木耳产量居全国首位；广元的“川珍牌”商标获得“中国驰名商标”的称号。巴山区域乡村旅游资源丰富，拥有嘉陵区凤垭山生态园区、广安华蓥山黄花梨产业园、苍溪曾家山梨文化博览园 3 个国家级现代农业示范区，11 个国家级乡村旅游重点村镇。广安区被评为“全国大型商品粮基地”“川东北绿色菜都”以及“四川省现代畜牧业强县”等，广安区重点发展有机农产品，由于极其具有田园风光，该区域已将生态农产品旅游方向作为自己重点发展的目标。游客可以根据不同时节，全天候地进行果蔬种植、采摘以及喂养家畜动物等一系列体验活动，锻炼身体、愉悦身心，还可在农家乐中吃到最新鲜的菜肴，体验在农村居住的乐趣，感受大自然生态农村的环境和氛围。该区域还是全国重要的中药材主产区之一，主要种植杜仲、柴胡、金银花等25种中药材。广元的旺苍县是杜仲重要的生产基地，该中药材加工面积占全国面积的10%；著名的中草药材还包含青川的天麻、萼贝川贝等，这些中药材的质量均名列全国同类产品质量之首。该区域有温泉点17处，自然形成的露点较少，以人工钻井出流为主。广元市是四川省唯一拥有“中国温泉之乡”称号的地级市，有鹿亭溪医疗矿泉水、川北温泉、盘龙温泉等。位于遂宁市的中国死海旅游度假区，为国家AAAA级景区，由于海水含盐量达到22%，人在水中类似在死海中漂浮而不下沉，故有中国死海之称，其面积较大，度假区内水上娱乐项目丰富多彩，设有海上冲浪、V型滑道、盐疗护理中心等娱乐服务项目，将现代化旅游产品与古老的井盐资源相结合，是具有健康趣味的综合旅游度假胜地，已经成为闻名远扬的四川旅游的代表性旅游景区。

7.2.2 重庆市康养旅游三大片区资源分析

根据重庆市境内康养条件及康养旅游资源分布特点，将全市划分为三大康养旅游片区，它们分别是主城都市康养旅游片区、渝东北康养旅游片区、渝东南康养旅游片区。

（1）渝东北片区康养旅游资源。

渝东北地区地处渝鄂川陕四省市交界地带，包括梁平、城口、万州、丰都、垫江、云阳、忠县、奉节、开州、巫山、巫溪等11个区县。渝东北地区气候为亚热带季风气候，地形以丘陵山地为主。渝东北片区处于三峡库区，生态环境功能显著，《全国生态功能区划》将渝东北划归为三峡库区水源涵养重要区，同时《重庆市生态功能区划（修编）》将渝东北划归为三峡库区水土保持与水体保护生态功能区。渝东北生态资源丰富，拥有云阳龙缸国家地质公园、九天龙凤、万州大瀑布、巫山小三峡、奉节白帝城、开县刘伯承同志纪念馆等生态旅游景区。在康养旅游发展基础方面，渝东北地区森林资源丰富，拥有雪宝山国家森林公园、红池坝国家森林公园、铁峰山国家森林公园、天池山国家森林公园、九重山国家森林公园、梁平东山国家森林公园、小三峡国家森林公园、双桂山国家森林公园等八个国家森林公园。乡村资源，拥有明月村、观峰村、茶山村、猎神村、莲花洞村、朝元村、柑园村、安溪村、下庄村、回龙村、竹山镇11个国家级乡村旅游重点村镇。医养资源有垫江恒健太极康养城，中华仙草园等。中华仙草园是一家以种植铁皮石斛、灵芝、牛樟芝等珍贵中药材为主的健康产业园。体育资源有云阳龙缸滑雪场及各类体育场所。

（2）渝东南片区康养旅游资源。

渝东南片区位于重庆主城都市区的东南部，渝东南辖黔江区、武隆区、秀山土家族苗族自治县、石柱土家族自治县、彭水苗族土家族自治县、酉阳土家族苗族自治县六区县，地理上与渝鄂湘黔四省市相接，属盆地边缘山地地形，是大娄山和武陵山两大山系交汇之地。渝东南片区是国家重点建设的生态功能区与重要生物多样性保护区，有着富集的生态旅游资源，生态资源丰富，集山、水、林、泉、洞、峡、江等景区类型于一体。包括乌江画廊、仙女山、天生三桥，芙蓉洞、芙蓉江、小南海、阿蓬江、武陵仙山、千野草场、黄水国家森林公园、阿依河等自然资源丰富，龙潭古镇、大酉洞、龚滩古镇、乾隆行宫、西沱天街、洪安古镇、龙河岩棺、万寿寨等人文景观。渝东南片区森林资源丰富，平均森林覆盖率为60%，优质空气达标率达95%，片区内森林康养资源丰富，具有乌江画廊阿依河森林康养基地、摩围山风景区森林康养基地、仙女山森林康养基地、桃花源国家森林公园、千野草场、小南海地质公园等多个优质森林康养旅游资源。石柱土家族自治县是我国第一批以县为单位申报的国家森林康养基地。武隆区仙女山森林康养基地是我国首批以经营主体为单位申报的国家森林康养基地。有荆竹村、文凤村、堰塘村、华溪村、扎营村、新建村、樱桃井村、仙女山街道等八个国家级乡村旅游重点村镇。康体资源方面，彭水苗族土家族自治县—万足水上运动休闲特色小镇入选了全国第一批运动休闲特色小镇试点项目。

（3）重庆主城都市区康养旅游资源。

重庆主城都市区包括“中心城区”和“主城新区”共21个区，“中心城区”包括渝中区、江北区、大渡口区、沙坪坝区、南岸区、九龙坡区、北碚区、巴南区、渝北区，即主城九区；“主城新区”包括长寿区、涪陵区、江津区、大足区、合川区、南川区、潼南区、永川区、铜梁区、綦江区、璧山区、荣昌区；重庆主城都市区的范围还包含两江新区、重庆高新区、万盛经开区三个功能区。重庆主城都市区是重庆市核心区域，是重庆市森林康养旅游资源最丰富的地区之一，拥有黑山国家森林公园、四面山森林康养基地、乐村兴茂康养旅游度假区、良瑜国际养生谷、山王坪喀斯特国家生态公园、横山森林康养基地、古剑山度假区、茶山竹海森林康养基地、武陵山森林公园等知名的森林康养旅游资源。綦江区横山镇是我国首批以县为单位申报的国家森林康养基地，永川区茶山竹海森林康养基地和巴南区彩色森林康养基地是我国首批以经营主体为单位申报的国家森林康养基地。乡村旅游资源非常丰富，拥有沙坪坝区曾家镇虎峰山村、南岸区南山街道放牛村、北碚区东阳街道西山坪村、巴南区二圣镇集体村、永川区南大街街道黄瓜山村、合川区涞滩镇二佛村万盛经济技术开发区关坝镇凉风村、大足区宝顶镇慈航社区、荣昌区万灵镇大荣寨社区等国家级乡村旅游重点村镇。重庆是“世界温泉之都”，泉质多样，资源丰厚，八分之一的土地下均有温泉资源分布，目前探明的温泉矿点不低于220处，主城区超过60个，地热可采水量每年5.6亿立方米。主城都市区拥有以柏联温泉、统景温泉风景区、北碚十里温泉城、沙坪坝融汇温泉小镇等为代表的8个温泉度假胜地。其中大足龙水湖温泉度假中心、统景温泉风景区和沙坪坝融汇温泉小镇中心是国家五星级温泉。重庆主城都市区体育建设也是最完善的，各类体育场所可作为体育资源。渝北区际华园体育温泉小镇、南川区太平场镇运动休闲特色小镇和万盛经开区凉风“梦乡村”关坝垂钓运动休闲特色小镇入选了全国第一批运动休闲特色小镇试点项目。主城都市区与其他片区相比，还拥有数量最多的三甲医院，医疗水平很高，可作为医疗资源。根据复旦大学医院管理研究所在上海颁布《2019年度中国医院排行榜》显示，重庆主城都市区的陆军军医大学第一附属医院（西南医院）是西南地区综合实力排行第二的医院，仅次于四川大学华西医院，在全国排名第25，重庆有五家医院进入了全国百强，分别是陆军军医大学第一附属医院（第25名）、重庆医科大学附属第一医院（第56名）、重庆医科大学附属儿童医院（第58名）、陆军军医大学附属第二医院（第85名）、重庆医科大学附属第二医院（第98名）。

7.2.3 云南省康养旅游五大片区资源分析

根据云南省境内康养条件及康养旅游资源分布特点，将全省划分为五大康养旅游片区，它们分别是滇中康养旅游片区、滇北康养旅游片区、滇西康养旅游片区、滇南康养旅游片区以及滇东康养旅游片区。

（1）滇中地区康养旅游资源。

滇中地区包括昆明市、玉溪市、楚雄彝族自治州和大理白族自治州。滇中地区以山地和山间盆地地形为主，地势起伏和缓，属亚热带气候，日照充足，四季如春，气候宜人，干湿季分明。滇中地区气候良好，适宜康养，其中，昆明四季如春、风光秀丽，是出名的旅游、休闲、度假、生活居家的理想之地，有“春城”“花都”之称；大理地处低纬高原，海拔1700米，一年四季阳光充足，常年温度2～29℃，年均温度15℃，既可避暑，又可避寒。在森林资源方面，滇中地区拥有云南巍宝山国家森林公园、云南清华洞国家森林公园、云南金殿国家森林公园、云南灵宝山国家森林公园、云南棋盘山国家森林公园、云南紫金山国家森林公园、云南圭山国家森林公园、云南永仁金沙江国家森林公园、云南宝台山国家森林公园、云南龙泉国家森林公园、云南磨盘山国家森林公园和云南东山国家森林公园等十多个国家森林公园，还拥有一个国家森林康养基地：昆明潘茂野趣庄园森林康养基地。在乡村旅游方面，拥有双廊村、大建旁村、温泉小村、河湾村、大营街社区、大糯黑村、小湾村、佛堂村、岔河村、麦地冲村、新华村、禄充社区和双廊镇等全国乡村旅游重点村镇。滇中地区的康体资源也非常丰富，拥有为数不多的国家五星级温泉云南柏联SPA温泉和华侨城温泉水公园。昆明柏联SPA温泉酒店的温泉水是源于地下，富含多种矿物质的高温碳酸泉水，能理疗身心，该温泉酒店的装潢充分融入佛禅文化和东方养生文化，同时结合了现代时尚的西方休闲文化，整个温泉酒店充满了东西方文化交融的风情。温泉水公园拥有65个特色泡池和室外坡地景观温泉区，328间客房的菲拉酒店和六组大型进口设备运转的水乐区。安宁市温泉国际生态运动小镇入选了全国第一批运动休闲特色小镇试点项目。滇中地区的医疗资源较丰富，在复旦大学医院管理研究所颁布的《2019年度西南区域医院综合实力排行榜》，滇中地区有四所医院进入了该榜单，其中昆明医科大学第一附属医院排名第四，云南省第一人民医院（昆华医院）排名第14，昆明医科大学第二附属医院排名第16，云南省肿瘤医院排名第19。在复旦大学医院管理研究所发布的《2019年度西南区域医院专科声誉排行榜中》，昆明医科大学第一附属医院进入了老年科和康复科前五排行榜，都分别位列第四名，云南省人民医院（昆华医院）获得提名，在健康管理排名中，昆明医科大学第一附属医院、云南省第二人民医院、云南省第一人民医院（昆华医院）、云南省第三人民医院都获得提名。中医药康疗资源方面，云南是资源最密集的地区之一，各种中药材、各民族药材等资源丰富。全国中药资源普查发现药用植物种类云南占55.4%，有6559种中药资源品种，占51.4%。医药产业在云南的基础非常好，昆明市医药产业规模以上企业早在2008年总产值就已经高达66.6亿元，占云南全省的近70%，形成了中成药、生物医药、化学制剂等门类齐全，传统医学与现代生物技术协同发展、产学研结合的医药工业体系。昆明高新区和玉溪高新区汇聚了277家生物医药产业世界500强、全国100强企业和省内龙头企业，包括沃森生物、云南贝泰妮、昆药集团、龙津药业、中国医学科学院医学生物研究所、博奥生物、国药集团云南医疗器械等，医药实力十分雄厚。《"健康中国2030"规划纲要》中，全国38个试点健康城市中，云南唯一上榜的城市"玉溪"就在滇中地区，滇中地区云南白药大健康产业园和云南杏林大观园是第一批国家中医药健康旅游示范基地。

（2）滇西地区康养旅游资源。

滇西地区主要包括保山、临沧和德宏。滇西地区属低纬山地亚热带季风气候，由于地处低纬高原，地形地貌复杂，形成"一山分四季，十里不同天"的立体气候，年均气温为14～17℃，日照充足，夏无酷暑，冬无严寒，四季如春，非常适宜人类生活居住。滇西地区温泉康疗资源非常丰富，该区拥有温泉数占全省温泉总数的2/3以上，而且，省内水温在80℃以上的高温温泉和接近或略高于当地沸点的沸泉共计有55处，均分布于滇西地区。滇西温泉资源又以腾冲市最为集中，该市为著名火山温泉区，拥有大量温泉，水温在

25℃以上的温泉计有84处，占全省温泉总数的9.02%，中高温以上温泉数为33处，占该市温泉总数的39.29%；沸泉数为10处，占全省沸泉总数的37.04%，占全国沸泉总数的10.42%。滇西地区不仅温泉产业发达，拥有腾冲热海温泉和悦椿温泉村等国家五星级温泉，而且森林康旅产业也非常发达，滇西地区拥有云南双江古茶山国家森林公园、云南章凤国家森林公园和云南来凤山国家森林公园等国家森林公园，腾冲市是全国第一批国家森林康养基地。滇西地区拥有翁丁村、中寨司莫拉佤族村、江东社区、安石村、回贤村、允俸村等全国乡村旅游重点村镇。

(3) 滇东地区康养旅游资源。

滇东地区主要包括曲靖、昭通和文山。滇东地区地貌属滇东南岩溶山区，地形复杂，喀斯特岩溶地貌突出，地貌以高原山地为主，间有高山、中山、低山、高原盆地、河槽和湖盆多种地貌共存，山峦连绵起伏，河谷、沟壑纵横交错。气候属中亚热带季风气候。大部地区冬无严寒，夏无酷暑，春秋长，冬夏短，四季气候宜人。整体气候通常是“一年有冷热，久雨变成秋；冬晴如春暖，惊蛰有冬寒”。滇东地区森林覆盖率高，拥有云南天星国家森林公园、云南鲁布革国家森林公园、云南五峰山国家森林公园、云南十八连山国家森林公园、云南博吉金国家森林公园、云南铜锣坝国家森林公园和云南珠江源国家森林公园等国家森林公园。滇东地区旅游资源丰富，拥有5A级旅游景区普者黑，4A级景区西部大峡谷温泉等著名景点。拥有仙人洞村、腊者村、小草坝村、狗街村、白雾村、芙蓉村、普者黑村和五龙壮族乡等全国乡村旅游重点村镇。滇东地区运动产业非常发达，曲靖市马龙区拥有“竞走之乡”的美誉，曲靖市马龙区高原运动休闲特色小镇入选了全国第一批运动休闲特色小镇试点项目。

(4) 滇南地区康养旅游资源。

滇南主要包括普洱、红河和西双版纳。气候包括热带季风气候和亚热带季风气候，年均气温在22.5～25.6℃，夏无酷暑、冬无严寒，10月至次年3月温度高，是中国少有的暖冬之地，而且相较于海南，滇南的冬季雨水少，没有海南冬季的雨水潮湿。滇南地区是世界第五大长寿带，被公认为最适宜人类居住和活动的地方，人口不到一万的景洪市嘎洒镇就有着80岁以上老人800人以上，是世界长寿标准的4倍，比“世界长寿之乡”广西巴马还高。滇南地区的森林覆盖率超70%，空气中负氧离子含量高于世卫组织“清新空气”标准12倍多，5600多种高等植物，1500多种动物，是全球生物性最丰富的地区之一。因此被冠以“绿海明珠”“天然氧吧”的美称。滇南原始森林密布，拥有云南西双版纳国家森林公园、云南观音山国家森林公园、云南澜沧国家森林公园、云南墨江国家森林公园、云南太阳河国家森林公园和云南花鱼洞国家森林公园等国家森林公园。走进滇南，便是一个植物王国，一个森林氧吧。龙韵养生谷是全国第一批以经营主体为单位申报的国家森林康养基地，墨江哈尼自治县和普洱市思茅区是全国第一批以县为单位申报的国家森林康养基地。红河拥有丰富的温泉资源，如弥勒湖泉温泉、个旧丫沙底、贾沙、建水曲江、金平勐拉、泸西吾者、元阳南沙红叶和红河红源等温泉，推动着温泉康养产业发展。乡村旅游发达，拥有那柯里村、团山村、勐景来村、曼龙勒村、高家寨村、可邑村、巴亚村巴坡村、阿者科村、老达保村、马散村永俄寨、曼掌村等全国乡村旅游重点村镇。体育产业方面，红河州弥勒市可邑运动休闲特色小镇入选了全国第一批运动休闲特色小镇试点项目。

（5）滇北地区康养旅游资源。

滇北主要包括丽江、怒江和迪庆，地处青藏高原东南缘，是从云贵高原向青藏高原的过渡带，有大山、大川、大峡，有古高原面，是全球著名景观三江并流的腹心地带，地貌独特。年平均气温在4.7～16.5℃，气候属于温带—寒温带。立体气候明显，有“一山分四季，十里不同天”的说法。滇北植物资源种类繁多，是国内著名的植物保护基地之一，云南省重点林区之一，森林覆盖率达60%以上，拥有云南飞来寺国家森林公园和云南新生桥国家森林公园两个国家森林公园。旅游资源丰富，拥有5A级景区丽江古城、玉龙雪山和普达措景区，拥有世界文化遗产丽江古城、世界自然遗产三江并流保护区，拥有白沙镇、均良村、启别村、汤堆村、秋那桶村、玉湖村、美泉村和文林村等全国乡村旅游重点村镇。滇北地区因其独特的气候，成为许多国家训练基地的建设地，迪庆州香格里拉市建塘体育休闲小镇入选了全国第一批运动休闲特色小镇试点项目。

7.2.4 贵州省康养旅游六大片区资源分析

根据贵州省境内康养条件及康养旅游资源分布特点，将全省划分为六大康养旅游片区，它们分别是黔中康养旅游片区、黔西北康养旅游片区、黔西南康养旅游片区、黔南康养旅游片区、黔东北康养旅游片区以及黔东南康养旅游片区。

（1）黔中地区康养旅游资源。

黔中地区主要包括贵阳市和安顺市。黔中地区地处黔中山原丘陵，地势西南高、东北低，海拔1100米左右，属于亚热带湿润温和型气候，年平均气温15.3℃，年平均相对湿度77%。滇中地区夏无酷暑，是避暑胜地。黔中地区的医疗综合实力较强，在复旦大学医院管理研究所发布的《2019年度西南区域医院综合实力排行榜中》，黔中地区有两所医院进入了这份排行榜中，其中贵州医科大学附属医院排名第7，贵州省人民医院排名第11。黔中地区的医院康疗能力也较强，在复旦大学医院管理研究所发布的《2019年度西南区域医院专科声誉排行榜中》，贵州医科大学的健康管理和康复医学都进入该榜单前五强，排名第5，其中贵州省人民医院获得提名，贵州省人民医院和贵州医科大学附属医院的老年科都获得了提名。健康医药产业是贵州省传统优势产业，是全国四大中药材产地之一，而黔中地区便是贵州医药健康产业的核心集聚地，贵阳市乌当区汇集了贵阳科开医药，信邦制药，贵州神奇，益佰制药，贵州百灵，新天药业等一大批国内外知名医药企业，拥有第一批国家中医药健康旅游示范基地贵州大健康中国行普定孵化基地和贵州百鸟河中医药旅游度假养生谷。黔中地区温泉资源也非常丰富，拥有保利国际温泉、泉·天下温泉、贵御温泉、天邑森林温泉、息烽温泉、开阳白马峪温泉、开阳马岔河温泉、修文黔贵六广温泉、百灵温泉、多彩万象城温泉等温泉资源。森林资源非常丰富，拥有长坡岭国家森林公园和九龙山国家森林公园等国家森林公园，还拥有全国第一批国家森林康养基地桃源河景区森林康养基地和开阳县水东乡舍森林康养基地。黔中乡村旅游资源也十分丰富，拥有马头村、小河湾村、大坝村、扰绕村、高荡村、龙井村、偏坡村、龙广村和塘约村等全国乡村旅游重点村。

（2）黔南地区康养旅游资源。

黔南地区主要包括黔南州，地处云贵高原东南部，地势东南低，西北高，以山地、丘陵为主，红水河、都柳江流经，多溶洞、峰林和伏流，有同纬度保存完好的喀斯特森林地貌。黔南地区平均气温13.6～19.6℃。平均降雨量1100～1400mm。夏无酷暑、冬无严寒，属典型的亚热带温暖温润的季风气候，有助于本地康养旅游发展。黔南地区水体质量和空气质量都十分优良，其地表水水质优良（达到或优于Ⅲ类）率为100%，饮用水水源地水质达标率均为100%，全地区城市环境空气质量均达到二级标准，优良环境空气质量天数比例高达99.7%。黔南地区旅游资源十分丰富，拥有世界自然遗产地荔波锥状喀斯特峰林，国家5A级旅游景区黔南州荔波樟江景区，国家4A级旅游景区4个——瓮安草塘千年古邑旅游区、平塘掌布“藏字石”景区、黔南州福泉古城文化旅游景区、龙里中铁双龙镇巫山峡谷旅游景区。黔南州拥有贵州“最美森林·最美湿地”的称号，森林康养资源非常丰富。目前，全州森林覆盖率、森林面积、森林蓄积量分别为64%、2225万亩、6200多万立方米。共有国家森林公园7个，省级森林公园3个，国家湿地公园建设试点8个，城市湿地公园16个，省级康养试点基地7个，国家森林公园和国家湿地公园数位居全省之首。黔南乡村旅游资源也十分丰富，拥有好花红村、音寨村、坪阳村、龙山镇龙山社区和盘江镇等全国乡村旅游重点村镇。

（3）黔西南地区康养旅游资源。

黔西南地区主要包括黔西南布依族苗族自治州，其位于云南、广西、贵州三省结合部，总面积16804平方公里，下辖2个市、6个县、1个新区。黔西南整个地形西高东低，北高南低，海拔大多在1000～2000米，整体海拔较高。黔西南气候属亚热带季风湿润气候区，多年平均气温13.8～19.4℃，气候宜人，非常适合居住，2019年黔西南获得中国气象学会授予的“黔西南·中国四季康养之都”称号。黔西南地区境内中草药资源十分丰富，有中草药资源近

2000种，其中植物药1800多种，动物药163种，矿物药12种。特色药用植物有小花清风藤、环草石斛、艾纳香、余甘子、通草、黑草、天花粉、黄精等。黔西南旅游资源十分丰富，2020年末，有10个4A级旅游景区，9处全国重点文物保护单位16个点，115个乡村旅游扶贫重点村，37处省级重点文物保护单位，17个省级以上乡村旅游重点村，有国家级风景名胜区马岭河峡谷、万峰林、万峰湖3个，省级风景名胜区7个，省级自然保护区4个，省级以下风景区50多个。黔西南生态环境良好，拥有20个自然保护地，其中，自然保护区9个（州级4个，县级5个），国家级湿地公园6个，森林公园4个（国家级1个，州级3个），全国森林康养基地试点建设单位1处，地质公园1个。黔西南已批复14.93万公顷自然保护地和风景名胜区，占全州面积8.9%。黔西南康体资源丰富，拥有全国第一批运动休闲特色小镇试点项目“三岔河运动休闲特色小镇”。

（4）黔东南地区康养旅游资源。

黔东南地区主要包括黔东南苗族侗族自治州，处于黔湘桂交界处，下辖凯里、麻江、丹寨等16个县市。黔东南地势西高东低，自西部向北、东、南三面倾斜，地形沟壑纵横，山峦延绵，黔东南地区属中亚热带季风湿润气候区，宜居之所，夏无酷暑，冬无严寒，雨热同季。年平均气温在14～18℃，最冷月（1月）平均气温5～8℃，最热月（7月）平均气温24～28℃，年日照时数为1068～1296h，270～330d无霜期，1000～1500mm降雨量，相对湿度为78%～84%。黔东南地区森林资源丰富，有“杉乡”“林海”之称，是全国重点林区之一，拥有仰阿莎国家森林公园、台江国家森林公园、㵲阳湖国家森林公园、黎平国家森林公园和雷公山国家森林公园等国家森林公园，还拥有国家首批森林康养基地“麻江县蓝梦谷蓝莓森林康养基地”，8家省级森林康养试点基地，分别为：黎平县侗乡森林康养基地、从江县加榜百里梯田森林康养中心、雷山县苗岭森林康养基地、台江县苗疆森林康养基地、剑河县国际山地森林温泉康养谷、施秉县都市森林康养基地、榕江县茅人河森林康养基地和镇远县高过河森林康养试点基地。黔东南地区医药资源非常丰富，拥有常用野生药用植物400多种，其中太子参、杜仲、天麻、桔梗、五倍子等名贵药材驰名全国。黔东南旅游资源也十分丰富，拥有以阳河和云台山为代表的山水风光；以凯里、台江、雷山为代表的苗族风景；以黎平、从江、榕江为代表的侗族风景。黔东南乡村旅游发达，拥有雷屯村、岜沙村、肇兴村和长滩村等全国乡村旅游重点村。在体育康体资源方面，黔东南地区拥有14座生态体育公园，多地入选贵州省景区体育旅游示范名单，施秉县杉木河景区、施秉县云台山景区入选“贵州省景区体育旅游示范基地”，黄平县旧州镇入选“贵州省低空飞行康养体育特色小镇”，黔东南环雷公山徒步自驾旅游线路入选“贵州省体育旅游黄金线路”。黄平县入选“贵州省体育旅游示范县”，丹寨县展良村、黎平县肇兴侗文化旅游景区则入选“贵州省乡村振兴体育旅游示范点”。凯里市下司古镇景区、剑河县温泉文化旅游景区入选“贵州省景区体育旅游示范基地”，榕江县七十二寨斗牛小镇入选“贵州体育特色小镇”，黄平县则入选“贵州滑翔伞体育旅游黄金线路”。

（5）黔东北地区康养旅游资源。

黔东北地区主要包括铜仁和遵义两市，全境地形以山地丘陵为主，武陵山脉和大楼山脉横穿其中，全境海拔在200～2572米，处于发展康养产业的优良海拔范围。黔东北属亚热带季风湿润气候，季风气候明显，夏无酷暑，冬无严寒，雨热同季，大部分地区温和湿润，由于海拔落差较大，所以山间、河谷气候垂直变化明显，有“一山有四季，十里不同天”的气候特征，非常适宜康养和居住。黔东北地区的综合医疗实力良好，在复旦大学医院管理研究所发布的《2019年度西南区域医院综合实力排行榜中》，黔东北地区的遵义医科大学附属医院进入了前20强，排名第15。黔东北地区在康复医学方面的实力也不错，在复旦大学医院管理研究所发布的《2019年度西南区域医院专科声誉排行榜中》，遵义市第一人民医院的康复医学获得提名。黔东北地区的自然旅游资源十分丰富，拥有两处世界自然遗产，分别是梵净山和赤水丹霞。位于黔东北的梵净山，国家级自然保护区，国家5A级旅游景区，十大中国避暑名山之一，国际“人与生物圈保护网”成员之一，是第42届世界遗产大会认定的世界自然遗产。位于黔东北赤水市境内的赤水丹霞，是世界自然遗产“中国丹霞”的重要组成部分，1200多平方公里，是全国面积最大、最美丽壮观的丹霞地貌，中国青年早期丹霞地貌的代表。黔东北森林资源丰富，拥有贵州大板水国家森林公园、九道水国家森林公园、贵州习水国家森林公园和贵州凤凰山国家森林公园等国家森林公园，还拥有全国第一批国家森林康养基地“翠芽27度森林康养基地”。黔东北生态康旅资源丰富，拥有凤冈锌硒茶的主产区和核心区“茶海之心”，其位于凤冈县，凤冈县拥有高标准投产茶园面积30.6万亩以上，2019年出口茶叶达1890吨，出口金额5933.1万美元，是贵州省茶叶出口第一县。黔东北温泉康体资源十分丰富，石阡县和思南县的温泉资源都非常丰富。石阡县拥有泉都之称，石阡县温泉群风景名胜区是中国第一个国家级温泉群风景名胜区，现已探明的温泉出口共17处，此外，还有一条地下热水河——凯峡河地下热水河，一个热水溪——溪沟温泉。思南县地热资源丰富，全县共有11个地热泉点，日出水量1万~2万吨，被中国矿业联合会命名为西南地区第一家“全国温泉开发利用示范区”。黔东北体育康体资源也比较丰富，遵义市正安县户外体育运动休闲特色小镇入选了全国第一批运动休闲特色小镇试点项目。

（6）黔西北地区康养旅游资源。

黔西北地区主要包括毕节市和六盘水市。黔西北海拔较高，地形以高原山地为主，乌蒙山和老王山横穿而过，气候凉爽，非常适宜人类居住，六盘水，毕节等城市，都曾入选世界避暑城市百佳榜，六盘水市更是被中国气象学会授予“中国凉都”，是全国唯一以气候特征命名的城市。黔西北森林康养资源十分丰富，拥有贵州毕节国家森林公园、贵州黄果树瀑布源国家森林公园、贵州赫章夜郎国家级森林公园、贵州油杉河大峡谷国家森林公园、贵州玉舍国家森林公园和贵州百里杜鹃国家森林公园六个国家森林公园，还拥有国家首批森林康养基地“六盘水娘娘山森林康养基地”，钟山区比女街森林康养试点基地、水城区玉舍和杨梅省级森林康养试点基地、盘州市娘娘山国家级森林康养基地、黔西月亮湾绿色森林康养基地、毕节周驿茶场森林康养基地和妥乐等省级森林康养试点基地。黔西北自然风景十分优美，生态环境优良，拥有百里杜鹃风景名胜区和大韭菜坪等高等级生态旅游景区。百里杜鹃风景名胜区是国家5A级景区，国家生态旅游示范区，被誉为“世界上最大的天然花园”，享有

“地球彩带、世界花园”之美誉，该景区总面积125.8平方公里，其天然原始林带宽1~3千米，绵延50余千米，公园内有马缨杜鹃、露珠杜鹃等41个品种，囊括了世界杜鹃花5个亚属的全部。大韭菜坪为国家4A级旅游景区，是世界上面积最大的野生韭菜花带，全国唯一的野生韭菜花保护区，具有极高的科学价值和美学价值，被誉为“地球的钻石”。黔西北由于地处偏远地区，经济发展较落后，因此乡村康旅资源也十分丰富，拥有官寨苗族乡、百车河村、木寨村、舍烹村、高峰村、牛角村、岩脚村、屯上村、青山村、化屋村和倮么村等全国乡村旅游重点村镇。

7.3　西南地区代表性康养旅游资源单体分类及单体等级评价

7.3.1　西南地区代表性康养旅游资源单体分类

本研究根据《第一、二、三批全国乡村旅游重点村名单》《第一批全国乡村旅游重点镇（乡）名单》《全国特色景观旅游名镇名村示范名单》《国家中医药健康旅游示范基地名单》《全国森林康养试点示范基地名单》《国家星级温泉名单》《国家生态旅游基地示范名单》《中国美丽休闲乡村名单》《全国第一批运动休闲特色小镇试点项目名单》等名单，整理了西南地区代表性的康养旅游资源，并按照前文提出的分类方法，对其进行了分类，详细名单见表7.2。

表7.2　西南地区康养旅游资源单体分类表

类型	森林康旅	生态康旅	乡村康旅	阳光康旅	体育康体	温泉康体	中医药康疗	医养康疗	总体
成都平原	8	3	22	0	8	2	13	38	94
巴山地区	7	6	13	0	2	3	2	1	34
攀西地区	2	2	2	10	3	4	1	0	24
川西北地区	3	0	4	0	2	8	5	0	22
川南地区	1	7	3	0	0	1	1	1	14

续表

类型	森林康旅	生态康旅	乡村康旅	阳光康旅	体育康体	温泉康体	中医药康疗	医养康疗	总体
重庆主城都市区	21	9	20	0	7	18	3	18	96
渝东南	8	6	6	3	0	0	1	0	24
渝东北	16	9	10	0	1	1	1	3	41
黔中	4	0	9	0	2	5	1	2	23
黔南	6	2	5	0	1	0	1	2	17
黔东南	6	0	5	0	1	1	0	0	13
黔西南	2	0	5	0	1	1	0	0	9
黔西北	8	2	12	0	1	4	0	1	28
黔东北	5	2	13	0	0	7	0	2	29
滇中	17	4	13	0	3	11	3	7	58
滇西	6	2	6	0	0	7	1	0	22
滇东	9	1	8	0	1	2	0	0	21
滇北	9	0	8	0	1	1	0	0	19
滇南	10	3	11	0	1	3	1	1	30
汇总	148	58	175	13	35	79	34	76	618

7.3.2 西南地区康养旅游资源单体等级评价

本研究根据康养旅游资源单体依托的周围景区来对其划分等级，若包含5A级景区一个及以上被评为五级资源，包含4A级景区一个及以上被评为四级资源。五级资源与四级资源为优良级资源，其余均为普通级资源。优良级资源为重点发展和研究的康养项目。具体方法为：将西南地区康养旅游资源坐标数据和高等级景区数据导入Arcgist 10.5中，将高等级景区建立10km范围缓冲区，然后将4A、5A级景区缓冲区与康养旅游资源单体进行相交分析，确定各个康养旅游资源等级。西南各片区优良级康养旅游资源数量如表7.3所示。

表7.3　　西南地区优良级康养旅游资源单体分类表

类型	森林康旅	生态康旅	乡村康旅	阳光康旅	体育康体	温泉康体	中医药康疗	医养康疗	总体
成都平原	7	2	18	0	4	0	6	2	39
巴山地区	7	4	10	0	2	2	2	0	27
攀西地区	1	1		1	0	2	1	0	6
川西北地区	1	1	4	0	0	3	3	1	13
巴南地区	0	3	3	0	0	0	1	0	7
重庆主城都市区	13	3	11	0	6	12	2	1	48
渝东南	8	2	6	0	3	0	1	0	20
渝东北	7	4	5	0	1	0	1	1	19
黔中	5	0	9	0	1	4	0	0	19
黔南	4	2	5	0	1	0	0	0	12
黔东南	5	0	3	0	1	0	0	0	9
黔西南	0	0	5	0	1	0	0	0	6
黔西北	7	2	10	0	1	0	0	0	20
黔东北	4	2	11	0	1	3	0	0	21
滇中	9	2	7	0	1	2	3	0	24
滇西	2	2	4	0	0	4	0	0	12
滇东	5	1	6	0	0	2	0	0	14
滇北	7	0	6	0	2	0	0	0	15
滇南	6	3	8	0	1	2	0	0	20
汇总	93	34	131	1	26	36	20	5	351

7.4　西南地区康养旅游资源空间分析

7.4.1　最近邻分析

本研究从不同尺度和不同层级模式对西南地区康养旅游资源分布特征进行分析，首先从西南区域尺度进行总体分析，运用 ArcGIS 对西南地区康养旅游资源进行平均最近邻分析并得出结果：平均观测距离为 10716.7642m，预期平均距离为29266.9813m，最邻近点指数为0.366173，Z得分为-39.589549，且显著性水平$p<0.01$，说明西南地区的康养旅游资源在空间上呈现出明显的聚集分布。再进一步从省域尺度分析，重庆、四川、贵州和云南都呈显著聚集型分布，说明四个省市康养旅游资源的分布都不均匀。从三大主要模式视角分析，西南地区的三种主要康养旅游资源都为聚集分布，且地区分布不均衡，其布局有待进一步优化。从八大细分模式角度分析，除生态康旅资源外，其他七种康养旅游资源都为聚集型，即生态康旅为聚集型，其发展较为均衡，分布较随机，而其他七种细分模式康养旅游资源发展不均衡，分布非常集中见表7.4、表7.5。

表7.4　西南各省康养旅游资源最近邻分析表

省份	康养旅游地个数	Z	P	最邻近点指数	分布类型
重庆	161	-1.7179	0.011	0.6227	聚集
四川	188	-6.2522	0.000	0.7824	聚集
贵州	119	-0.9105	0.362	0.9623	聚集
云南	150	-4.48233	0.000	0.8823	聚集
西南地区	618	-39.5895	0.000	0.366173	聚集

表7.5　西南地区各康养旅游资源最近邻分析表

模式	康养旅游地个数	Z	P	最邻近指数	分布类型
康旅模式	394	-5.782276	0.000	0.721655	聚集
康疗模式	110	-7.973889	0.000	0.457869	聚集
康体模式	114	-7.957868	0.000	0.328222	聚集
森林康旅	148	-5.553283	0.000	0.678014	聚集
生态康旅	58	-0.902343	0.257	1.078244	均匀
乡村康旅	175	-3.752234	0.011	0.894168	聚集
阳光康旅	13	-4.785333	0.000	0.354333	聚集
体育康体	35	-2.773447	0.006	0.767718	聚集
温泉康体	79	-6.97338	0.000	0.577333	聚集
中医药康疗	34	-4.3799779	0.041	0.697234	聚集
医养康疗	76	-8.546363	0.000	0.547298	聚集

7.4.2 核密度分析

本研究进一步通过核密度制图分析康养旅游资源在空间上的聚集特征，可以看出，西南地区康养旅游资源的分布形式为以成都平原和重庆主城都市区为核心的双核心分布形式，其中重庆主城都市区是主核心，成都平原是次核心，因为成渝双城经济圈雏形逐渐展现，且两地区是西南地区经济发展水平最高和人口最密集的城市群，其经济市场发育较成熟，康养旅游市场广阔。

康旅类康养旅游资源主要以重庆都市区为核心，主要原因在于近些年重庆主城凭借“魔幻山城”形象火速出圈，旅游热度不减，已经成为国内名列前茅的旅游目的地，依托旅游的康旅类康养旅游地近些年蓬勃发展。康体类康养旅游资源以重庆主城都市区为核心分布，主要原因在于重庆不仅是世界温泉之都，而且其体育产业也十分发达。康疗类康养旅游资源以成都市为绝对核心，主要原因在于成都的医疗资源十分雄厚，据中国社科院城市竞争力研究中心的研究报告，成都市的整体医疗实力居全国前列，仅次于北京、上海和深圳，是全国一流的医院集群之一，是国家重要的医疗中心城市。康旅类的森林康旅资源分布核心为重庆都市区，主要原因在于重庆是著名的山城，自然森林资源十分丰富；乡村康旅资源分布呈现出三足鼎立的局面，以重庆主城都市区、成都平原和贵阳为核心分布，主要原因在于这些地域都是西南地区人口稠密区，拥有良好的市场潜力；生态康旅资源的分布核心为川南地区，该区位于四川盆地南部，属于云贵高原黔山地北缘与四川盆地中部低山丘陵的过渡地带，水热条件良好，生物资源丰富；阳光康旅资源主要分布在攀枝花，呈点状核心分布，原因在于攀枝花纬度较低，地势落差大，是典型的干热河谷气候，热量丰沛，阳光充足，拥有发展阳光康旅的自然资源禀赋。康体康养旅游资源中，体育康体旅游资源的分布以成都平原和重庆主城都市区为核心，成都平原和重庆主城都市区经济发达，体育等基础设施完善，具有发展体育康体的良好社会经济基础；温泉康体旅游资源的分布以重庆主城都市区为主核心，云南滇中为次核心，重庆和云南的温泉资源都十分丰富。康疗康养旅游资源中，医养康疗旅游资源呈零星散落状分布，以成都平原地区为核心，呈点状分布，说明西南地区的医养康疗康养旅游的发展还处于起步阶段，数量非常的少；中医药康疗旅游资源呈团块状分布，以成都平原为核心，成都平原自古以来中药养生文化盛行，孕育了许多中医药康疗旅游地。

7.5 西南地区康养旅游资源开发价值综合评价

7.5.1 西南地区康养旅游资源开发价值评价指标体系构建

(1) 评价指标体系建立原则。

1) 可行性与科学性相结合的原则。

指标的选取一定要符合当地实际情况，因地制宜地选取恰当的指标，要具有指标运用的可行性，便于操作和理解。指标的选取要便于数据收集和评价，应把定量和定性方法结合在一起，确定出科学的评价体系，要能充分地反映出当地的实际可持续发展水平。

2) 完整性与层次性相结合的原则。

作为一个有机的整体，评价指标体系不仅要指出康养旅游可持续发展的大体框架，还要包含所有可持续内容，同时指标体系中各项指标应既是互相联系又是相互独立。此外，应该按功能对指标体系进行分层，根据研究需要，不同的层次代表不同的等级内容，并且各级之间要有清楚的联系。

3) 全面和重点相结合的原则。

指标的选取既要全面，要包含康养旅游可持续发展的各个方面，又要突出重点，要坚持两点论和重点论相结合的方法，既要看全面，又要抓重点抓主流，选取比较有代表性的指标。

(2) 评价指标体系构建方法。

首先，构建结构模型。对研究问题进行分析，对问题的相关因素进行层次划分，一般来说 AHP 结构有 5 个层次：目标层、准则层、指标层、方案层以及措施层。其次，构建判断矩阵。在构建好的结构模型的基础上，进行两两比较，从而得到比较判断矩阵。如果 A 层的某元素与下一层次当中的 B1，…，Bn 有联系，那么我们构建的判断矩阵的一般形式如表 7.6 所示。由于人们对于某个因素重要性的看法是由判断矩阵中各因素的值反映的，因此为了使决策更加定量化，在构建上述判断矩阵时，通常都会引用如表 7.7 所示的 1～9 标度方法。

表 7.6　判断矩阵

Ak	B1	B2	…	Bn
B1	b11	b12	…	B1n
B2	b21	b22	…	B2n
…	…	…	…	…
Bn	bn1	bn2	…	Bnn

表 7.7　判断矩阵标度及其含义

重要性标度	评定与解释
1	表示 2 个因素具有同样重要性
3	表示一个因素比另一个因素稍重要
5	表示一个因素比另一个因素明显重要
7	表示一个因素比另一个因素强烈重要
9	表示一个因素比另一个因素极端重要
2、4、6、8	表示上述相邻判断的中间值
以上标度的倒数	表示两个因素相比的值

其次，进行层次单排序，并且对矩阵进行一致性检验。

对于层次单排序来说，意味着要先求出目标矩阵总共的权数，再依据判断矩阵得出矩阵中各元素所占权重以及重要次序。然后对判断矩阵 A 的最大特征根问题 $AW = \lambda_{max} W$ 求得的解 W 进行规一化处理。

为了使运用层次分析法而得出的结论合理，应该对建立的矩阵进行一致性检验，即为了解已构造的判断矩阵是否满足一致性而进行的检验，应算出相应的一致性指标 $CI = (\lambda_{max} - n) / n - 1$。平均随机一致性指标 RI 的值见表 7.8。

表 7.8　　随机一致性指标

维数 Dimension	1	2	3	4	5	6	7	8
RI	0	0	0.58	0.9	1.12	1.24	1.32	1.41
维数 Dimension	9	10	11	12	13	14	15	/
RI	1.45	1.49	1.51	1.54	1.56	1.57	1.59	/

如果随机一致性比率 CR = CI/RI < 0.10，结果具有满意的一致性结论，否则就应该对判断矩阵的元素取值进行更改。

最后，进行层次总排序并做出最终决策。层次总排序就是从上往下顺着递阶层次结构层层计算，最后算出的最下层相比较于最上层的相对重要性的排序值。如果上一层 A 层次包括 m 个因素：A_1，…，A_m，他的层次总排序分别是：a_1，…，a_m，下一层 B 层次含有 n 个因素 B_1，…，B_n，则他们相对于因素 A_j 层次的单排序权值分别是 b_{1j}，…，b_{nj}，（若 B_k 与 A_j 没有联系，则 $b_{kj}=0$）这时 B 层次的层次总排序权值由表 7.9 给出。

表 7.9　　层次总排序

层次A / 层次B	A1	A2	…	Am	B 层次总排序
	a1	a2	…	Am	权值
B1	b11	b12	…	B1m	$\sum_{j=1}^{m} ajb1j$
B2	b21	b22	…	B2m	$\sum_{j=1}^{m} ajb2j$
…	…	…	…	…	…
Bn	bn1	bn2	…	bnm	$\sum_{j=1}^{m} ajbnj$

层次总排序同样需要进行检验。假如 B 层次的一些因素与 A_j 单排序相对应的一致性指标是 CI_j，那么最终 B 层次总排序的随机一致性比率为：

$$RI = \frac{\sum_{j=1}^{m} ajCI_j}{\sum_{j=1}^{m} ajCR_j} R = \sum_{i=1}^{20} DiKi \tag{7.1}$$

如果 RI < 0.10，就同意排序结果通过了一致性检验，不然就应该对判断

矩阵的元素取值进行调整。最后依据算出的最终结果来做出相应的决策。

7.5.2　康养资源开发价值综合评价体系及指标

本研究参考《旅游资源分类、调查与评价》、《国家康养旅游示范基地标准》、《旅游景区质量等级的划分与评定》及大量相关文献资料，并于西南各市区县官方网站搜索公告年鉴，归纳出绝大部分区县都有的数据或者能侧面说明指标的数据，也就是挑选出可得性佳、可量化的指标，再结合专家意见，针对康旅、康体、康疗三种不同类别的康养资源，分别选取不同的指标，构建西南地区康养旅游资源开发价值综合评价体系，如图 7.1 所示。各指标的评价标准确定过程为：首先以西南各市区县为单位，分别搜集整理其指标的具体数据，再计算出各片区具体数据，将计算出的各个片区数据导入 Arcgis10.5 软件中，用 Jenks 自然间断点分级法将其分为五类，再采用模糊评价法对其赋值。

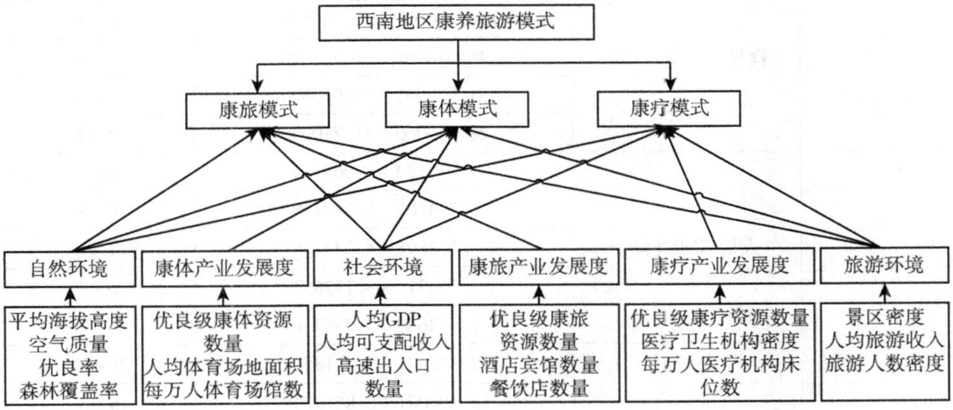

图 7.1　西南地区康养旅游资源开发价值综合评价体系

（1）康旅资源开发价值评价。

针对康旅资源目的地，本研究以自然环境、社会经济环境、旅游环境和康旅产业发展度作为一级指标，来构建康旅资源开发价值评价体系。自然环境的二级指标为平均海拔高度、空气质量达标率、森林覆盖率；社会经济环境的二级指标为人均 GDP、人均可支配收入、高速出入口密度；旅游环境的二级指标为 A 级景区密度、人均旅游总收入、旅游人数密度。康旅产业发展度的二级指标为优良级康旅资源个数、宾馆酒店密度、餐饮店密度。各评价指标标准和赋值见表 7.10。

表 7.10　康旅资源开发价值评价标准及赋值

评价因子	评价指标	评价标准	赋值
自然环境（B1）	平均海拔高度（C1）	231.315000～268.590000	8～10
		268.590001～345.110000	6～8
		345.110001～391.790000	4～6
		391.790001～489.810000	2～4
		489.810001～710.550000	0～2
	空气质量达标率（C2）	99.100001～100.000000	8～10
		97.550001～99.100000	6～8
		93.200001～97.550000	4～6
		88.890001～93.200000	2～4
		85.700000～88.890000	0～2
	森林覆盖率（C3）	56.059683～64.620000	8～10
		51.500001～56.059682	6～8
		45.010001～51.500000	4～6
		31.770001～45.010000	2～4
		28.340000～31.770000	0～2
社会经济环境（B2）	人均 GDP（C4）	5.319179～9.006169	8～10
		4.724101～5.319178	6～8
		3.772898～4.724100	4～6
		3.556717～3.772897	2～4
		3.412660～3.556716	0～2
	人均可支配收入（C5）	2.855001～3.731850	8～10
		2.290001～2.855000	6～8
		2.065001～2.290000	4～6
		1.780001～2.065000	2～4
		1.286971～1.780000	0～2
	高速出入口密度（C6）	0.006630～0.013519	8～10
		0.003890～0.006629	6～8
		0.002160～0.003889	4～6
		0.000509～0.002159	2～4
		0.000080～0.000508	0～2

续表

评价因子	评价指标	评价标准	赋值
旅游环境（B3）	A级景区密度（C7）	0.003527～0.005087	8～10
		0.002181～0.003526	6～8
		0.001476～0.002180	4～6
		0.000988～0.001475	2～4
		0.000472～0.000987	0～2
	人均旅游总收入（C8）	3.034037～4.928772	8～10
		2.216274～3.034036	6～8
		1.761247～2.216273	4～6
		1.093167～1.761246	2～4
		0.822309～1.093166	0～2
	旅游人数密度（C9）	0.752729～1.715462	8～10
		0.471835～0.752728	6～8
		0.205383～0.471834	4～6
		0.115505～0.205382	2～4
		0.019632～0.115504	0～2
康旅产业发展度（B4）	优良级康旅资源数量（C10）	27.000001～37.000000	8～10
		19.000001～27.000000	6～8
		11.000001～19.000000	4～6
		6.000001～11.000000	2～4
		3.000000～6.000000	0～2
	宾馆酒店密度（C11）	0.036646～0.072997	8～10
		0.020165～0.036645	6～8
		0.015856～0.020164	4～6
		0.005659～0.015855	2～4
		0.000683～0.005658	0～2
	餐饮店密度（C12）	0.158894～0.418432	8～10
		0.077946～0.158893	6～8
		0.043859～0.077945	4～6
		0.018468～0.043858	2～4
		0.000169～0.018467	0～2

（2）康疗资源开发价值评价。

针对康疗资源目的地，本研究以自然环境、社会经济环境、旅游环境和康疗产业发展度作为一级指标，来构建康疗资源开发价值评价体系。自然环境的二级指标为平均海拔高度、空气质量达标率、森林覆盖率；社会经济环境的二级指标为人均 GDP、人均可支配收入、高速出入口密度；旅游环境的二级指标为 A 级景区密度、人均旅游总收入、旅游人数密度；康疗产业发展度的二级指标为优良级康疗资源个数、医疗卫生机构密度、每万人拥有医疗卫生机构床位数。各评价指标标准和赋值见表 7. 11。

表 7. 11　　康疗资源开发价值评价标准及赋值

评价因子	评价指标	评价标准	赋值
自然环境（B1）	平均海拔高度（C1）	231. 315000 ~ 268. 590000	8 ~ 10
		268. 590001 ~ 345. 110000	6 ~ 8
		345. 110001 ~ 391. 790000	4 ~ 6
		391. 790001 ~ 489. 810000	2 ~ 4
		489. 810001 ~ 710. 550000	0 ~ 2
	空气质量达标率（C2）	99. 100001 ~ 100. 000000	8 ~ 10
		97. 550001 ~ 99. 100000	6 ~ 8
		93. 200001 ~ 97. 550000	4 ~ 6
		88. 890001 ~ 93. 200000	2 ~ 4
		85. 700000 ~ 88. 890000	0 ~ 2
	森林覆盖率（C3）	56. 059683 ~ 64. 620000	8 ~ 10
		51. 500001 ~ 56. 059682	6 ~ 8
		45. 010001 ~ 51. 500000	4 ~ 6
		31. 770001 ~ 45. 010000	2 ~ 4
		28. 340000 ~ 31. 770000	0 ~ 2
社会经济环境（B2）	人均 GDP（C4）	5. 319179 ~ 9. 006169	8 ~ 10
		4. 724101 ~ 5. 319178	6 ~ 8
		3. 772898 ~ 4. 724100	4 ~ 6
		3. 556717 ~ 3. 772897	2 ~ 4
		3. 412660 ~ 3. 556716	0 ~ 2

续表

评价因子	评价指标	评价标准	赋值
社会经济环境（B2）	人均可支配收入（C5）	2. 855001 ~ 3. 731850	8 ~ 10
		2. 290001 ~ 2. 855000	6 ~ 8
		2. 065001 ~ 2. 290000	4 ~ 6
		1. 780001 ~ 2. 065000	2 ~ 4
		1. 286971 ~ 1. 780000	0 ~ 2
	高速出入口密度（C6）	0. 006630 ~ 0. 013519	8 ~ 10
		0. 003890 ~ 0. 006629	6 ~ 8
		0. 002160 ~ 0. 003889	4 ~ 6
		0. 000509 ~ 0. 002159	2 ~ 4
		0. 000080 ~ 0. 000508	0 ~ 2
旅游环境（B3）	A 级景区密度（C7）	0. 003527 ~ 0. 005087	8 ~ 10
		0. 002181 ~ 0. 003526	6 ~ 8
		0. 001476 ~ 0. 002180	4 ~ 6
		0. 000988 ~ 0. 001475	2 ~ 4
		0. 000472 ~ 0. 000987	0 ~ 2
	人均旅游总收入（C8）	3. 034037 ~ 4. 928772	8 ~ 10
		2. 216274 ~ 3. 034036	6 ~ 8
		1. 761247 ~ 2. 216273	4 ~ 6
		1. 093167 ~ 1. 761246	2 ~ 4
		0. 822309 ~ 1. 093166	0 ~ 2
	旅游人数密度（C9）	0. 752729 ~ 1. 715462	8 ~ 10
		0. 471835 ~ 0. 752728	6 ~ 8
		0. 205383 ~ 0. 471834	4 ~ 6
		0. 115505 ~ 0. 205382	2 ~ 4
		0. 019632 ~ 0. 115504	0 ~ 2
康疗产业发展度（B5）	优良级康疗资源数量（C13）	4. 000001 ~ 16. 000000	8 ~ 10
		2. 000001 ~ 4. 000000	6 ~ 8
		1. 000001 ~ 2. 000000	4 ~ 6
		0. 000001 ~ 1. 000000	2 ~ 4
		0	0 ~ 2

续表

评价因子	评价指标	评价标准	赋值
康疗产业发展度（B5）	医疗卫生机构密度（C14）	0. 188705 ~ 0. 438432	8 ~ 10
		0. 129220 ~ 0. 188704	6 ~ 8
		0. 087406 ~ 0. 129219	4 ~ 6
		0. 020204 ~ 0. 087405	2 ~ 4
		0. 017403 ~ 0. 020203	0 ~ 2
	每万人拥有医疗卫生机构床位数（C15）	75. 474931 ~ 81. 923776	8 ~ 10
		68. 830121 ~ 75. 474930	6 ~ 8
		55. 907561 ~ 68. 830120	4 ~ 6
		25. 913434 ~ 55. 907560	2 ~ 4
		25. 913433	0 ~ 2

（3）康体资源开发价值评价。

针对康体资源目的地，本研究以自然环境、社会经济环境、旅游环境和康体产业发展度作为一级指标，来构建康体资源开发价值评价体系。自然环境的二级指标为平均海拔高度、空气质量达标率、森林覆盖率；社会经济环境的二级指标为人均 GDP、人均可支配收入、高速出入口密度；旅游环境的二级指标为 A 级景区密度、人均旅游总收入、旅游人数密度；康体产业发展度的二级指标为优良级康体资源个数、每万人拥有体育场馆个数、人均体育场地面积。各评价指标标准和赋值见表 7. 12。

表 7. 12　　康体资源开发价值评价标准及赋值

评价因子	评价指标	评价标准	赋值
自然环境（B1）	平均海拔高度（C1）	231. 315000 ~ 268. 590000	8 ~ 10
		268. 590001 ~ 345. 110000	6 ~ 8
		345. 110001 ~ 391. 790000	4 ~ 6
		391. 790001 ~ 489. 810000	2 ~ 4
		489. 810001 ~ 710. 550000	0 ~ 2

续表

评价因子	评价指标	评价标准	赋值
自然环境（B1）	空气质量达标率（C2）	99. 100001 ~ 100. 000000	8 ~ 10
		97. 550001 ~ 99. 100000	6 ~ 8
		93. 200001 ~ 97. 550000	4 ~ 6
		88. 890001 ~ 93. 200000	2 ~ 4
		85. 700000 ~ 88. 890000	0 ~ 2
	森林覆盖率（C3）	56. 059683 ~ 64. 620000	8 ~ 10
		51. 500001 ~ 56. 059682	6 ~ 8
		45. 010001 ~ 51. 500000	4 ~ 6
		31. 770001 ~ 45. 010000	2 ~ 4
		28. 340000 ~ 31. 770000	0 ~ 2
社会经济环境（B2）	人均 GDP（C4）	5. 319179 ~ 9. 006169	8 ~ 10
		4. 724101 ~ 5. 319178	6 ~ 8
		3. 772898 ~ 4. 724100	4 ~ 6
		3. 556717 ~ 3. 772897	2 ~ 4
		3. 412660 ~ 3. 556716	0 ~ 2
	人均可支配收入（C5）	2. 855001 ~ 3. 731850	8 ~ 10
		2. 290001 ~ 2. 855000	6 ~ 8
		2. 065001 ~ 2. 290000	4 ~ 6
		1. 780001 ~ 2. 065000	2 ~ 4
		1. 286971 ~ 1. 780000	0 ~ 2
	高速出入口密度（C6）	0. 006630 ~ 0. 013519	8 ~ 10
		0. 003890 ~ 0. 006629	6 ~ 8
		0. 002160 ~ 0. 003889	4 ~ 6
		0. 000509 ~ 0. 002159	2 ~ 4
		0. 000080 ~ 0. 000508	0 ~ 2
旅游环境（B3）	A 级景区密度（C7）	0. 003527 ~ 0. 005087	8 ~ 10
		0. 002181 ~ 0. 003526	6 ~ 8
		0. 001476 ~ 0. 002180	4 ~ 6
		0. 000988 ~ 0. 001475	2 ~ 4
		0. 000472 ~ 0. 000987	0 ~ 2

续表

评价因子	评价指标	评价标准	赋值
旅游环境（B3）	人均旅游总收入（C8）	3. 034037～4. 928772	8～10
		2. 216274～3. 034036	6～8
		1. 761247～2. 216273	4～6
		1. 093167～1. 761246	2～4
		0. 822309～1. 093166	0～2
	旅游人数密度（C9）	0. 752729～1. 715462	8～10
		0. 471835～0. 752728	6～8
		0. 205383～0. 471834	4～6
		0. 115505～0. 205382	2～4
		0. 019632～0. 115504	0～2
康体产业发展度（B6）	优良级康体资源数量（C16）	6. 000001～18. 000000	8～10
		4. 000001～6. 000000	6～8
		2. 000001～4. 000000	4～6
		0. 000001～2. 000000	2～4
		0	0～2
	每万人拥有体育场馆个数（C17）	30. 834500～40. 253085	8～10
		22. 687001～30. 834499	6～8
		17. 633469～22. 687000	4～6
		14. 663030～17. 633468	2～4
		12. 806418～14. 663029	0～2
	人均体育场地面积（C18）	2. 155001～2. 483525	8～10
		1. 720001～2. 155000	6～8
		1. 284814～1. 720000	4～6
		0. 840310～1. 284813	2～4
		0. 730967～0. 840309	0～2

7.5.3 数据来源

数据来源于《中国统计年鉴》、各省市《旅游年鉴》《国家体育总局网》《国家旅游局网》。以西南地区 4 个省和直辖市为单位，分别统计其具体数据。

每个自变量的计算方法和单位见表 7.13。

表 7.13　　　　　　　　指标数据情况说明表

影响因子维度	自变量名称	数据来源	计算方法	单位
社会环境	高速出入口密度	百度 POI 数据	加总高速出入口/片区面积	km/km^2
	人均 gdp	政府统计年鉴	加总平均	万元
	人均可支配收入	政府统计年鉴	加总平均	万元
自然环境	平均海拔高度	地理空间数据云平台	ArcGIS 栅格统计	m
	空气质量达标率	各省市生态环境状况公报	加总平均	%
	森林覆盖率	资源环境科学与数据中心	ArcGIS 栅格统计	%
旅游环境	A 级景区密度	各省市文旅厅	加总除以片区面积	个/km^2
	人均旅游收入	统计年鉴获取	加总片区旅游收入/片区常住人口	万元/人
	旅游人数密度	统计年鉴获取	加总片区旅游人数/片区面积	万人/km^2
康旅产业发展度	优良级康旅资源数量	各康旅产业相关名单	评定等级并计数	个
	宾馆酒店密度	百度 POI 数据	加总片区宾馆酒店数量/片区面积	个/km^2
	餐饮店密度	百度 POI 数据	加总片区餐饮店数量/片区面积	个/km^2
康疗产业发展度	优良级康疗资源数量	各康疗产业相关名单	评定等级并计数	个
	医疗机构数量密度	统计年鉴获取	加总医疗机构数量/片区面积	个/km^2
	每万人拥有医疗卫生机构末位数量	统计年鉴获取	加总医疗卫生机构床位数/片区常住人口数	个/万人
体育环境	优良级康体资源数量	各康体产业相关名单	评定等级并计数	个
	每万人拥有体育场馆数量	政府网站获取	加总体育场馆数量/片区常住人口数	个/万人
	人均体育场地面积	政府网站获取	加权平均	m^2

7.5.4 康养资源开发价值指标权重确定及评价

根据西南地区实际情况，本研究征询了该领域27位教授专家对康旅、康疗及康体3个评价体系各级指标的意见，让其对判断矩阵进行打分，然后进行平均化，得出最终的判断矩阵，并计算出各级指标权重。数据来源于各省市人民政府官网资讯、各省市2019年和2020年统计公报、各省市最新统计年鉴、2019年各省市旅游业统计公报、各省市官方公众号、新闻媒体最新资讯及投递政府信箱询问。

（1）康旅模式。

1）系统层指标权重。

表7.14　　系统层判断矩阵

A1	(B1)	(B2)	(B3)	(B4)	Wi
(B1)	1	1	1/2	1/2	0.1632
(B2)	1	1	1/2	1/3	0.1485
(B3)	2	2	1	1	0.3263
(B4)	2	3	1	1	0.3620

注：$\lambda max = 4.0206$　　CR = 0.0076 < 0.10。

2）自然环境指标权重。

表7.15　　自然环境判断矩阵

B1	(C1)	(C2)	(C3)	Wi
(C1)	1	1/2	1/3	0.1698
(C2)	2	1	1	0.3873
(C3)	3	1	1	0.4429

注：$\lambda max = 3.0251$　　CR = 0.0216 < 0.10。

3）社会经济环境指标权重。

表7.16　　社会经济环境判断矩阵

B2	（C4）	（C5）	（C6）	Wi
（C4）	1	2	1	0.4055
（C5）	1/2	1	1/3	0.1150
（C6）	1	3	1	0.4796

注：$\lambda max = 3.0441$　　$CR = 0.0380 < 0.10$。

4）旅游环境指标权重。

表7.17　　旅游环境判断矩阵

B3	（C7）	（C8）	（C9）	Wi
（C7）	1	3	1	0.4429
（C8）	1/3	1	1/2	0.1698
（C9）	1	2	1	0.3873

注：$\lambda max = 3.0251$　　$CR = 0.0216 < 0.10$。

5）旅游产业发展度权重。

表7.18　　旅游产业发展度判断矩阵

B4	（C9）	（C10）	（C11）	Wi
（C9）	1	3	1	0.4429
（C10）	1/3	1	1/2	0.1698
（C11）	1	2	1	0.3873

注：$\lambda max = 3.0180$　　$CR = 0.0155 < 0.10$。

6）权重综合计算。

表7.19　　康旅资源开发价值评价权重表

因子	权重	评价指标	权重	总权重
自然环境	0.1632	平均海拔高度	0.1698	0.0277
		空气质量达标率	0.3873	0.0632
		森林覆盖率	0.4429	0.0723

续表

因子	权重	评价指标	权重	总权重
社会经济环境	0.1485	人均 GDP	0.1698	0.0252
		人均可支配收入	0.3873	0.0575
		高速出入口密度	0.4429	0.0658
旅游环境	0.3263	A 级景区密度	0.4429	0.1445
		人均旅游总收入	0.1698	0.0554
		旅游人数密度	0.3873	0.1264
康旅产业发展度	0.3620	优良级康旅资源个数	0.4429	0.1603
		宾馆酒店密度	0.1698	0.0615
		餐饮店密度	0.3873	0.1402

7）康旅资源开发价值评价。

表 7.20　　康旅资源开发价值评价得分表

指标	重庆主城都市区	黔中地区	成都平原片区	滇中地区	黔东北地区	渝东南地区	巴山地区	黔西北地区	黔东南地区	黔南地区
平均海拔高度	10.00	9.22	6.65	5.76	7.05	5.94	7.84	7.63	7.48	8.66
空气质量达标率	2.23	9.55	1.28	9.81	8.29	8.13	5.24	9.62	9.79	9.37
森林覆盖率	0.25	7.61	4.92	8.36	9.35	8.68	6.13	6.58	9.73	8.62
人均 GDP	10.00	6.77	7.03	7.17	3.41	2.34	0.00	0.12	0.26	2.54
人均可支配收入	10.00	5.94	5.99	6.41	5.21	2.77	3.96	3.12	2.02	4.10
高速出入口密度	10.00	9.83	4.87	3.80	0.95	2.83	1.93	1.43	0.90	1.22
A 级景区密度	10.00	6.62	5.59	1.12	5.11	1.93	5.06	2.98	3.70	3.03
人均旅游总收入	2.21	10.00	3.39	5.33	5.39	8.04	0.66	1.80	6.81	4.67
旅游人数密度	8.48	10.00	4.32	2.04	3.23	3.56	2.33	2.67	2.39	1.10
优良级康旅资源个数	10.00	2.94	7.06	4.41	4.12	3.82	5.29	4.71	1.47	2.35
宾馆酒店密度	10.00	4.97	6.87	3.97	1.62	1.85	2.19	1.90	2.03	1.82
餐饮店密度	10.00	3.79	6.68	2.59	1.01	0.77	1.86	1.04	0.54	0.59
得分	8.18	6.65	5.49	4.21	4.19	3.72	3.65	3.46	3.36	3.24
名次	1	2	3	4	5	6	7	8	9	10

续表

指标	川南地区	滇南地区	滇北地区	黔西南地区	渝东北地区	滇西地区	滇东地区	攀西地区	川西北地区
平均海拔高度	9.30	5.65	0.00	7.22	4.61	4.97	6.91	1.53	2.37
空气质量达标率	0.00	8.86	9.93	9.93	7.25	9.35	9.53	8.74	10.00
森林覆盖率	4.39	10.00	9.87	7.45	6.41	7.97	6.97	8.61	4.84
人均 GDP	2.59	2.12	1.76	2.27	2.78	0.64	0.17	1.72	0.39
人均可支配收入	5.37	3.97	1.93	2.67	0.00	3.13	3.97	5.80	3.18
高速出入口密度	2.01	0.90	0.00	1.27	1.81	0.32	1.55	0.75	0.00
A 级景区密度	6.17	0.43	0.39	3.36	2.17	2.91	0.20	0.89	0.00
人均旅游总收入	1.48	4.22	7.13	2.29	1.31	3.05	0.00	1.75	4.75
旅游人数密度	3.33	0.84	0.41	2.11	1.89	0.93	0.79	0.57	0.00
优良级康旅资源个数	0.88	4.12	3.82	0.59	3.82	1.47	2.35	0.00	0.88
宾馆酒店密度	3.63	2.69	4.10	2.28	2.37	2.10	2.35	0.69	0.00
餐饮店密度	2.48	0.70	0.74	0.88	1.44	0.44	0.80	0.23	0.00
得分	3.20	3.11	2.97	2.90	2.82	2.65	2.39	2.02	1.64
名次	11	12	13	14	15	16	17	18	19

(2) 康疗模式。

1) 系统层指标权重。

表 7.21　　系统层判断矩阵

A1	(B1)	(B2)	(B3)	(B5)	Wi
(B1)	1	1	2	1/2	0.2358
(B2)	1	1	1/2	1/3	0.1497
(B3)	1/2	2	1	1/2	0.1982
(B5)	2	3	2	1	0.4163

注：$\lambda max = 4.0206$　　$CR = 0.0076 < 0.10$。

2）自然环境指标权重。

表 7.22　　自然环境判断矩阵

B1	(C1)	(C2)	(C3)	Wi
(C1)	1	1/2	1/3	0.1698
(C2)	2	1	1	0.3873
(C3)	3	1	1	0.4429

注：λmax = 3.0251　　CR = 0.0216 < 0.10。

3）社会经济环境指标权重。

表 7.23　　社会经济环境判断矩阵

B2	(C4)	(C5)	(C6)	Wi
(C4)	1	2	1	0.4055
(C5)	1/2	1	1/3	0.1150
(C6)	1	3	1	0.4796

注：λmax = 3.0441　　CR = 0.0380 < 0.10。

4）旅游环境指标权重。

表 7.24　　旅游环境判断矩阵

B3	(C7)	(C8)	(C9)	Wi
(C7)	1	3	1	0.4429
(C8)	1/3	1	1/2	0.1698
(C9)	1	2	1	0.3873

注：λmax = 3.0251　　CR = 0.0216 < 0.10。

5）康疗产业发展度权重。

表 7.25　　康疗产业发展度判断矩阵

B5	(C13)	(C14)	(C15)	Wi
(C13)	1	2	2	0.4905
(C14)	1/2	1	2	0.3119
(C15)	1/2	1/2	1	0.1976

注：λmax = 3.0537　　CR = 0.0463 < 0.10。

6）权重综合计算。

表 7.26　　康疗资源开发价值评价权重表

因子	权重	评价指标	权重	总权重
自然环境	0.2358	平均海拔高度	0.1698	0.0400
		空气质量达标率	0.3873	0.0913
		森林覆盖率	0.4429	0.1044
社会经济环境	0.1497	人均 GDP	0.1698	0.0254
		人均可支配收入	0.3873	0.0580
		高速出入口密度	0.4429	0.0663
旅游环境	0.1982	A 级景区密度	0.4429	0.0878
		人均旅游总收入	0.1698	0.0337
		旅游人数密度	0.3873	0.0768
康疗产业发展度	0.4163	优良级康疗资源个数	0.4905	0.2042
		医疗卫生机构密度	0.3119	0.1298
		每万人拥有医疗卫生机构床位数	0.1976	0.0823

7）康疗资源开发价值。

表 7.27　　康疗资源开发价值评价得分表

指标	成都平原片区	黔中地区	重庆主城都市区	滇中地区	黔东北地区	巴山地区	川南地区	渝东南地区	黔南地区	黔西北地区
平均海拔高度	6.65	9.22	10.00	5.76	7.05	7.84	9.80	5.94	8.66	7.63
空气质量达标率	1.28	9.55	2.23	9.81	8.29	5.24	0.00	8.13	9.37	9.62
森林覆盖率	4.92	7.61	0.25	8.36	9.35	6.13	4.39	8.68	8.62	6.58
人均 GDP	7.03	6.77	10.00	7.17	3.41	0.00	2.59	2.34	2.54	0.12
人均可支配收入	5.99	5.94	10.00	6.41	5.21	3.96	5.37	2.77	4.10	3.12
高速出入口密度	4.87	9.83	10.00	3.80	0.95	1.93	2.01	2.83	1.22	1.43
A 级景区密度	5.59	6.62	10.00	1.12	5.11	5.06	6.17	1.93	3.03	2.98

续表

指标	成都平原片区	黔中地区	重庆主城都市区	滇中地区	黔东北地区	巴山地区	川南地区	渝东南地区	黔南地区	黔西北地区
人均旅游总收入	3.39	10.00	2.21	5.33	5.39	0.66	1.48	8.04	4.67	1.80
旅游人数密度	4.32	10.00	8.48	2.04	3.23	2.33	3.33	3.56	1.10	2.67
优良级康疗资源个数	10.00	0.00	1.88	1.88	0.00	1.25	0.63	0.63	0.00	0.00
医疗卫生机构密度	8.86	6.96	10.00	2.16	3.39	8.79	9.94	2.11	1.66	4.07
每万人拥有医疗卫生机构床位数	10.00	7.22	8.85	8.53	9.13	7.66	9.11	9.22	7.55	7.03
得分	6.70	6.39	6.14	4.60	4.54	4.46	4.38	4.17	3.83	3.78
名次	1	2	3	4	5	6	7	8	9	10

指标	滇北地区	滇南地区	滇中地区	滇东地区	黔中地区	黔东南地区	黔东北地区	黔西北地区	黔西南地区
平均海拔高度	7.22	4.61	7.48	5.65	1.53	4.97	6.91	2.37	0.00
空气质量达标率	9.93	7.25	9.79	8.86	8.74	9.35	9.53	10.00	9.93
森林覆盖率	7.45	6.41	9.73	10.00	8.61	7.97	6.97	4.84	9.87
人均 GDP	2.27	2.78	0.26	2.12	1.72	0.64	0.17	0.39	1.76
人均可支配收入	2.67	0.00	2.02	3.97	5.80	3.13	3.97	3.18	1.93
高速出入口密度	1.27	1.81	0.90	0.90	0.75	0.32	1.55	0.00	0.00
A 级景区密度	3.36	2.17	3.70	0.43	0.89	2.91	0.20	0.00	0.39
人均旅游总收入	2.29	1.31	6.81	4.22	1.75	3.05	0.00	4.75	7.13
旅游人数密度	2.11	1.89	2.39	0.84	0.57	0.93	0.79	0.00	0.41
优良级康疗资源个数	0.00	1.25	0.00	0.00	0.63	0.00	0.00	2.50	0.00
医疗卫生机构密度	2.64	4.05	2.66	1.45	0.00	1.00	1.46	0.05	0.07
每万人拥有医疗卫生机构床位数	6.83	8.06	0.00	6.73	6.59	4.49	5.36	3.97	2.86
得分	3.71	3.53	3.47	3.41	3.04	3.03	2.92	2.71	2.64
名次	11	12	13	14	15	16	17	18	19

（3）康体模式。

1）系统层指标权重。

表7.28　　系统层判断矩阵

A1	（B1）	（B2）	（B3）	（B5）	Wi
（B1）	1	1	1	1/2	0.1839
（B2）	1	1	1/2	1/3	0.1482
（B3）	1	2	1	1	0.3089
（B5）	2	3	1	1	0.3589

注：λmax＝4.0814　　CR＝0.0301＜0.10。

2）自然环境指标权重。

表7.29　　自然环境判断矩阵

B1	（C1）	（C2）	（C3）	Wi
（C1）	1	1/2	1/3	0.1698
（C2）	2	1	1	0.3873
（C3）	3	1	1	0.4429

注：λmax＝3.0251　　CR＝0.0216＜0.10。

3）社会经济环境指标权重。

表7.30　　社会经济环境判断矩阵

B2	（C4）	（C5）	（C6）	Wi
（C4）	1	2	1	0.4055
（C5）	1/2	1	1/3	0.1150
（C6）	1	3	1	0.4796

注：λmax＝3.0441　　CR＝0.0380＜0.10。

4）旅游环境指标权重。

表 7.31　旅游环境判断矩阵

B3	（C7）	（C8）	（C9）	Wi
（C7）	1	3	1	0.4429
（C8）	1/3	1	1/2	0.1698
（C9）	1	2	1	0.3873

注：λmax = 3.0251　　CR = 0.0216 < 0.10。

5）康体产业发展度权重。

表 7.32　康体产业发展度判断矩阵

B5	（C16）	（C17）	（C18）	Wi
（C16）	1	2	1	0.3873
（C17）	1/2	1	1/3	0.1698
（C18）	1	3	1	0.4429

注：λmax = 3.1097　　CR = 0.094 < 0.10。

6）权重综合计算。

表 7.33　康体资源开发价值评价权重表

因子	权重	评价指标	权重	总权重
自然环境	0.1839	平均海拔高度	0.1698	0.0312
		空气质量达标率	0.3873	0.0712
		森林覆盖率	0.4429	0.0814
社会经济环境	0.1482	人均 GDP	0.1698	0.0252
		人均可支配收入	0.3873	0.0574
		高速出入口密度	0.4429	0.0656
旅游环境	0.3089	A 级景区密度	0.4429	0.1368
		人均旅游总收入	0.1698	0.0525
		旅游人数密度	0.3873	0.1196
康体产业发展度	0.3589	优良级康体资源个数	0.3873	0.1390
		每万人拥有体育场馆个数	0.1698	0.0609
		人均体育场地面积	0.4429	0.1590

7）康体资源开发价值。

表 7.34　　康体资源开发价值评价得分表

指标	重庆主城都市区	黔中地区	滇中地区	成都平原片区	黔东北地区	渝东南地区	黔南地区	黔东南地区	滇南地区	巴山地区
平均海拔高度	10.00	9.22	5.76	6.65	7.05	5.94	8.66	7.48	5.65	7.84
空气质量达标率	2.23	9.55	9.81	1.28	8.29	8.13	9.37	9.79	8.86	5.24
森林覆盖率	0.25	7.61	8.36	4.92	9.35	8.68	8.62	9.73	10.00	6.13
人均 GDP	10.00	6.77	7.17	7.03	3.41	2.34	2.54	0.26	2.12	0.00
人均可支配收入	10.00	5.94	6.41	5.99	5.21	2.77	4.10	2.02	3.97	3.96
高速出入口密度	10.00	9.83	3.80	4.87	0.95	2.83	1.22	0.90	0.90	1.93
A 级景区密度	10.00	6.62	1.12	5.59	5.11	1.93	3.03	3.70	0.43	5.06
人均旅游总收入	2.21	10.00	5.33	3.39	5.39	8.04	4.67	6.81	4.22	0.66
旅游人数密度	8.48	10.00	2.04	4.32	3.23	3.56	1.10	2.39	0.84	2.33
优良级康体资源个数	10.00	3.33	1.67	3.33	1.11	1.67	0.56	0.56	1.67	2.22
每万人拥有体育场馆个数	8.39	0.68	2.43	2.62	1.74	10.00	5.17	3.30	3.60	1.29
人均体育场地面积	8.13	3.16	10.00	7.98	7.22	5.64	9.30	6.74	7.93	4.66
得分	7.70	6.38	5.00	4.89	4.80	4.73	4.68	4.40	4.05	3.61
名次	1	2	3	4	5	6	7	8	9	10

指标	滇东地区	黔西北地区	黔西南地区	滇西地区	渝东北地区	川南地区	滇北地区	攀西地区	川西北地区
平均海拔高度	6.91	7.63	7.22	4.97	4.61	9.80	0.00	1.53	2.37
空气质量达标率	9.53	9.62	9.93	9.35	7.25	0.00	9.93	8.74	10.00
森林覆盖率	6.97	6.58	7.45	7.97	6.41	4.39	9.87	8.61	4.84
人均 GDP	0.17	0.12	2.27	0.64	2.78	2.59	1.76	1.72	0.39
人均可支配收入	3.97	3.12	2.67	3.13	0.00	5.37	1.93	5.80	3.18
高速出入口密度	1.55	1.43	1.27	0.32	1.81	2.01	0.00	0.75	0.00
A 级景区密度	0.20	2.98	3.36	2.91	2.17	6.17	0.39	0.89	0.00
人均旅游总收入	0.00	1.80	2.29	3.05	1.31	1.48	7.13	1.75	4.75
旅游人数密度	0.79	2.67	2.11	0.93	1.89	3.33	0.41	0.57	0.00

续表

指标	滇东地区	黔西北地区	黔西南地区	滇西地区	渝东北地区	川南地区	滇北地区	攀西地区	川西北地区
优良级康体资源个数	1.11	0.56	0.56	2.22	0.56	0.00	1.11	2.22	1.67
每万人拥有体育场馆个数	0.44	0.00	0.60	1.76	7.63	0.35	7.87	1.30	6.57
人均体育场地面积	9.26	4.27	3.04	2.91	3.87	2.57	0.62	2.17	0.00
得分	3.57	3.31	3.26	3.23	3.12	2.92	2.87	2.81	2.25
名次	11	12	13	14	15	16	17	18	19

7.5.5 康养旅游资源开发价值综合评价

根据康养旅游资源开发价值综合评价体系，本研究对西南地区十九大片区康养旅游资源开发价值进行分析，按康旅、康疗、康体三种模式进行排名，并进行综合评价，见表7.35所示。

表7.35 西南各片区康养旅游资源开发价值综合评价

名次	康旅	得分	康疗	分项得分	康体	得分
第1名	重庆主城都市区	8.18	成都平原片区	6.70	重庆主城都市区	7.70
第2名	黔中地区	6.65	黔中地区	6.39	黔中地区	6.38
第3名	成都平原片区	5.49	重庆主城都市区	6.14	滇中地区	5.00
第4名	滇中地区	4.21	滇中地区	4.60	成都平原片区	4.89
第5名	黔东北地区	4.19	黔东北地区	4.54	黔东北地区	4.80
第6名	渝东南地区	3.72	巴山地区	4.46	渝东南地区	4.73
第7名	巴山地区	3.65	川南地区	4.38	黔南地区	4.68
第8名	黔西北地区	3.46	渝东南地区	4.17	黔东南地区	4.40
第9名	黔东南地区	3.36	黔南地区	3.83	滇南地区	4.05
第10名	黔南地区	3.24	黔西北地区	3.78	巴山地区	3.61
第11名	川南地区	3.20	黔西南地区	3.71	滇东地区	3.57
第12名	滇南地区	3.11	渝东北地区	3.53	黔西北地区	3.31

续表

名次	康旅	得分	康疗	分项得分	康体	得分
第 13 名	滇北地区	2.97	黔东南地区	3.47	黔西南地区	3.26
第 14 名	黔西南地区	2.90	滇南地区	3.41	滇西地区	3.23
第 15 名	渝东北地区	2.82	攀西地区	3.04	渝东北地区	3.12
第 16 名	滇西地区	2.65	滇西地区	3.03	川南地区	2.92
第 17 名	滇东地区	2.39	滇东地区	2.92	滇北地区	2.87
第 18 名	攀西地区	2.02	川西北地区	2.71	攀西地区	2.81
第 19 名	川西北地区	1.64	滇北地区	2.64	川西北地区	2.25

从康旅、康疗、康体三种资源模式开发价值的得分排名来看，排名第 1 ~ 4 名的区域，分别是成都平原片区、重庆主城都市区、滇中地区和黔中地区，这四大区域都是川渝滇黔省会所在区域，都是经济增长极所在地，这说明西南地区的康养旅游产业还处于一个比较初级的阶段，需要靠省会地区的高经济水平带动。在三种资源模式开发价值得分排名中等，排名第 5 ~ 10 名的地区，分别是渝东南、巴山、黔东北、黔西北、黔南和黔东南等区域，这些区域排名较高，发展康养旅游的潜力巨大。在三种资源模式开发价值的得分排名靠后，排名第 10 ~ 19 名的地区，分别是川南地区、滇南地区、滇北地区、黔西南地区、渝东北地区、滇西地区、滇东地区、攀西地区、川西北地区，这些地区因经济发展、交通、科学技术、资金、教育水平等因素导致其排名靠后。

7.5.6 康养旅游资源开发价值指标分析

（1）康旅资源开发价值指标因素分析。

康旅资源开发价值综合排名前 4 的分别是重庆主城都市区、黔中地区、成都平原片区和滇中地区。其中，重庆主城都市圈排名最高的主要原因在于虽然其自然环境中的空气质量达标率和森林覆盖率的排名靠后，但其康旅产业发展度和社会经济环境的指标排名高，都为第一；排名第二的黔中地区，旅游环境的排名较高，人均旅游总收入和旅游人数密度都是第一，其他指标的排名也都是中等偏上；排名第三的成都平原片区，虽然其自然环境各指标的排名较靠后，但其康旅发展度和社会经济环境各指标的排名较高，所以其整体排名也较高；滇中地区排名第四，主要原因在于其社会经济环境各指标的排名较高，其他指标的排名也不差。在排名中等第5~10名的地区中，黔东北地区旅游环境和社会经济环境各指标的排名较好；渝东南人均旅游总收入和旅游人数密度指标的排名较高；巴山地区的康旅资源数量较多；黔西北地区自然环境中的平均海拔高度和空气质量达标率的排名较好；黔东南的自然环境和旅游环境都较好；黔南地区的自然环境排名较好。在排名靠后第11~19名的地区中，一部分区域在自然环境一些指标上的排名很高，但在其他指标的排名较差，如滇南地区、滇北地区、黔西南地区和川西北地区等等；另一部分区域是在各个指标中的排名都不高，导致总体排名也不高，如渝东北地区、滇西地区、滇东地区和攀西地区见表7.36。

表7.36　　　　西南各片区康旅指标赋值排名

地区	综合值	平均海拔高度	空气质量达标率	森林覆盖率	人均GDP	人均可支配收入	高速出入口密度	A级景区密度	人均旅游总收入	旅游人数密度	优良级康旅资源个数	宾馆酒店密度	餐饮店密度
重庆主城都市区	1	1	17	19	1	1	1	1	13	2	1	1	1
黔中地区	2	3	7	10	4	4	2	2	1	1	11	3	3
成都平原片区	3	11	18	16	3	3	3	4	10	3	2	2	2
滇中地区	4	13	4	8	2	2	4	14	6	11	5	5	4
黔东北地区	5	9	13	4	5	7	13	5	5	6	6	17	9
渝东南地区	6	12	14	5	9	15	5	13	2	4	8	15	12
巴山地区	7	5	16	15	19	11	7	6	18	9	3	11	6
黔西北地区	8	6	6	13	18	14	10	10	14	7	4	14	8
黔东南地区	9	7	5	3	16	17	15	7	4	8	14	13	16
黔南地区	10	4	9	6	8	8	12	9	8	13	12	16	15
川南地区	11	2	19	18	7	6	6	3	16	5	16	6	5
滇南地区	12	14	11	1	11	9	14	16	9	15	6	7	14
滇北地区	13	19	3	2	12	18	18	17	3	18	8	4	13
黔西南地区	14	8	2	11	10	16	11	8	12	10	18	10	10
渝东北地区	15	16	15	14	6	19	8	12	17	12	8	8	7

续表

地区	综合值	平均海拔高度	空气质量达标率	森林覆盖率	人均GDP	人均可支配收入	高速出入口密度	A级景区密度	人均旅游总收入	旅游人数密度	优良级康旅资源个数	宾馆酒店密度	餐饮店密度
滇西地区	16	15	10	9	14	13	17	11	11	14	14	12	17
滇东地区	17	10	8	12	17	10	9	18	19	16	12	9	11
攀西地区	18	18	12	7	13	5	16	15	15	17	19	18	18
川西北地区	19	17	1	17	15	12	19	19	7	19	16	19	19

（2）康疗资源开发价值指标因素分析。

康疗资源开发价值综合排名前4名为成都平原片区、黔中地区、重庆主城都市区和滇中地区。其中，成都平原片区康疗资源开发价值排名第一的主要原因在于，虽然其自然环境的排名较低，但其社会经济环境、旅游环境和康疗产业发展度的排名都在前列，特别是优良级康疗资源个数和每万人拥有医疗卫生机构床位数这两个指标都排名第一；排名第二的黔中地区，其自然环境和康疗产业发展度排名都一般，其社会经济环境和旅游环境的排名较高，特别是其旅游环境中的人均旅游总收入和旅游人数密度排名都是第一；排名第三的重庆主城都市区，其有六个指标都是第一名，分别是平均海拔高度、人均GDP、人均可支配收入、高速出入口密度、A级景区密度、医疗卫生机构密度，但有三个指标的排名都非常靠后，导致其总体排名相对成都平原地区和黔中地区落后；排名第四的滇中地区，其社会经济环境各指标排名较高，且其优良级康旅资源个数较多。排名中等第5～10名的地区中，黔东北地区旅游环境和社会经济环境各指标的排名较好；渝东南人均旅游总收入和旅游人数密度指标的排名较高；巴山地区的康旅资源数量较多；黔西北地区自然环境中的平均海拔高度和空气质量达标率的排名较好；黔东南的自然环境和旅游环境都较好；黔南地区的自然环境排名较好。在排名靠后第11～19名的地区中，一部分区域在自然环境一些指标上的排名很高，但在其他指标的排名较差，如滇南地区、滇北地区、黔西南地区和川西北地区等，另一部分区域是在各个指标中的排名都不高，导致总体排名也不高，如渝东北地区、滇西地区、滇东地区和攀西地区等见表7.37。

表 7.37　西南各片区康疗指标赋值排名

地区	综合值	平均海拔高度	空气质量达标率	森林覆盖率	人均GDP	人均可支配收入	高速出入口密度	A级景区密度	人均旅游总收入	旅游人数密度	优良级康疗资源个数	医疗卫生机构密度	每万人拥有医疗卫生机构床位数
成都平原片区	1	11	18	16	3	3	3	4	10	3	1	3	1
黔中地区	2	3	7	10	4	4	2	2	1	1	10	5	10
重庆主城都市区	3	1	17	19	1	1	1	1	13	2	3	1	5
滇中地区	4	13	4	8	2	2	4	14	6	11	3	11	6
黔东北地区	5	9	13	4	5	7	13	5	5	6	10	8	3
巴山地区	6	5	16	15	19	11	7	6	18	9	5	4	8
川南地区	7	2	19	18	7	6	6	3	16	5	7	2	4
渝东南地区	8	12	14	5	9	15	5	13	2	4	7	12	2
黔南地区	9	4	9	6	8	8	12	9	8	13	10	13	9
黔西北地区	10	6	6	13	18	14	10	10	14	7	10	6	11
黔西南地区	11	8	2	11	10	16	11	8	12	10	10	10	12
渝东北地区	12	16	15	14	6	19	8	12	17	12	5	7	7
黔东南地区	13	7	5	3	16	17	15	7	4	8	10	9	19
滇南地区	14	14	11	1	11	9	14	16	9	15	10	15	13
攀西地区	15	18	12	7	13	5	16	15	15	17	7	19	14
滇西地区	16	15	10	9	14	13	17	11	11	14	10	16	16
滇东地区	17	10	8	12	17	10	9	18	19	16	10	14	15
川西北地区	18	17	1	17	15	12	19	19	7	19	2	18	17
滇北地区	19	19	3	2	12	18	18	17	3	18	10	17	18

（3）康体资源开发价值指标因素分析。

康体资源开发价值综合排名前4名为重庆主城都市区、黔中地区、成都平原片区和滇中地区中。其中，重庆主城都市区康体资源开发价值排名第一的主要原因在于，虽然其自然环境的排名较低，但其社会经济环境、旅游环境和康体产业发展度的排名都在前列，特别是优良级康体资源个数、人均GDP、人均可支配收入、高速出入口密度、A级景区密度和平均海拔高度这六个指标都排名第一；排名第二的黔中地区，其自然环境和康疗产业发展度排名都一般，其社会经济环境和旅游环境的排名较高，特别是其旅游环境中的人均旅游总收入和旅游人数密度排名都是第一；排名第三的滇中地区，其人均体育场地面积的排名第一，社会经济环境的三个指标排名也位于前列；排名第四的成都平原地区，其社会经济环境各指标排名较高，且其优良级康体资源个数较多。在排名中等第5~10名的地区中，黔东北地区旅游环境和社会经济环境各指标的排名较好；渝东南每万人拥有体育场馆个数最多，排名第一；巴山地区的康旅资源数量较多；黔西北地区自然环境中的平均海拔高度和空气质量达标率的排名较好；黔东南的自然环境和旅游环境都较好；黔南地区的人均体育场地面积排名较好，为第二名。在排名靠后第11~19名的地区中，一部分区域在自然环境一些指标上的排名很高，但在其他指标的排名较差，如滇南地区、滇北地区、黔西南地区和川西北地区等等，另一部分区域是在各个指标中的排名都不高，导致总体排名也不高，如渝东北地区、滇西地区、滇东地区和攀西地区等见表7.38。

表7.38　西南各片区康体指标赋值排名

地区	综合值	平均海拔高度	空气质量达标率	森林覆盖率	人均GDP	人均可支配收入	高速出入口密度	A级景区密度	人均旅游总收入	旅游人数密度	优良级康体资源个数	每万人拥有体育场馆个数	人均体育场地面积
重庆主城都市区	1	1	17	19	1	1	1	1	13	2	1	2	4
黔中地区	2	3	7	10	4	4	2	2	1	1	2	15	13
滇中地区	3	13	4	8	2	2	4	14	6	11	7	10	1
成都平原片区	4	11	18	16	3	3	3	4	10	3	2	9	5
黔东北地区	5	9	13	4	5	7	13	5	5	6	11	12	7
渝东南地区	6	12	14	5	9	15	5	13	2	4	7	1	9
黔南地区	7	4	9	6	8	8	12	9	8	13	14	6	2

续表

地区	综合值	平均海拔高度	空气质量达标率	森林覆盖率	人均GDP	人均可支配收入	高速出入口密度	A级景区密度	人均旅游总收入	旅游人数密度	优良级康体资源个数	每万人拥有体育场馆个数	人均体育场地面积
黔东南地区	8	7	5	3	16	17	15	7	4	8	14	8	8
滇南地区	9	14	11	1	11	9	14	16	9	15	7	7	6
巴山地区	10	5	16	15	19	11	7	6	18	9	4	14	10
滇东地区	11	10	8	12	17	10	9	18	19	16	11	17	3
黔西北地区	12	6	6	13	18	14	10	10	14	7	14	19	11
黔西南地区	13	8	2	11	10	16	11	8	12	10	14	16	14
滇西地区	14	15	10	9	14	13	17	11	11	14	4	11	15
渝东北地区	15	16	15	14	6	19	8	12	17	12	14	4	12
川南地区	16	2	19	18	7	6	6	3	16	5	19	18	16
滇北地区	17	19	3	2	12	18	18	17	3	18	11	3	18
攀西地区	18	18	12	7	13	5	16	15	15	17	4	13	17
川西北地区	19	17	1	17	15	12	19	19	7	19	7	5	19

7.6 康养旅游开发模式影响因素分析

7.6.1 地理探测器研究结果

在上述分析的基础上，本研究进一步运用地理探测器，探测各指标对康养旅游资源空间分布的影响力大小，探测结果见表7.39。整体上，各因素对于康养旅游资源空间分布的影响力存在显著差异，影响力前五的是：A级景区密度（C7）、旅游人数密度（C9）、高速出入口密度（C6）、每万人拥有医疗卫生机构床位数（C15）、和人均旅游总收入（C8）。在影响西南康养旅游资源分布的各个维度中，旅游环境的影响力最强，旅游环境的三项指标都在前五，其中A级景区密度影响力最强，q值为0.559，旅游人数密度q值为0.386，人均旅游总收入的q值为0.362，这表明西南地区康养旅游资源分布受旅游环境的影响显著；社会经济环境维度中的高速出入口密度q值较高，为0.38，解释力排第三，说明其影响力较强，宾馆酒店密度的q值为0.239，排第九，人均GDP的q值为0.265，解释力排第七，人均可支配收入的q值为0.263，解释力排第八，因此社会经济环境对于西南地区康养旅游资源分布影响明显；而自然环境对于西南地区康养旅游资源分布的影响力很弱，其中空气质量达标率的影解释力较高，排第六，中等偏上，海拔高度和森林覆盖率的解释力都很低，分别为倒数第一和倒数第二；康疗产业发展度对西南地区康养旅游资源分布的影响较小，虽然每万人拥有医疗卫生机构床位数的q值较高，为0.371，解释力排第四，但卫生机构数量和优良级康疗资源数量的解释力都较低，分别排第十和第十一；康体产业发展度对西南地区康养旅游资源分布的影响力很弱，每万人体育场馆数量、人均体育面积和优良级康体资源数量的排序分别为第八、第十二和第十八。

表7.39　　西南地区康养旅游资源影响因素探测结果

影响因子维度	自变量名称	q值	解释力排序
自然环境（B1）	平均海拔高度（C1）	0.063999	16
	空气质量达标率（C2）	0.274956	6
	森林覆盖率（C3）	0.050059	17
社会经济环境（B2）	人均GDP（C4）	0.265599	7
	人均可支配收入（C5）	0.263424	8
	高速出入口密度（C6）	0.380353	3
旅游环境（B3）	A级景区密度（C7）	0.559292	1
	人均旅游总收入（C8）	0.362715	5
	旅游人数密度（C9）	0.386532	2
康旅产业发展度（B4）	优良级康旅资源数量（C10）	0.234598	10
	宾馆酒店密度（C11）	0.239097	9
	餐饮店密度（C12）	0.198346	11

续表

影响因子维度	自变量名称	q 值	解释力排序
康疗产业发展度（B5）	优良级康疗资源数量（C13）	0.170816	13
	医疗卫生机构密度（C14）	0.19739	12
	每万人拥有医疗卫生机构床位数（C15）	0.371094	4
康体产业发展度（B6）	优良级康体资源数量（C16）	0.045839	18
	每万人拥有体育场馆个数（C17）	0.074791	15
	人均体育场地面积（C18）	0.100479	14

为进一步探究影响西南地区康养旅游资源空间分布的各因素之间的合力作用，本研究对其进行了因素交互探测分析（受篇幅所限，探测结果仅显示交互作用后对各类康养旅游资源形成具有解释力最强的八个），结果见表7.40。结果表明，各自变量的影响存在交互作用，却非相互独立，且共同作用时对因变量的解释力增强，表现出非线性增强或双因子增强效应，前者是指影响因子两两交互作用后的解释力大于各自单独作用时的解释力之和，后者的效果弱于前者，但也大于因子各自单独作用时的解释力。各个要素都起着不可或缺的作用，但A级景区密度在影响西南地区康养旅游资源空间分布的多因素交互作用中扮演着最重要的角色，交互作用后解释力前七的都是A级景区密度和其他因素的交互，这表明我国康养旅游资源建设发展仍处于以旅游带动为主的初级阶段，其中A级景区密度和每万人体育场馆数量、人均体育面积交互后，呈现出非线性增强，交互作用值大于双因素两者之和，即两因素交互作用产生了“1+1>2”的互补增强效应，表明康体产业发展度和旅游景区会相互促进，共同推动西南地区康养旅游的发展。

表7.40　　总体康养旅游资源交互作用探测结果

q = A∩B	A + B	比较结果	交互作用产生效应的类型	交互作用后的解释力排序
C11∩C7 = 0.6873	C11(0.2391) + C15(0.5592) = 0.7983	A + B > q > A, B	双因子增强	6
C4∩C7 = 0.7449	C6(0.2656) + C15(0.5592) = 0.8248	A + B > q > A, B	双因子增强	4

续表

q = A∩B	A + B	比较结果	交互作用产生效应的类型	交互作用后的解释力排序
C8∩C7 = 0.7886	C6(0.3627) + C15(0.5592) = 0.9220	A + B > q > A, B	双因子增强	2
C9∩C7 = 0.8301	C6(0.3865) + C15(0.5592) = 0.9458	A + B > q > A, B	双因子增强	1
C15∩C7 = 0.7267	C6(0.3710) + C15(0.5592) = 0.9303	A + B > q > A, B	双因子增强	5
C115∩C7 = 0.6771	C6(0.1004) + C15(0.5592) = 0.6597	q > A + B	非线性增强	7
C114∩C7 = 0.7815	C6(0.0747) + C15(0.5592) = 0.6340	q > A + B	非线性增强	3
C6∩C9 = 0.6650	C6(0.3803) + C15(0.3865) = 0.76689	A + B > q > A, B	双因子增强	8

（1）康疗模式。

为进一步了解西南地区三种不同模式康养旅游资源分布的影响因素，本研究继续运用地理探测器，探测各指标对康疗类康养旅游资源空间分布的影响力大小，探测结果见表7.41。整体上，各因素对于康疗类康养旅游资源空间分布的影响力存在显著差异，影响力前五的为高速出入口密度（C6）、A级景区密度（C7）、空气质量达标率、人均旅游总收入（C8）、旅游人数密度（C9）。影响西南康疗类康养旅游资源的各个维度中，旅游环境的影响力依然最强，三个指标的影响力都在前五，进一步佐证前面的结论，西南地区旅游产业对于康疗模式的带动很强。社会经济环境的影响力较强，其中高速出入口密度q值最高，为0.1498，解释力排第一，说明其影响力最强，人均GDP的q值为0.0257，解释力排第七，人均可支配收入的q值为0.0277，解释力排第六，社会经济环境对于西南地区康疗模式康养旅游资源的分布影响明显。自然环境对于西南地区康疗模式康养旅游资源分布的影响力也较强，其中空气质量达标率的影解释力较高，q值为0.0658，解释力排第三，海拔高度和森林覆盖率的解释力中等，分别为第五和第六。康疗产业发展度对西南地区康疗类康养旅游资源的影响较低，优良级康疗资源数量、卫生机构数量和卫生机构床位数的解释力都较低，分别排第十、第十一和第十二。

表 7.41　　康疗模式影响因素探测结果

影响因子维度	自变量名称	q 值	解释力排序
自然环境（B1）	平均海拔高度（C1）	0.024529	8
	空气质量达标率（C2）	0.065864	3
	森林覆盖率（C3）	0.021335	9
社会经济环境（B2）	人均 GDP（C4）	0.025769	7
	人均可支配收入（C5）	0.027732	6
	高速出入口密度（C6）	0.149804	1
旅游环境（B3）	A 级景区密度（C7）	0.102344	2
	人均旅游总收入（C8）	0.043643	4
	旅游人数密度（C9）	0.033843	5
康疗产业发展度（B5）	优良级康疗资源数量（C13）	0.020793	10
	医疗卫生机构密度（C14）	0.019814	11
	每万人拥有医疗卫生机构床位数（C15）	0.014463	12

在探究影响西南地区康疗模式康养旅游资源空间分布的各因素之间的合力作用，本研究对其进行了因素交互探测分析（受篇幅所限，探测结果仅显示交互作用后对各类康养旅游资源形成具有解释力最强的八个），结果见表7.42。结果表明，主导因素交互后，多数呈现非线性增强型，交互作用值大于双因素两者之和，即两因素交互作用产生了“1+1>2”的互补增强效应。各个要素都起着不可或缺的作用，但高速出入口密度在影响西南地区康疗模式康养旅游资源空间分布的多因素交互作用中扮演着最重要的角色，交互作用后解释力前八的都是高速出入口密度和其他因素的交互，这表明交通网络是我国西南地区康疗康养旅游资源建设的重要推力。

表 7.42　　康疗模式影响因素探测结果

q = A∩B	A + B	比较结果	交互作用产生效应的类型	交互作用后的解释力排序
C6∩C15 = 0.1835	C6(0.1498) + C15(0.0144) = 0.1642	q > A + B	非线性增强	7
C6∩C11 = 0.2236	C11(0.1498) + C6(0.0119) = 0.1617	q > A + B	非线性增强	8
C6∩C4 = 0.2785	C6(0.1498) + C4(0.0257) = 0.1755	q > A + B	非线性增强	3

续表

q = A∩B	A + B	比较结果	交互作用产生效应的类型	交互作用后的解释力排序
C6∩C1 = 0.1900	C6(0.1498) + C1(0.0245) = 0.1743	q > A + B	非线性增强	4
C6∩C2 = 0.1646	C6(0.1498) + C2(0.0658) = 0.2156	A + B > q > A, B	双因子增强	1
C6∩C5 = 0.1598	C6(0.1498) + C3(0.0277) = 0.1775	A + B > q > A, B	双因子增强	2
C6∩C14 = 0.2211	C6(0.1498) + C14(0.0198) = 0.1696	q > A + B	非线性增强	6
C6∩C110 = 0.2120	C6(0.1498) + C110(0.0207) = 0.1705	q > A + B	非线性增强	5

(2) 康旅模式。

通过运用地理探测器，从社会经济环境、自然环境和旅游环境三个维度探测各指标对康旅模式康养旅游资源空间分布的影响力大小，探测结果见表 7.43。整体上，各因素对于康旅模式康养旅游资源空间分布的影响力存在显著差异，影响力前五的为 A 级景区密度（C7）、旅游人数密度（C9）、人均旅游总收入（C8）、高速出入口密度（C6）、人均可支配收入（C5）。影响西南康旅模式康养旅游资源的各个维度中，旅游环境影响力依然最强，三项指标的解释力包揽了前三。社会经济环境的影响力较强，三个指标的解释力排序为四、五、八，社会经济环境对于西南地区康旅模式康养旅游资源的分布影响明显。康旅产业发展度对康旅模式康养旅游资源的影响也较强，三个指标中，优良级康旅资源数量排第六，影响力较强，说明优良级康养旅游资源的发展会影响较大。自然环境对于康旅模式康养旅游资源分布的影响较弱，三项指标的解释力都为倒数，自然环境对康旅模式康养旅游资源的影响力较弱。

表 7.43　　康旅模式影响因素探测结果

影响因子维度	自变量名称	P 值	解释力排序
自然环境	平均海拔高度（C1）	0.067144	12
	空气质量达标率（C2）	0.234517	10
	森林覆盖率（C3）	0.068071	11

续表

影响因子维度	自变量名称	P 值	解释力排序
社会经济环境	人均 GDP（C4）	0.288237	8
	人均可支配收入（C5）	0.320396	5
	高速出入口密度（C6）	0.326063	4
旅游环境	A 级景区密度（C7）	0.541041	1
	人均旅游总收入（C8）	0.464074	3
	旅游人数密度（C9）	0.491178	2
康旅产业发展度（B4）	优良级康旅资源数量（C10）	0.317206	6
	宾馆酒店密度（C11）	0.31468	7
	餐饮店密度（C12）	0.23455	9

在探究影响西南地区康旅模式康养旅游资源空间分布的各因素之间的合力作用，本研究对其进行了因素交互探测分析（受篇幅所限，探测结果仅显示交互作用后对各类康养旅游资源形成具有解释力最强的八个），结果见表 7.44，表明，各自变量的影响均存在交互作用，非相互独立，且两两共同作用时对因变量的解释力增强，表现为双因子增强效应，交互后产生的解释力大于因子各自单独作用时的解释力。各个要素都起着不可或缺的作用，但 A 级景区密度在影响西南地区康旅模式康养旅游资源空间分布的多因素交互作用中扮演着最重要的角色，交互作用后解释力前八中，有五个是 A 级景区密度和其他因素的交互，这表明西南地区康旅模式康养旅游资源的建设发展主要依靠旅游产业带动。高速出入口密度和旅游人数密度交互作用后的解释力排序很高，说明高速出入口密度和旅游人数密度相互促进，交通便利程度是旅游者出游考虑的重要因素，旅游人数密度的增加会反推交通基础设施的建设，两者相辅相成，会进一步推动康旅模式康养旅游资源的发展。

表 7.44　康旅模式影响因素交互作用探测结果

q = A∩B	A + B	比较结果	交互作用产生效应的类型	交互作用后的解释力排序
C11∩C7 = 0.6755	C11(0.3172) + C7(0.541) = 0.8582	A + B > q > A, B	双因子增强	5
C6∩C8 = 0.6367	C6(0.326) + C8(0.464) = 0.79	A + B > q > A, B	双因子增强	7

续表

q = A∩B	A + B	比较结果	交互作用产生效应的类型	交互作用后的解释力排序
C6∩C9 = 0.6769	C6(0.326) + C9(0.4911) = 0.8137	A + B > q > A,B	双因子增强	4
C2∩C9 = 0.6376	C2(0.2345) + C9(0.4911) = 0.7256	A + B > q > A,B	双因子增强	6
C7∩C8 = 0.7893	C7(0.541) + C8(0.464) = 1.005	A + B > q > A,B	双因子增强	2
C7∩C9 = 0.8352	C7(0.541) + C9(0.4911) = 1.0321	A + B > q > A,B	双因子增强	1
C4∩C7 = 0.7166	C4(0.2882) + C7(0.541) = 0.8292	A + B > q > A,B	双因子增强	3
C5∩C7 = 0.6278	C5(0.3203) + C7(0.541) = 0.8613	A + B > q > A,B	双因子增强	8

（3）康体模式。

通过运用地理探测器，本研究从社会经济环境、自然环境和康体产业发展度三个维度探测各指标对康旅模式康养旅游资源空间分布的影响力大小，探测结果见表7.45。整体上，各因素对于康旅模式康养旅游资源空间分布的影响力存在显著差异，影响力前五的为高速出入口密度（C6）、A级景区密度（C7）、人均可支配收入（C5）、人均GDP（C4）、旅游人数密度（C9）。影响西南康体模式康养旅游资源的各个维度中，社会经济环境的影响力最强，三个指标的解释力都在前三，其中高速出入口密度q值最高，为0.3061，解释力排第一，说明其影响力最强，人均GDP的q值为0.2408，解释力排第四，人均可支配收入的q值为0.2523，解释力排第三，社会经济环境对于西南地区康体模式康养旅游资源的分布影响明显。自然环境对于康体模式康养旅游资源分布的影响力也较强，其中空气质量达标率的解释力较高，q值为0.2282，解释力排第六，海拔高度和森林覆盖率的解释力较差，分别排第九和第十一。康体产业发展度对康体类旅游地的影响较弱，优良级康体资源数量解释力排第八，每万人体育场馆数量的解释力排第十，人均体育场地面积解释力排倒数第一。

表7.45　康体模式影响因素探测结果

影响因子维度	自变量名称	P值	解释力排序
自然环境（B1）	海拔高度（C1）	0.069455	9
	空气质量达标率（C2）	0.228262	6
	森林覆盖率（C3）	0.046893	11

续表

影响因子维度	自变量名称	P 值	解释力排序
社会经济环境（B2）	人均 gdp（C4）	0.240895	4
	人均可支配收入（C5）	0.252301	3
	高速出入口密度（C6）	0.306113	1
旅游环境（B3）	A 级景区密度（C7）	0.291637	2
	人均旅游总收入（C8）	0.171529	7
	旅游人数密度（C9）	0.231866	5
康体产业发展度（B6）	优良级康体资源数量（C16）	0.165465	8
	每万人体育场馆数量（C114）	0.059905	10
	人均体育场地面积（C115）	0.019072	12

进一步探究影响西南地区康体模式康养旅游资源空间分布的各因素之间的合力作用，本研究对其进行了因素交互探测分析（受篇幅所限，探测结果仅显示交互作用后对各类康养旅游资源形成具有解释力最强的八个），结果见表 7.46 表明，各自变量的影响均存在交互作用，非相互独立，且两两共同作用时对因变量的解释力增强，表现为非线性增强或双因子增强效应，其中前者是指影响因子两两交互作用后的解释力大于各自单独作用时的解释力之和；后者的效果弱于前者，但也大于因子各自单独作用时的解释力。各个要素都起着不可或缺的作用，但高速出入口密度在影响康体模式康养旅游资源空间分布的多因素交互作用中扮演着最重要的角色，交互作用后解释力前八中，有五个是高速出入口密度和其他因素的交互，这表明在西南地区康体模式康养旅游资源的建设发展中，交通通达度是一个重要影响因素。每万人体育场馆数量和高速出入口密度、空气质量达标率交互作用后的解释力大幅上升，说明体育场馆数量对于康体模式康养旅游资源的发展也是非常重要的。

表 7.46　康体影响因素交互作用探测结果

q = A∩B	A + B	比较结果	交互作用产生效应的类型	交互作用后的解释力排序
C11∩C6 = 0.4019	C11(0.1654) + C6(0.3061) = 0.4715	q > A + B	双因子增强	8
C6∩C4 = 0.5270	C6(0.3061) + C4(0.2408) = 0.5469	q > A + B	双因子增强	1

续表

q = A∩B	A + B	比较结果	交互作用产生效应的类型	交互作用后的解释力排序
C6∩C5 = 0.5043	C6(0.3061) + C5(0.2523) = 0.5583	q > A + B	双因子增强	3
C6∩C114 = 0.5133	C6(0.3061) + C114(0.0599) = 0.3660	q > A + B	非线性增强	2
C2∩C4 = 0.4872	C2(0.2282) + C4(0.2408) = 0.4690	q > A + B	非线性增强	4
C2∩C5 = 0.4807	C2(0.2282) + C5(0.2523) = 0.4805	q > A + B	非线性增强	5
C2∩C114 = 0.4254	C2(0.2282) + C114(0.0599) = 0.2881	q > A + B	非线性增强	6
C6∩C115 = 0.4149	C6(0.3061) + C115(0.0190) = 0.3251	q > A + B	非线性增强	7

7.6.2 因素分析

(1) 社会经济环境。

社会环境对西南地区的康养旅游资源空间布局影响力较大，其中，社会环境中的高速出入口密度影响最大，对总体康养旅游地的q值为0.3803，解释力排序第3，对康疗类康养旅游地的q值为0.1498，解释力排序第1，对康旅类康养旅游地q值为0.3260，解释力排序第4，对康体类康养旅游地的q值为0.3061，解释力排序第1，这是因为交通是地区旅游业发展的先决条件，其分布塑造了康养旅游地空间分布的基本格局，从叠置图中也可以看出，康养旅游地基本都布局在路网密度大的地区。人均GDP对西南地区康养旅游地空间分布格局的影响力一般，对总康养旅游地的q值为0.2656，解释力排第7，对康疗类康养旅游地的q值为0.0257，解释力排序第7，对康旅类康养旅游地q值为0.2882，解释力排序第8，对康体类康养旅游地的q值为0.2408，解释力排序第4，主要原因在于康养旅游属于经济新业态，一般经济新业态的分布和经济发展水平不太成王比。社会环境中的人均可支配收入影响较较大，对总体康养旅游地的q值为0.2634，解释力排序第8，对康疗类康养旅游地的q值为0.0277，解释力排序第6，对康旅类康养旅游地q值为0.3203，解释力排序第5，对康体类康养旅游地的q值为0.2523，解释力排序第3，这是因为康养旅游属于一种比较小资的产业，需要居民有一定的消费能力。

（2）自然环境。

自然环境对我国西南地区的康养旅游地空间布局影响力一般，其中，自然环境中的海拔高度影响较小，对总体康养旅游地的q值为0.064，解释力排序第16，对康疗类康养旅游地的q值为0.0245，解释力排序第8，对康旅类康养旅游地q值为0.0671，解释力排序第12，对康体类康养旅游地的q值为0.0694，解释力排序第9。从叠置图中，可以看出我国西南地区康养旅游地主要集中在四川盆地一带，这一区域虽然海拔较低，气候闷热，但其地势平坦，经济发达，生活节奏慢，是良好的康养旅游地，云贵高原虽然海拔最适宜康养，但是其地形错综复杂，高山峡谷纵横，社会经济条件较落后，所以其康养旅游发展的较差，分布比较离散，不够集中，川西属于青藏高原边缘，海拔较高，不宜康养。空气质量达标率对西南地区康养旅游地空间分布格局的影响力较大，对总康养旅游地的q值为0.2749，解释力排第6，对康疗类康养旅游地的q值为0.0658，解释力排序第3，对康旅类康养旅游地q值为0.2345，解释力排序第10，对康体类康养旅游地的q值为0.2282，解释力排序第6，主要原因在于自然环境是康养旅游的基础，空气是人体每天所必须吸入的物质，其质量好坏会密切影响人体的身体健康，是康养旅游自然环境的重要组成部分。自然环境环境中的森林覆盖率影响较较小，对总体康养旅游地的q值为0.05，解释力排序第17，对康疗类康养旅游地的q值为0.0213，解释力排序第9，对康旅类康养旅游地q值为0.068，解释力排序第11，对康体类康养旅游地的q值为0.0468，解释力排序第11，这是因为我国康养旅游还处于一个比较初级的发展阶段，主要依靠社会环境的支撑，从叠置图中，可以看出康养旅游资源大多分布在都市及其周边区域等森林面积较少的地区。

（3）旅游环境。

旅游环境对西南地区康养旅游地的分布格局影响最大，旅游环境中的A级景区密度对总体康养旅游的q值为0.5592，解释力排序第一，对康旅类康养旅游地的q值为0.5410，排序第一，对康疗类康养旅游资源的解释力排序都是第二，主要原因在于西南地区的康养旅游地中，以康旅模式为主，并且西南地区的康养旅游还处于初级阶段，主要依赖于旅游景区。从康养旅游资源和A级景区核密度叠置图中可以看出，康养旅游地和A级旅游景区在地理空间分布上基本上从重合的。人均旅游总收入对西南地区康养旅游分布的影响很强，对总体康养旅游的q值为0.3627，解释力排序第5，对康旅类康养旅游地的q值为0.4640，排序第3，主要原因在于旅游收入为康养旅游的发展提供了经济支持。旅游人数对西南地区康养旅游分布的影响很强，对总体康养旅游的q值为0.3865，解释力排序第2，对康旅类康养旅游地的q值为0.4911，排序第3，主要原因在于旅游者是构成旅游的主体，是旅游三大要素的基本要数，大量的旅游者为康养旅游产品提供了旅游消费市场。

（4）康体产业发展度。

体育产业发展度对我国西南地区的康养旅游地空间布局影响力较弱，体育环境中的每万人拥有体育场馆个数在总体康养旅游地中的q值为0.0747，解释力排序15，对康体类康养旅游地的q值为0.0599，解释力排序10。人均体育场地面积对总体康养旅游地的q值为0.1004，解释力排序14，康体类康养旅游地中，人均体育场地面积对康体类康养旅游地的q值为0.019，解释力排序12。优良级康体资源数量对总体康养旅游资源的解释力排序为18，排序最末，影响力最小，对康体旅游资源的分布影响力排序为8，说明相关性比较弱，从叠置图中也可以看出，两者的空间分布不统一。康体产业发展度对总体康养旅游地和康体类康养旅游的影响都比较低的主要原因在于，虽然体育场馆数量和面积能反映出体育基础设施建设程度，但这些体育基础设施基本上都是公共的，不能被康养旅游所转化利用，所以其对康养旅游地的分布影响较弱。

（5）康疗产业发展度。

康疗产业发展度对我国西南地区的康养旅游地空间布局影响力较弱，康疗产业发展度中的医疗机构床位数对西南地区总体康养旅游地的影响较大，其q值较高，为0.371，解释力排第4，但对康疗类康养旅游的影响较小，q值为0.0144，解释力排倒数第一。优良级康疗资源数量对西南地区总体康养旅游地的影响较小，其q值较低，为0.1708，解释力排第13，对康疗类康养旅游的影响也较小，q值为0.0207，解释力排第10。医疗卫生机构数量对西南地区总体康养旅游地的影响较小，其q值较低，为0.1973，解释力排第12，对康疗类康养旅游的影响也较小，q值为0.02133，解释力排第11。主要原因在于我国西南地区的康体类康养旅游模式还处于比较低级的阶段，没有很好地结合利用好医疗资源，多数还停留在“休闲度假疗养阶段”，没有结合好当地的医疗资源。

(6) 康旅产业发展度。

康旅产业发展度环境对我国西南地区的康养旅游地空间布局影响力一般，康旅产业发展度中的三个指标对西南地区总体康养旅游地的影响较大。总体康养旅游资源中，优良级康旅资源数量、宾馆酒店密度、餐饮店密度的解释力分别排序第10、9、11，解释力居中。康旅资源中，优良级康旅资源数量、宾馆酒店密度、餐饮店密度的解释力居中，q值分别为0.3172、0.3146、0.2345，分别排序第6、7、9。酒店和餐饮都是旅游所必备的六大要素之一，是旅游业发展的基础要素，对于康养旅游的发展具有重要意义。但西南地区的酒店和餐饮业与康养旅游资源在空间分布上不是很重合，主要原因在于西南地区康养旅游整体还是比较初级，和餐饮酒店产业没有很好的融合。

7.7 西南地区康养旅游产业融合模式选择

7.7.1 四川省康养旅游产业融合模式选择

(1) 成都平原片区康养旅游产业融合模式选择。

通过上文定量分析及排名，成都平原片区在康疗、康体、康旅资源开发价值综合排名分别为第一、第四、第四，排名都非常靠前，特别是康疗排名第一。因此，该区域康养旅游产业发展应重点着眼于康疗旅游，即以康疗旅游为主，康体和康旅为辅。对于康疗旅游，该区域内医疗资源较为丰富，范围内拥有 26 家三级甲等医院，拥有中医服务机构上千个，拥有着大量国内外顶级的医学研发项目，医学城医学产业丰富完整，有以药明康德、科伦、百裕药业等为代表的生物医学产业。区域内还建有成都国际医学城，可以聚焦“大医学 + 大医疗”两大核心功能，发展以医疗和康复为主的康疗旅游，以医疗产业带动旅游产业。成都平原片区还可以发展特色中医药康疗旅游，如羌中中医药康疗、藏中中医药康疗、彝中中医药康疗。对于康旅模式，成都平原片区应重点发展森林康旅，以都江堰、邛崃两个省级森林城市为核心，以点带面，带动整个成都平原的森林扆旅模式发展。对于康体模式，成都平原片区适合选择体育康体模式，成都平原片区体育基础设施完善，多举办体育赛事，促进文体旅深度融合，让体育赛事带动地区体育康体产业发展。

（2）川南片区康养旅游产业融合模式选择。

通过上文定量分析及排名，川南片区在康旅、康疗、康体资源开发价值中排名分别为第十一、第七、第十六。从排名来看，川南地区最适宜发展的是康疗模式，其次是康旅模式。对于康疗康养旅游，川南地区结合该区域的资源优势，拥有独特的盐文化旅游资源和丰富的中医药资源，重点发展盐卤康养旅游和中医药康养旅游。对于康旅模式，川南地区应该紧抓生态和农业资源优势，该地区植被覆盖率高，山林、湖泊、湿地遍布各处，有自然形成的佛宝森林公园、南方喀斯特地貌等的自然文化，有四渡赤水等红色文化，还有浓郁地方特色的古驿道文化、古镇文化、民居建筑文化、石刻宗教文化、彩灯文化、竹文化、少数民族风俗文化等，生态文化旅游资源十分丰富。川南地区可以重点发展生态康旅，以生态农业为重点，建设观光果园、茶园、农家乐、农业主题乐园，打造农业观光、生态休闲等旅游产品。

（3）川西北片区康养旅游产业融合模式选择。

通过上文定量分析及排名，川西北片区分别在康旅、康体、康疗资源开发价值中排名第十九、第十八、第十九，适合开发康体资源和康疗资源，同时根据该地区的资源禀赋选择适合自己的产业，融合模式为温泉康体模式和中医药康疗模式。对于温泉康体模式，川西北应重点建设古尔沟温泉、日底寨温泉、海螺沟温泉、二道桥温泉、榆林宫温泉等温泉项目，打造“康定—泸定”“茂县—汶川—理县”两个温泉休闲产业集聚区。对于中医药康疗模式，川西北地区应重点发展少数民族特色医药康养旅游，如羌医药和藏医药，建设一批高水平的藏医羌医医疗机构，重点建设茂县羌医药研究所、汶川羌医骨伤科医院等羌医医疗机构。

（4）攀西片区康养旅游产业融合模式选择。

通过上文定量分析及排名，攀西片区分别在康旅、康体和康疗资源开发价值中排名第十八、第十五、第十八，适合开发康旅资源和康体资源，同时根据该地区的资源禀赋选择适合自己的产业，融合模式为阳光康旅模式和体育康体模式。对于阳光康旅模式，攀西地区可以建立阳光康养社区、阳光 SPA 健康会所、数字化养老康复中心等设施项目，专门针对老年人营造退休新生活，打造成候鸟老人的首选目的地。对于康体模式，攀西地区健身体育资源丰富，可以同时发展体育康体和温泉康体。体育康体可以以攀枝花西区和攀枝花米易县为核心，重点建设攀枝花运动休闲基地和攀枝花米易县城运动度假旅游区，打造户外运动天堂。对于温泉康体模式，可以重点建设红格温泉旅游度假区、公益海温泉度假村、灵山温泉小镇、竹核温泉度假村、螺髻山温泉度假区等温泉度假区。

（5）巴山片区康养旅游产业融合模式选择。

通过上文定量分析及排名，巴山片区分别在康旅、康疗和康体资源开发价值中排名第七、第六、第十，同时根据该地区的资源禀赋，得出其适合开发康旅资源和康体资源。因此，该地区的产业融合模式为森林康旅模式、乡村康旅模式和温泉康体模式。对于森林康旅模式，巴山地区要依靠其优良的森林资源，以 16 个国家森林公园为核心，建设一批高水平的森林康养基地，打造以度假疗养模式为主森林康养胜地。以度假疗养模式为主对于乡村康旅模式，巴山片区可以依靠农业园区品牌优势，重点打造多功能综合性、可持续发展的农业示范园区，发展以生态食疗为主的乡村康旅，重点建设四季生态农业体验区、老年乡村康养度假区等项目。对于温泉康体模式，可以重点发展鹿亭溪医疗矿泉水、川北温泉、盘龙温泉等项目，结合地域森林资源丰富的特色，发展森林温泉。

7.7.2　重庆市康养旅游产业融合模式选择

（1）渝东北片区康养旅游产业融合模式选择。

通过上文定量分析及排名，渝东北片区在康旅、康疗和康体资源开发价值中分别排名第十五、第十二、第十五。该地区森林覆盖率较高，生物多样性较丰富，适宜人类居住，且在上文中优良资源分类表中显示，渝东北片区各类优良资源较为平均，有较为成熟的康养城医养康疗资源，其他片区并没有优良级医养康疗资源单体，根据开发价值综合排名及自身优良资源优势可侧重于开发生态康养旅游、医养康疗旅游和体育康体旅游。针对生态康旅资源的开发，渝东北要发挥三峡特色，建设三峡生态旅游度假区，建设的三峡生态旅游度假区要依托三峡深厚的历史文化底蕴和良好的环境，建设一系列三峡生态康养产品。针对医养康旅资源的开发，要以身心健康管理为核心，医疗设备技术为保障，休闲娱乐设施为辅助，健康特色文化为背景，打造功能有针对性，服务有全面性的医养康养域。针对体育康体资源开发，渝东北地区位于三峡库区，山地、河流等自然景观丰富，有利于山地运动和水上运动等的开展，由此渝东北地区在进行体育康体资源开发时可重点放在山水康体资源开发中，深入贯彻“壮美长江行，诗画三峡情”理念，山水相融，建设山地栈道用以徒步健身，利用山体坡道建设攀岩项目，利用三峡水资源开展划船赛事。

（2）渝东南片区康养旅游产业融合模式选择。

通过上文定量分析及排名，渝东南片区在康旅资源、康疗资源和康体资源开发价值中分别排名第六、第八、第六。这表明渝东南片区可以重点对康旅和康体资源进行开发，凭借优良的环境舒适度及丰富的自然资源优势，可以重点开发森林康旅资源、乡村康旅资源及生态康旅资源。针对森林康旅资源，渝东南片区可以依托5A、4A级知名景区建立森林康养小镇，可主要定位于大众家庭市场的养生养老，生活气息浓厚却不过于商业化，在保护自然环境的基础上，可以修建森林疗养院、森林别墅等。森林小镇的建立可以弥补森林公园内旅游配套设施不足的问题，同时还可配套开发康养产品等，既依托森林自带的优良生态环境又有效避免对森林核心环境的破坏，在满足大众家庭养生养老旅游需求的同时，保护了生态环境。针对生态康旅资源，渝东南片区具有大片草场生态资源，如“南国第一高山草甸”仙女山草原、千野草场，可以开发以“释放压力”“开阔视野”为主题的生态康养度假区。对于乡村康旅，渝东南片区要紧抓少数民族风俗文化资源丰富的特色，可融入生态资源，进行少数民族特色村寨旅游的开发，深度挖掘当地特有的民俗、历史文化，将民族文化中的健康理念与生态康旅相融合，营造有特色民族元素的乡村生态康旅，宣扬“修身养性”的旅游理念。

（3）重庆主城都市区康养旅游产业融合模式选择。

通过上文定量分析及排名，重庆主城都市区在康旅资源开发和康体资源开发价值中排名首位，在康疗资源开发中排名第三。根据优良级资源的分布，显示出重庆主城都市区适宜温泉康体资源、体育康体资源和中医药康疗资源的开发。针对中医药康疗资源，主城都市区是西南地区医疗卫生机构最密集的地区，也有优良的中医药资源，重庆主城都市区可以重点打造中医药康疗旅游产品。康疗型旅游产品需要较为专业的医疗条件和医疗技术作为支撑，可依托三甲医院，在附近建立疗养院，院内配备专业的护理人员，以及医疗设备，可弥补三甲医院病房条件的不足及病房数量的缺乏，为经济条件较好的求医者提供额外的选择。也可类似于金阳重庆映像中医药健康旅游城，依托中医药资源，打造特色医药旅游城，配套医疗服务、养生服务、运动服务和休闲服务等综合一体的“度假”康疗城。针对温泉康体资源，重庆市作为“世界温泉之都”，重庆主城都市区温泉资源的开发已经较为成熟，东温泉、统景温泉、北碚十里温泉城、沙坪坝融汇温泉等在国内都具有较高的知名度。这些温泉所处地理位置附近大多都有森林公园，例如北碚十里温泉城建于缙云山国家级自然保护区，融汇温泉附近有歌乐山森林公园，庆隆易汤南山温泉建于南山森林公园，九龙坡区的温泉景区靠近白市驿森林公园等等。基于此特点，可将森林康旅和温泉康体资源融合发展，资源共享协作。南方冬天寒冷，温泉暖身游市场进入旺季，然而夏季炎热，温泉市场进入淡季，森林消暑游的市场却开始活跃。两者结合打造四季康养产品，满足游客各个季节康养旅游需求。针对体育康体资源，重庆主城都市区优良级康体资源最多，且有大型水上世界，依托城区特色山地地貌，以“全民健身”为主题，打造体育健康城形象。举办环城骑行、徒步登山等活动或比赛，承接马拉松之类的大型体育比赛，尽可能提高市内体育场地利用率，传递健康文化。还可以依托现有较为知名的滑雪胜地金佛山滑雪场，开展多种形式的冰雪节日推广活动，如金佛山冰雪节、重庆冰雪季旅游节等节日，还可以举办大型比赛、市民周末比赛活动等正式和非正式活动，提高主城新区滑雪康体资源的知名度。还可以推出森林雪景观赏项目，例如雪原，雾凇、冰瀑等冰雪景观。

7.7.3 云南省康养旅游产业融合模式选择

(1) 云南滇中地区康养旅游产业融合模式选择。

通过上文定量分析及排名，滇中地区在康旅资源开发、康疗资源和康体资源开发价值中排名分别为第四、第四、第三。根据优良级资源的分布，显示出滇中地区适宜中医药康疗资源、体育康体资源和温泉康体资源的开发。对于中医药康疗资源，滇中地区可以通过建设一批生物医药大健康产业园，来推动中医药康疗康养产业的发展。从“现代中药、干细胞应用”到“诊疗、医学科研”，再到“休闲、康养”全产业链的“大健康产业”。以游带医，以医带药，以药促游，医养结合。对于体育康体，滇中地区海拔高，体育产业发达，昆明是世界六大高原训练基地之一，玉溪红塔区是“国家体育产业示范基地”，滇中地区应重点发展体育康体产业，立足各团体例如国家队、省市专业队、职业队、青少年队的专业训练康复，重点发展以篮球、足球、网球、马术等专业体育运动、体能训练、全民健身为核心，休闲、旅游、会务、养生等配套产业为辅的特色高原体育运动产业。对于温泉康体，滇中地区地热资源非常丰富，在云南省内仅次于滇西地区，滇中地区经济发达，离市场近，要重点挖掘温泉的“恢复性”“康复性”的特征，融合进医药养生资源，以建设阳宗海温泉度假区、宜良温泉小镇、寻甸星河温泉小镇、安宁温泉小镇为核心，形成温泉运动休闲综合体，重点开发以温泉理疗、温泉瑜伽、禅修度假、康复医疗等为特色的温泉康养产业。

（2）云南滇西地区康养旅游产业融合模式选择。

通过上文定量分析及排名，滇西地区在康旅资源开发、康疗资源和康体资源开发价值中排名分别为第十六、第十六、第十四。根据优良级资源的分布，显示出滇西地区适宜温泉康体资源和森林康旅的开发。温泉康体资源，滇西地区可以以腾冲市为核心进行开发，高标准规划、高起点建设了一批具有世界水准的温泉 SPA，重点发展热海温泉 SPA、荷花温泉 SPA、悦椿温泉 SPA、云峰山石头纪温泉 SPA、柏联温泉 SPA 等康体养生胜地。同时，结合滇西其他地区的温泉资源，建设了一批大众化的温泉，如樱花谷温泉、大塘温泉、腊幸温泉、洞山温泉等疗养胜地。针对森林康旅资源，滇西地区要发挥地区特色，发展特色茶树森林旅游，融合茶文化和森林资源，以双江古茶山国家森林公园为核心，建设一批高质量的茶树森林康旅项目。

（3）云南滇东地区康养旅游产业融合模式选择。

通过上文定量分析及排名，滇东地区在康旅资源开发、康疗资源和康体资源开发价值中排名分别为第十七、第十七、第十一。根据优良级资源的分布，显示出滇东地区适宜体育康体资源、生态康旅和温泉康体资源的开发。针对体育康体资源，滇东地区要发挥高原特色，建设一批高原运动休闲特色小镇，加强体育基础设施的建设，打造运动休闲胜地。针对生态康旅资源，滇东地区要以 5A 级旅游景区普者黑为中心，发挥 5A 级景区的辐射带动作用，建设一批高质量的生态旅游目的地，形成生态旅游产业群。对于温泉康体资源，滇东地区要重点建设西部大峡谷温泉，推动其高质量发展，对其提质升级，建成 5A 级景区和 5 星级温泉。

（4）云南滇南地区康养旅游产业融合模式选择。

通过上文定量分析及排名，滇南地区在康旅资源开发、康疗资源和康体资源开发价值中排名分别为第十二、第十四、第九，再根据该地区优良级资源的分布，显示出滇南地区适宜温泉生态康旅和森林康旅资源的开发。针对森林康旅资源，滇南地区要发挥其地域优势，中国唯一拥有原始热带雨林森林的地区，重点打造热带雨林森林康养，融合当地佛教文化特色，开发一批如森林瑜伽康养、佛学静修森林康养、素食森林康养等特色项目，建设一批如勐海勐巴拉雨林小镇和龙韵养生谷等的高质量森林康养基地。正对温泉康体，滇南地区可以重点发展冬日温泉，滇南地区纬度低，冬季非常温暖，是冬季养生度假胜地，可以建设一批如悦椿温泉SPA、金链温泉度假村等高端温泉旅游度假区。

（5）云南滇北地区康养旅游产业融合模式选择。

通过上文定量分析及排名，滇北地区在康旅资源开发、康疗资源和康体资源开发价值中排名分别为：第十三、第十九、第十七，再根据该区优良级资源的分布，显示出滇北地区适宜生态康旅、乡村康旅资源和体育康体资源的开发。滇北地区生态环境优美，生态旅游资源众多，拥有世界自然遗产三江并流保护区，非常适宜生态康旅资源的开发，要发挥5A级景区丽江古城、玉龙雪山和普达措景区等高等级景区的辐射带动作用，带动周边生态旅游资源的开发，建设一批高品位的生态康旅项目。对于体育康体资源，滇北地区可以发挥地区海拔特色，建设一批高原运动体育小镇，承接许多国家训练基地的建设。对于乡村旅游资源，滇北地区可以开发一系列少数民族特色乡村旅游，利用其独特的少数民族特色，建设一批国家级乡村旅游重点村镇。

7.7.4　贵州省康养旅游产业融合模式选择

（1）贵州黔中地区康养旅游产业融合模式选择。

通过上文定量分析及排名，黔中地区在康旅资源开发、康疗资源和康体资源开发价值中排名分别为第二、第二、第二，再根据该区优良级资源的分布，显示出黔中地区适宜中医药康疗资源、体育康体资源和温泉康体资源的开发。针对中医药康疗，黔中是贵州中药材主产区，国内最大的苗药生产基地，拥有优势的产业基础，发展大健康产业具有得天独厚的优势。滇中地区可以推进健康养生示范园区和基地发展，培育壮大健康养生企业，发展中药材种植基地，重点发展益佰、乌当、修文、清镇等医药产业园，构建“贵阳医药圈”，把乌当区打造成“中国药谷”，推进健康养生项目建设，把中药产业做优做强，发展现代创新中药，推进以苗医药为核心的民族中医药发展，开发一批融合旅游观光、文化创意、休闲购物、中药材养生等要素的健康养生产品。对于体育康体，滇中地区应进一步推进健康运动与休闲旅游的融合发展，引进国内外大中型企业入驻，重点打造山地户外运动，建立山地户外运动基地，开发山地自行车和山地越野等山地户外康体养生产品。引入社会资本，大力打造知名山地户外体育旅游休闲基地，如贵阳市森林公园登山步道、观山湖健身步道、南江大峡谷漂流赛道、观山湖国际山地自行车赛道等。针对温泉康体，把滇中地区定位于温泉省的中心，重点发展保利国际温泉、泉·天下温泉、贵御温泉、天邑森林温泉、息烽温泉、开阳白马峪温泉、开阳马岔河温泉、修文黔贵六广温泉、百灵温泉、多彩万象城温泉等温泉资源，打造一批高端温泉 SPA。

（2）贵州黔南地区康养旅游产业融合模式选择。

通过上文定量分析及排名，黔南地区在康旅资源开发、康疗资源和康体资源开发价值中排名分别为第十、第九、第七，再根据该区优良级资源的分布，显示出黔南地区适宜森林康旅资源、体育康体资源和乡村康旅资源的开发。黔南地区要发挥林业优势，将森林康养产业做大做强，完善基础设施，推进森林康养产品创新，提升接待服务能力。实施森林康养品牌战略，推进黔南森林康养地理品牌和地域品牌的树立。建设一批高水平的森林康养基地，重点建设独山紫林山、都匀青云湖、平塘京舟和荔波兰鼎山等省级森林康养试点基地，争取早日入选国家级森林康养基地。针对乡村康旅，黔南地区也要发挥森林特色，打造彰显花果景观并体现林业特色的多彩森林村寨。还可以结合当地宜人的气候、良好的生态、优美的环境，打造一个集休闲度假、养生养老、医疗康养等于一体的全新康养、医养田园式综合体。针对体育康体，黔南州可以发挥少数民族地区和喀斯特地貌等地区特色，发展陀螺、独竹漂、龙舟、高脚竞速等民族体育项目，发展洞穴探险、徒步攀爬和穿越等户外活动。

(3) 贵州黔东南地区康养旅游产业融合模式选择。

通过上文定量分析及排名，黔东南地区在康旅资源开发、康疗资源和康体资源开发价值中排名分别为第九、第十三、第八，再根据优该区良级资源的分布，显示出黔东南地区适宜森林康旅资源、体育康体资源和中医药康疗资源的开发。针对体育康体，黔东南地区要通过“自然资源 + 传统节庆体育文化创意 + 互动体验”模式，展示民族体育风情，加强特色民俗文化和民族地区农耕文化的体验，打造具有民族传统节庆、民族体育文化精髓的现代民族体育旅游节，还可以根据季节来打造旅游产品，比如春、夏季着重开发水上民族旅游产品，例如在黔东南州开发龙舟、漂流、独竹漂等，秋、冬季开发登山、舞蹈等旅游产品。针对森林康旅，黔东南地区可围绕1家国家级森林康养基地和8家省级森林试点基地，将森林康养产业做大做强，对现有的森林康养产业提质升级，将黔东南地区打造为全国森林康养基地标准化建设示范区。对于生态康旅资源，黔东南地区可利用秀美的山水风光和浓厚的少数民族文化，建设一批独具民族特色的生态康养基地，打造“苗侗之乡，生态之州，康养黔南”形象。

(4) 贵州黔西南地区康养旅游产业融合模式选择。

通过上文定量分析及排名，黔西南地区在康旅资源开发、康疗资源和康体资源开发价值中排名分别为第十四、第十一、第十三，再根据该区优良级资源的分布，显示出黔西南地区适宜生态康旅资源、乡村康体资源和中医药康疗资源的开发。针对中医药康疗资源，黔西南可以推进中医药健康养老服务项目，发展食疗、理疗、苗医药疗的三疗一体 + 运动相结合的服务体系，建立以医疗、康复、养老、护理为一体的“医养融合”健康养老模式。针对生态康旅，可重点建设新松·国际医养旅游健康城、兴义市则戎纲具康养小镇等项目，健康城和康养小镇都是融合了多重康养要素，集生态民宿、健康养生、人文旅游、休闲度假为一体的高端康养胜地，借助这些大型康养项目的建成，进一步整合生态、旅游、医疗、文化等各类资源，全力打造“四季康养之都”品牌。针对乡村旅游，黔西南地区可以发挥优势户外运动产业上，把户外运动元素不断融入进乡村旅游开发的过程中，拓展传统乡村旅游，发挥户外运动的休闲娱乐健身功能，为旅游者提供休闲、娱乐、健身、体验于一体的特色户外运动项目。这样可以避免乡村旅游产品的同质化，打破了乡村旅游季节性的局限性。

（5）贵州黔西北地区康养旅游产业融合模式选择。

通过上文定量分析及排名，黔西北地区在康旅资源开发、康疗资源和康体资源开发价值中排名分别为第八、第十、第十二，再根据优良级资源的分布，显示出黔西北地区适宜生态康旅资源、森林康旅资源和乡村康旅资源的开发。针对乡村康旅资源，通过乡村独有的村庄、农田及劳作景观吸引城市人群，建立乡村康养体验区。乡村康养体验区的开发可以以优美的田园风光、健康的自种食品为重点，体验项目为辅，例如亲身劳作体验项目可吸引想要体验农家生活的城市居民，劳作也是一种运动形式。建立康养体验区须保存原始村容村貌，保护农林渔牧资源，在增强当地农户经济效益的同时，避免过大影响农民的生活。乡村康旅模式吸引的人群应该是久居城市的居民，满足其求新、求奇的娱乐需求，且远离城市喧嚣，释放压力，有助于身心健康。对于森林康旅，黔西北可大力发展森林旅游、森林康养、森林体验等，实现林旅深度融合，不断提升产业链和价值链，以优质的森林旅游推动康养产业高质量发展。对于乡村旅游，黔西北可发挥气候优势，打好凉都这块招牌，重点发展夏季避暑游，发展现代山地高效特色农业。

（6）贵州黔东北地区康养旅游产业融合模式选择。

通过上文定量分析及排名，黔东北地区在康旅资源开发、康疗资源和康体资源开发价值中排名分别为第五、第五、第五，再根据该区优良级资源的分布，显示出黔东北地区适宜生态康旅资源、医养康疗资源和温泉康体资源的开发。针对康疗资源，黔东北可发挥遵义的医药实力，建设康养示范中心，打造“醉美遵义·康养胜地”知名品牌。要围绕“康养+”例如+农业、地产等其他产业，从慢病疗养、休闲养老、民俗旅游等角度出发，推动康养与各产业深度融合发展，并基于现有资源现状，对“康养+”项目进行全方位整合招商。针对温泉康体资源开发，可以石阡县为核心，打造“温泉之城，长寿石阡”

品牌，石阡县可以利用县内丰富的自然环境资源、特有的温泉资源为平台，以中医中药及现代医疗联合打造集养老、医疗和旅游相结合的“医养旅”新模式。将石阡温泉水疗作为主要自然疗养因子，运用中西药物治疗、针灸推拿、运动康复、温泉水药浴、营养膳食、健康教育、心理指导、现代医疗等对一些常见多发病进行治疗和康复，将养老养生、康复治疗深度融合，为游客提供慢性疾病治疗、康复理疗、休闲养生、医养结合等服务。针对生态康旅资源，可以世界自然遗产地梵净山为核心，立足梵净山生态旅游资源优势，突出梵净山品牌效应和龙头引领，推动江口生态文化旅游休闲区和印江生态养生旅游度假区等生态文化旅游区的建设，依托锦江沿线的梯田、滩涂、溶洞、温泉、果园、茶园等资源，打造“山水相依、景田相望、农旅相生、文旅相融”乡村生态文化旅游带。

7.8 西南地区康养旅游资源开发模式空间布局

根据以上西南地区19个片区中康养旅游资源单体开发模式选择评价和影响因素分析，我们可以得出如下结果。

7.8.1 四川省康养旅游资源开发模式空间布局

基于康养旅游资源开发思路，形成五大片区不同的康养旅游产业发展板块，根据地区本土特色和资源条件选择适合自身发展的模式，并形成四川省康养旅游产业融合模式空间布局。其中，在川西北地区适合重点发展温泉康体模式和中医药康疗模式，甘孜州发展温泉康体模式，阿坝州发展中医药康疗模式。在攀西地区的攀枝花市适合重点发展阳光康旅模式和体育康体模式。在川南地区宜宾市适合重点发展生态康旅模式。在成都平原地区适合重点发展医养康疗模式、体育康体模式和森林康旅模式，其中，成都市和绵阳市发展医养康疗模式，成都市和德阳市发展体育康体模式，眉山市、乐山市和雅安市发展森林康旅模式。在巴山地区适合重点发展森林康旅模式、乡村康旅模式和温泉康旅模式。其中，广元市发展温泉康体模式，巴中市和达州市发展森林康旅模式，广安市发展乡村康旅模式。在开发旅游片区过程中，政府应当充分发挥自身作用，建立相应的政策为旅游开发工作提供政策指引，统筹兼顾，打造更为全面的旅游开发规划，通过引入国外优秀康养连锁机构等的形式，提升国内康养旅游发展水平，将康养旅游的行业规范、标准等提高层次，带动康养旅游产业的全面升级，将康养旅游贯穿于康旅类、康体类以及康疗类三大康养旅游资源的开发中，对于构建四川省的整个旅游发展规划有着重要意义，从此四川省的旅游吸引力才能提升。

7.8.2 重庆市康养旅游资源开发模式空间布局

云阳、巫溪、巫山及奉节四个区县体育建设度高且有成熟的优良级体育资源单体云阳龙缸滑雪场，适宜开发体育康体康养旅游。梁平、万州、云阳及奉节四个区县内有龙缸国家地质公园、九天龙凤旅游度假区、一箭春生态茶园及石桥水乡湿地公园等优良级生态康旅资源，适宜开发生态康旅康养旅游。垫江县内有恒健太极康养城等优良级资源，可开发医养康疗康养旅游。丰都、石柱、武隆、彭水、黔江及酉阳境内有乌江画廊阿依河森林康养基地、摩围山风景区森林康养基地、桃花源国家森林公园、仙女山森林康养基地、千野草场、南天湖旅游休闲森林康养基地等成熟且名气大的优良级旅游资源单体，适宜开发生态康旅及森林康旅康养旅游。长寿和涪陵的体育建设度高，南川境内有金佛山滑雪场，适宜开发体育康体康养旅游。合川和长寿有优良级乡村康旅资源单体友缘山庄及长寿慢城，适宜开发乡村康旅康养旅游。重庆主城都市区三甲医院数量多，医疗水平佳，还有金阳重庆映像中医药健康旅游城这类优良级医药康旅资源单体，适宜开发中医药康疗康养旅游。重庆主城都市区内体育建设度高，且有优良级资源单体加勒比海水世界景区，适宜开发体育康体康养旅游。重庆主城都市区、璧山区及永川区有非常多的优良级温泉康体资源，包含统景温泉风景区、融汇温泉小镇、北碚十里温泉城、贝迪颐园温泉度假村、香海温泉酒店等，适宜开发温泉康体康养旅游。重庆主城都市区、江津、綦江、南川及涪陵拥有非常优越的森林康旅资源，有南山森林公园、山水都市森林康养基地、缙云山国家级自然保护区、金刀峡自然风景区、黑山国家森林公园、横山森林康养基地、四面山森林康养基地、武陵山森林公园等，适宜开发森林康旅康养旅游。

7.8.3 云南省康养旅游资源开发模式空间布局

滇中地区三甲医院数量多，医疗水平佳，还有云南白药大健康产业园、南滇郡中医康养基地、云南杏林大观园这类优良级医药康旅资源单体，适宜开发中医药康疗康养旅游。滇中地区内体育建设度高，且有优良级资源单体轿子雪山国际滑雪场、可邑运动休闲特色小镇，适宜开发体育康体康养旅游。滇中地区、滇西地区有非常多的优良级温泉康体资源，包含昆明滇池春天温泉会馆、元谋东方猿人谷温泉水世界、腾冲洞山温泉、腾冲热海玉温泉、腾冲悦椿温泉村、荷花温泉等，适宜开发温泉康体康养旅游。滇北地区体育建设度高且有成熟的优良级体育资源单体香格里拉滑雪场、建塘体育休闲小镇，滇北地区森林覆盖率高，而且旅游业发达，拥有东巴谷康养小镇、观音峡森林康养基地、猎鹰谷森林康养基地、文笔山森林康养基地、结达木景区森林康养基地、香格里拉高山植物园森林康养基地、拉市镇美泉村、白沙镇、拉市镇均良村、尼西乡汤堆村等优良级森林康旅和乡村康旅资源适宜开发体育康体、森林康旅和乡村康旅等康养旅游。滇南地区有勐巴拉森林康养基地、淞茂谷森林康养基地、西双版纳国家森林公园、观音山国家森林公园、墨江国家森林公园、太阳河国家森林公园、太平湖森林小镇等优良级森林康旅资源，还有野象谷国家生态旅游示范区、团山村、勐景来村、高家寨村、西三镇可邑村、巴亚村、巴坡村、阿者科村、曼掌村、马散村等优良级生态、乡村康旅资源，适宜开发森林康旅、生态康旅和乡村康旅等康养旅游。滇东地区森林覆盖率高，且空气质量好，拥有克依黑景区森林康养基地、珠江源国家森林公园、铜锣坝国家森林公园、五峰山国家森林公园、鲁布革国家森林公园、娜姑镇白雾村、鲁布革乡腊者村、五龙壮族乡等优良级康旅资源，适宜发展森林康旅和乡村康旅等康养旅游。

7.8.4 贵州省康养旅游资源开发模式空间布局

黔中和黔东北地区三甲医院数量多，医疗水平佳，还有大健康中国行普定孵化基地、百鸟河中医药旅游度假养生谷这类优良级医药康旅资源单体，适宜开发中医药康疗康养旅游。黔西北地区内森林覆盖率高，且有优良级资源单体九龙山国家森林公园、百里杜鹃国家森林公园、油杉河大峡谷国家森林公园、娘娘山森林康养基地、黄果树瀑布源国家森林公园、毕节国家森林公园、赫章夜郎国家级森林公园、核桃乡木寨村、玉舍国家森林公园、六盘水市野玉海山地旅游度假区、岩博村、百车河村、舍烹村、高峰村、牛角村、岩脚村、屯上村、青山村、倮么村等森林和乡村康旅资源，适宜开发森林和乡村康旅康养旅游。黔中地区、黔东北地区有非常多的优良级温泉康体资源，包含贵御温泉、海龙温泉、百灵温泉、保利国际温泉酒店、九天温泉、中坝温泉旅游小镇、九龙洞温泉度假庄园等，适宜开发温泉康体康养旅游。黔北地区森林覆盖率高且有成熟的优良级森林康旅资源单体桃源河景区森林康养基地、水东乡舍森林康养基地、复兴镇凯旋村、天台镇凤凰村、九龙山国家森林公园、长坡岭国家森林公园、凤凰山国家森林公园、九道水国家森林公园、翠芽27度森林康养基地、大板水国家森林公园、习水国家森林公园、枫香镇花茂村、平正仡佬族乡团村、新舟镇槐安村、青岩镇龙井村等优良级森林康旅和乡村康旅资源，适宜发展森林康旅和乡村康旅等康养旅游。黔西南地区有三岔河运动休闲特色小镇、都匀国际足球小镇、万峰林街道、者相镇纳孔村、屯脚镇鲤鱼村等优良级体育康体和乡村康旅资源，适宜开发体育康体和乡村康旅等康养旅游。滇东南和黔南地区森林覆盖率高，且空气质量好，拥有仰阿莎国家森林公园、舞阳湖国家森林公园、黎平国家森林公园、雷公山国家森林公园、福泉国家森林公园、甘溪国家森林公园、龙架山国家森林公园、朱家山国家森林公园、龙里水乡旅游生态城、毛尖镇坪阳村、盘江镇音寨村、好花红镇好花红村、龙山镇龙山社区、贵定县盘江镇、肇兴镇肇兴村、丙妹镇岜沙村、敦寨镇雷屯村等优良级康旅资源，适宜发展森林康旅和乡村康旅等康养旅游。

7.9 本章小结

本章首先，根据产业融合理论，参考《旅游资源分类、调查与评价》（GB/T 18972－2017）和《中国康养产业发展报告》，结合西南地区康养旅游地的成因和属性特点，将我国西南地区康养旅游资源分为康旅、康体、康养三种开发模式。本文收集西南地区现有618个康养旅游资源单体，通过康养旅游资源特性和现有的旅游发展规划将西南地区划分为19个康养旅游片区。

其次，运用ArcGIS 10.5软件采用最邻近指数和核密度分析等方法探索西南地区康养旅游资源的空间分布规律，通过层次分析法和专家打分法建立西南地区康旅、康体、康疗资源开发综合评价体系，评价19个康养旅游片区的三类康养旅游资源的开发价值，再通过地理探测器模型对三大类康养旅游资源开发价值的影响因素进行分析。分析主要结论如下：（1）西南地区康养旅游资源最邻近指数 $R<1$，在不同的距离尺度范围呈显著集聚性分布。核密度分析进一步验证了西南地区康养资源分布的空间集聚性特征。核密度分析结果显示，在整个西南地区的尺度下，我国西南地区的康养旅游地呈现出以成渝双城经济区为核心的双核心轴线分布局面和“靠景，沿路、环城”分布规律与大集中、小分散的空间特征；在省域尺度下，四个省市都呈显著聚集和聚集型；在模式分类下，大部分模式呈现明显聚集和聚集，少部分呈现出随机分散。（2）西南地区三大类康养旅游资源可开发价值高的区域比较集中，从空间尺度来看中心城市的可开发价值要高于周边地区；三大类型康养旅游资源开发价值排名中，排名前列的都是经济发达的中心城区，与康养旅游资源分布格局基本重合，再一次验证了目前康养旅游资源分布格局的合理性。（3）各因素对西南地区康养旅游资源开发的影响力存在显著差异，影响力前五的为：A级景区密度、旅游人数密度、高速出入口密度、每万人拥有医疗卫生机构床位数、和人均旅游总收入。其中高速出入口密度对康疗类和康体类康养旅游的影响最大；A级景区密度对康旅类康养旅游地的影响最大，高速出入口密度在各因素合力作用中起着至关重要的作用，表明路网交通对我国西南地区康养旅游业的

发展至关重要。

最后，通过三大类康养旅游资源开发价值得分排名和影响因素分析得出了西南地区 19 个康养旅游片区适合开发的资源和适合自身发展的康养旅游产业融合模式，并策划出各个康养旅游片区开发模式的空间布局，最终实现西南地区旅游资源的有效整合。

第 8 章

西南地区康养旅游产业融合发展机制设计研究

8.1 西南地区康养旅游产业融合发展功能区政府决策分析

8.1.1 自然环境政策及措施

近些年来，西南地区各省市都十分注重环境保护。2017 年，《云南省全民所有自然资源资产有偿使用制度改革实施方案》中提到，推进国有林地使用权确权登记工作，切实维护国有林区、国有林场确权登记颁证成果的权威性和合法性。2017 年，四川省人民政府办公厅发布了《关于加快推进森林城市建设的意见》，其中提到要科学开发利用森林资源，积极打造森林康养小镇（基地）、森林人家、森林氧吧等。积极发展特色产业，培育生态效益与经济效益兼顾的特色经济林、珍贵用材林，以森林为依托发展种植、养殖、旅游、度假、休闲、康养等生态产业，促进群众脱贫增收。2021 年云南省人民政府办公厅《关于加强草原保护修复的实施意见》中提出通过租赁、特许经营等方式积极发展森林旅游、森林康养和林下经济。围绕打造世界一流“绿色食品牌”和“健康生活目的地牌”，推动生态康养产业发展。2021 年重庆市人民政府办公厅发布了《重庆市天然林保护修复制度实施方案的通知》，其中提到重庆市将加快完善天然林保护修复制度体系，确保天然林面积逐步增加、质量持续提高、功能稳步提升。该文件强调在确保不破坏植被、不影响生物多样性、森林正常生长前提下，可在天然林地可持续发展林下经济、绿色生态旅游、生态康养旅游等产业。大力支持发展康养产业。2021 年，中共贵州省委贵州省人民政府发布《关于加快推进林下经济高质量发展的意见》，其中提到有序发展森林生态旅游康养业。大力发展森林体验、森林观光等生态旅游新业态。围绕森林生态旅游开展森林城镇、森林人家、森林村庄建设，打造特色生态森林旅游线路、国家森林步道、新兴森林生态旅游品牌。规范有序发展康复疗养、健康养生养老、中医药医疗保健等森林康养产业。

8.1.2 社会经济政策及措施

高速公路是影响康养旅游地布局的重要因素，西南地区各省市在道路建设方面非常重视。2014 年，《四川省高速公路网规划（2014～2030 年）》出台，规划中提到四川境内将增加 15 条，要实现水陆空联运，将省内 16 座机场、全部二等及以上火车站、内河港口实现高速无缝接驳，到 2030 年左右，四川省内高速将连接所有地级行政中心和城镇人口超过 10 万的县城，覆盖全省 183 个县（市、区）中的 170 个、覆盖率达到 93%，服务全省 99% 以上的人口。2022 年，四川省人民政府办公厅发布的《关于深化高速公路市场化改革的指导意见》和《支持高速公路加快建设若干政策》中，提到要放宽投资建设条件、完善政府投资机制、拓展融资渠道和强化政策激励，完善高速公路的建设，发挥高速公路对经济的带动作用，带动周边产业发展。2019 年，云南省人民政府办公厅发布《云南省深化收费公路制度改革取消高速公路省界收费站实施方案》和《关于成立云南省决战县域高速公路"能通全通"工程领导小组的通知》，文件中提出要取消 9 个高速公路省界收费站，完成全省高速公路联网收费系统和电子不停车收费系统（ETC）门架系统硬件及软件标准化建设改造，启动县域高速公路"互联互通"工程。这两份文件的出台使云南与西南其他省市的交通便捷性大幅增加，能够增加车流量，促进整个西南地区的交通网络进一步联结。2018 年，贵州省人民政府发布《贵州省新时代高速公路建设五年决战实施方案》，强调 2022 年，通车总里程突破一万公里，面积密度和人口密度分别达到 5.7 公里/百平方公里和 2.7 公里/万人，形成网络更加完善、连通更加便捷、覆盖更加广泛、保障更加有力的高速公路网络。

8.1.3 体育发展政策及措施

《贵州省“十四五”文化和旅游发展规划（征求意见稿)》提出，要加强温泉开发建设和产品转型升级，推进医疗护理、养生保健、康复疗养深度融合，打造以温泉养生、温泉会议、温泉酒店和温泉地产等产品业态，推动温泉资源的综合开发利用，争取主管部门切实解决办理矿权等合法性手续问题，盘活停工项目，实施100个温泉旅游重点项目工程，打造15个省级温泉旅游度假地，加快打造一批全国一流的温泉保健疗养品牌，推进“温泉省”建设。《关于贵州省创建全国体育旅游示范区的意见》中指出，贵州将打造体育特色小镇，以国家推动运动休闲特色小镇建设为契机，突出足球、攀岩、骑行、露营、探洞、低空飞行、水上项目、冰雪项目等特色，结合全省名城、名镇、名村建设，重点打造一批体育特征鲜明、文化气息浓厚、产业集聚融合、生态环境良好、惠及人民健康的体育特色小镇。贵州还将打造景区体育旅游基地。鼓励支持和引导具备条件的景区，建设完善房车营地、航空营地、户外拓展营地、水上乐园、冰雪乐园等体育业态。支持景区举办体育赛事，开展“体育旅游体验季”系列活动。实施100个生态体育公园建设计划，推动生态体育公园升级评定为景区体育旅游基地或A级旅游景区。《贵州省建设山地民族特色体育强省行动方案》指出要紧密结合乡村振兴，依托自然资源，建设运动休闲特色小镇。加快体育旅游融合，着力推进全国体育旅游示范区创建。促进体育与旅游、文化、康养等产业深度融合发展，开发特色体育旅游产品，围绕建设“长征国家文化公园”，加快城镇景区体育旅游示范基地、运动休闲小镇、体育旅游综合体、体育旅游休闲与训练基地建设，推出“发现古驿道”“重走长征路”“体验徐霞客”“阳明之路”等精品体育旅游线路网。云南发布了《关于加快建设体育强省的意见》，提出要推动体育与旅游、文化、康养等产业深度融合，聚集产业核心要素，打造完整产业链条。依托高原体育训练基地群，培育以昆明为核心的体育产业经济圈、“大滇西”体育旅游发展带和滇东北山地户外运动带等产业集聚区，打造高原体育训练与康复基地品牌，并全力打造全国一流“健康生活旅游目的地牌”。四川省人民政府办公厅发布了《关于促进全民健身和体育消费推动体育产业高质量发展的实施意见》，里面指出要优化产业布局，加快完善全省体育全产业链，激发市场主体活力，促进体育制造业转型升级、体育服务业提质增效、体育与相关产业融合发展，推动四川体育产业规模更大、结构更优、市场更活，体育供给丰富多样，体育消费愈加旺盛。四川省还积极推动体育与医疗融合发展，鼓励医院培养和引进运动康复师，积极推广产业模式，推动形成体医融合的疾病管理和健康服务模式。加强针对老年群体的非医疗健康干预，支持构建慢性疾病运动干预体医结合服务新模式，创新建设慢性疾病运动干预中心。四川省还鼓励体育与文旅融合发展。积极引导旅游景区、景点等开发体育旅游项目，鼓励各地创建国家体育旅游示范基地，加快省体育博物馆建设。重庆也积极促进体育消费升级和产业融合发展。

8.1.4 疗养政策及措施

云南省人民政府办公厅发布的《关于促进养老托育服务健康发展的实施意见》中明确提出要促进康养融合发展，持续推动打造世界一流“健康生活目的地牌”，推动养老服务业与教育、健康、文化、旅游、体育、家政等幸福产业融合发展，鼓励各类市场主体提供适合老年人的文体游乐等养老拓展服务。《关于推进四川养老服务发展的实施意见》中指出，到 2022 年，力争将四川打造成西部养老服务高地、全国养老服务示范省，在保障人人享有基本养老服务基础上，全面建立居家社区机构相协调、医养康养相结合的养老服务体系，有效满足老年人多层次、多样化养老服务需求。《四川省创建全国医养结合示范省实施方案》中指出将推动医养产业集群发展，以应用为核心，建设医养结合和健康养老产业园区、功能社区、主题空间等综合体，发展一批产业链长、覆盖领域广、经济社会效益显著的医养产业集群，推动医养结合跨区域联动、多业态融合，促进医养上下游产业链融合发展，形成在全国有影响力、可复制的产业模式。四川省还推进中医药医养服务，鼓励设立以中医药健康养老为主的护理院、疗养院，推动中医优质资源下沉，推进“药养”“食养”等中医药特色养生养老服务。四川省到 2022 年，县级以上中医医院全部设置治未病科室，建制乡镇卫生院全部设立标准化中医科和中医馆等中医综合服务区，推动中医药适宜技术和项目在老年群体中广泛应用。四川省还将推动医养旅游协同发展。开发阳光康养、森林康养、中医康养、乡村康养等康养旅游系列产品，打造“医疗+旅游”“疗养+旅游”“养老+旅游”相结合的医养旅游新模式，打造四川医养康养品牌。《四川省中医药强省建设行动方案（2021~2025年）》指出要建成四川省藏医医院、藏羌医院和彝医医院，要拓展中医药预防保健服务，65岁以上老年人和0~3岁婴幼儿的中医药健康管理服务覆盖率均达到70%，要加强区域协同，打造辐射川渝滇黔等地的中医医疗服务集群，组建区域性中医医联体，要争创国家中医医学中心和区域中医医疗中心，建设3~5个中医特色突出、临床疗效显著、示范作用明显的中医特色医院。四川努力推进中医药产业高质量发展行动，优化中药材产业布局，建设可持续、多元化、特色化的中药材产区，重点扶持一批全省中药材重点种植产业区。大力支持中药及大健康产品开发和关键技术装备创新，支持中医药重点龙头企业培育一批高价值专利，提升川产道地药材市场竞争力。《重庆市推进养老服务发展实施方案》中指出，要繁荣养老服务产业，制定扩大养老服务供给促进养老服务消费的实施方案，编制养老服务产业发展规划，支持养老服务“+教育”“+旅游”等服务，发展医疗康复服务、康养小镇等新业态。

8.2 西南地区康养旅游产业融合发展的机制分析

8.2.1 机制构建

“机制”一词由于不同理解有不同的概念，本研究根据《现代汉语词典》的释义，认为“运行机制”是指在事物有规律的运动中，影响这种运动的各因素的结构、功能及其相互关系，以及这些因素产生影响、发挥功能的作用过程和作用原理及其运行方式，是引导和制约决策并与人、财、物相关的各项活动的基本准则及相应制度，是决定行为的内外因素及相互关系的总称。各种因素相互作用，相互联系，确保实现社会各项工作的目标和任务，须建立一套灵活、高效、协调的运行机制。本研究认为，西南地区康养旅游运行机制由利益集团、政策制度和康养环境三个子系统共同影响形成，其中利益集团由地方政府、社区、企业和其他利益主体组成；政策制度主要包括国家制定的政策法规、标准及其他引导性文件；康养环境由当地资源特色、基础设施环境、康养产业发展特征等组成。利益集团是康养旅游运行的主体，通过利益责任实现康养旅游市场的综合平衡；政策制度主要对康养旅游的运行起约束引导作用，引导康养旅游的有序运行；康养环境是康养旅游发展和运行的本色，主要起影响制约的作用。康养旅游运行机制中的三个子系统之间相互影响、相互作用，共同作用构成了康养旅游的运行机制。其中政策制度与利益集团相互作用，政策制度的制定会征集利益集团的意见，利益集团会将现实中存在的问题回馈给政策制度的制定方。康养环境与利益集团之间的关系为，康养环境会影响制约利益集团的发展和决策，利益集团能够通过措施开发改善康养环境。政策制度和康养环境之间的关系为，康养环境是政策法规制定的基础依托，政策法规能够影响康养环境中的公共设施建设和服务。康养旅游运行机制要随时间和空间上的变化而不断创新，康养旅游目的地的自然环境、利益集团以及政策制度也在变化过程中不断变化，随着康养旅游的逐渐发展成熟，将形成不同的运行机制，最后在不同的运行机制的作用下形成了康养旅游模式的不同选择，如图 8.1 所示。

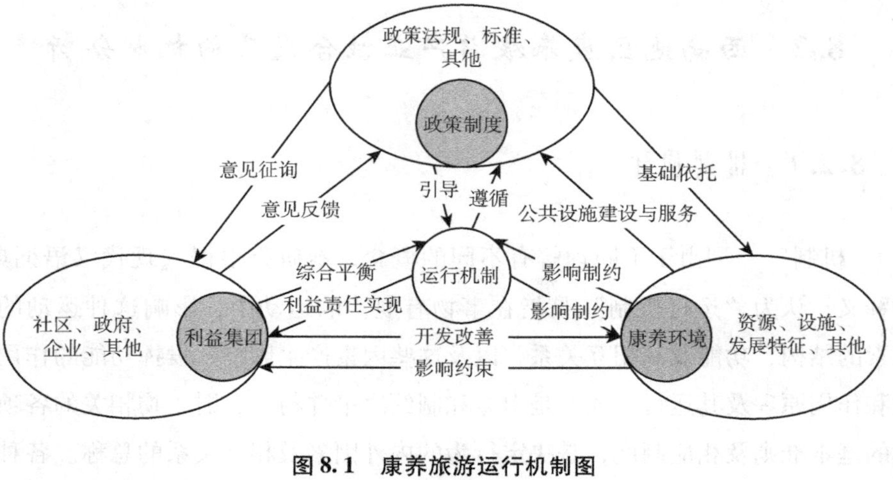

图 8.1　康养旅游运行机制图

Alexander 指出每个不同模式都描述了一个在我们的环境中不断出现的问题以及该问题解决方案的核心。在《Core Patterns》一书中对模式的定义为：模式是用来描述所交流的问题及其解决方案。模式描述了事物之间形而上，不能够看得见摸得着的规律。简单地说，模式就是解决问题的经验的总结，是人们从以往重复出现过的事件中发现和总结出的规律。模式是可借鉴的，能够总结模式，提高工作效率、节约过程成本。因此，本研究认为，康养旅游运行机制是事物内在机理运行程序，而机制运行的外在表现就是模式。机制是客观事物本来具有的机理，倾向于客观真理性，而模式是人从客观事物中抽象出来的，倾向于主观抽象性。本研究所指的康养旅游开发模式是可观测到的最直观层面上的康养旅游运行机制的外在表现形态，两者关系如图 8.2 所示。

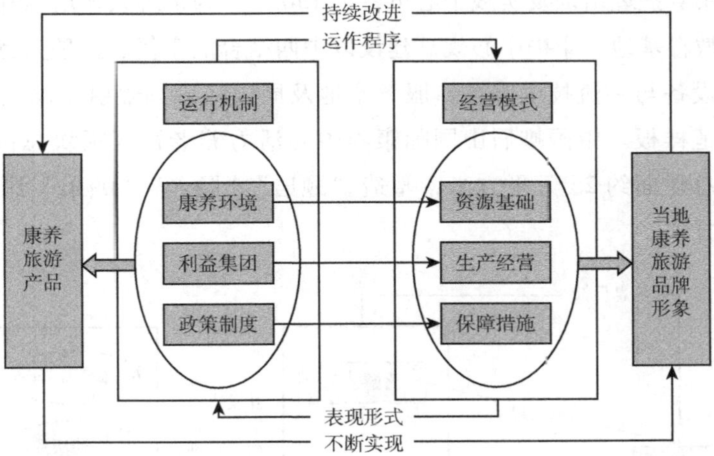

图 8.2　运行机制与开发模式关系图

8.2.2　康疗模式

（1）医养康疗模式。

西南地区的医养康疗模式大部分采取的是多方利益主体共同入股经营的模式，政府、医院和投资商联合，股份制经营，通过资金、土地、管理与资源等形式共同参与医养康疗旅游开发，其运行机制如图 8.3 所示。该模式的特点是，设立一个由医院和投资商参与的股份制旅游企业，康疗康养的开发和经营活动由企业独立进行。例如西南地区的峨眉山国际康养中心就是其中的典型，峨眉山国际康养中心是峨眉山市、尤迈基金和华西医院共同投资建设的项目，其总占地约1104亩，一共分三期项目，一期作为医养融合的核心版块，囊括华西医院项目、国际康养论坛及康护培训中心、康护中心以及养老社区。其中，华西医院项目计划打造以康养医疗、旅游医疗为特色的非营利性三级综合医院，规划总建面14万平方米，预设床位501床，目前主体结构建设中，计划于2022年底投入运营，由四川大学华西医院运营管理。国际康养论坛及康护培训中心，集会议功能、护理培训功能、展览功能于一体，可同时容纳近450人的国际论坛届时将成为中国老年大健康智库“峨眉山国际康养论坛”永久会址；康复护理培训及实践中心可容纳150人，为护理人才培训和康复护理实践提供教育基地。康护中心规划建设以中西结合的康复、护理为特色，配备先进设施设备与一流技术服务，服务本地及周边区域，辐射全国的智慧型康复护理示范样板。中国峨眉山国际康养中心活力养老社区板块总占地约220亩，规划总建面约25万平方米，塑造“颐居”“颐养”“颐乐”康养生活场景与生活方式。

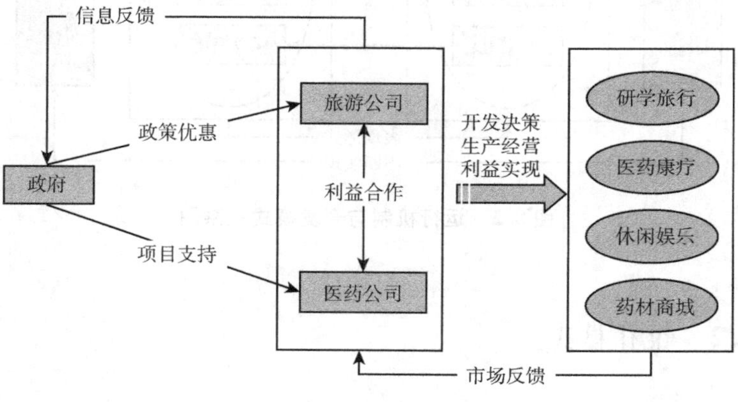

图8.3　医养康疗模式运行机制图

（2）医药康疗模式。

中医药康疗的运行模式较简单，一般以医药公司开发经营为主，政府对其进行政策方面的支持，旅游公司会与其合作，推销其产品，其运行机制如图8.4所示。下面以云南杏林大观园为例，云南杏林大观园为昆明华耀投资有限公司100%控股，其位于云南省石林县台创园核心区，占地面积3000亩。2016年，石林杏林大观园被云南省文产办列为第二批云南省文化创意产业园区；2016年省级重点文化产业项目，2020年4月石林杏林大观园被省文旅厅评为国家AAAA级风景区。项目集中医药文化展示/科普教育、中医养生养老、休闲旅游度假以及生态农业观光体验于一体。项目2012年开始投资兴建，拥有杏林禅寺、樱花峪药膳公园、石泉村木屋度假酒店、石海温泉、黑石箐景区、《那古木斯》水幕实景剧、国药博览园、紫竹苑康养中心一期、杏林古镇一期等建设项目。紫竹苑康养中心二期、杏林古镇二期、影视拍摄基地等一建设项目正有序进。

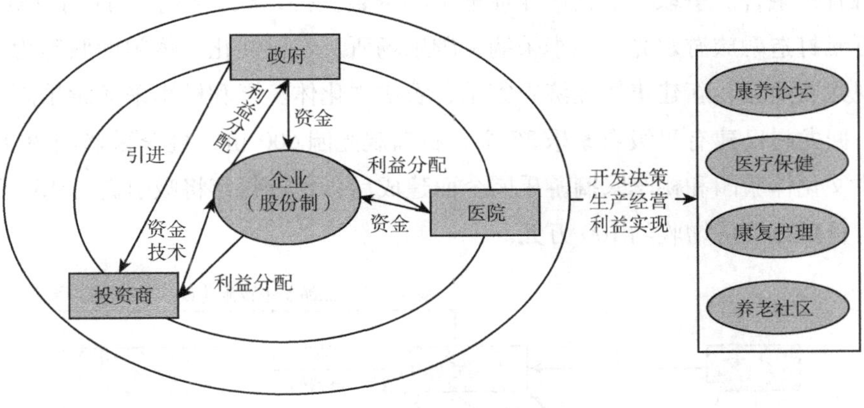

图8.4 中医药康疗模式运行机制图

8.2.3 康旅模式

(1) 乡村康旅模式。

西南地区的乡村康旅模式还比较落后，主要运行机制为公司与农户直接进行合作，签订合作协议，明确双方责任、权利及义务。村集体以土地资源入股，每年参与分红，公司负责客源市场开拓，公司经营管理，农户负责提供具有特色的乡村旅游产品，提供接待服务。农户按照公司的标准进行接待服务，接受公司的培训，同时提供符合公司标准的服务设施。其运行机制如图 8.5 所示。下面以重庆奉节县兴隆镇回龙村为例，2019 年，回龙村成立集体经济组织——兴隆镇回龙村股份经济合作联合社，将上级拨付的 20 万元作为启动资金，村民以土地、现金、宅基地入股，共有 3281 股。在上级和驻村工作队的支持帮助下，回龙村引进了奉节县白帝城旅游管理公司共同打造以旱夔门等景点组成的“三峡原乡”乡村旅游项目，村集体以土地资源入股，每年参与分红。回龙村采取“集体经济组织 + 公司 + 农户”的方式，依托“三峡原乡”神仙洞景区为载体，盘活旱夔门撂荒地 560 亩，收储闲置房屋，旧宅基地八栋，林地 150 亩，通过保护性开发传统村落和民俗风情村寨，成功创建国家级 4A 级景区。为搞好“三峡原乡”景区的延伸，回龙村将现代农业与乡村生态旅游有机融合。争取奉节县产业促进中心资金支持，联合小寨村计划投资 200 余万元打造融旅游观光、桃李采摘、游乐场所、农耕文化、休闲度假等为一体的观光农业园，新建集体经济农家乐、农耕文化体验园和桃李采摘游乐园。目前，回龙村已建有星级农家乐 35 个，石榴观光园 600 亩、桃李采摘园 300 亩。农耕文化体验园和桃李采摘游乐园全面建成后，预计每年将吸引游客 15 万人，将为村集体经济增收约 100 万元。

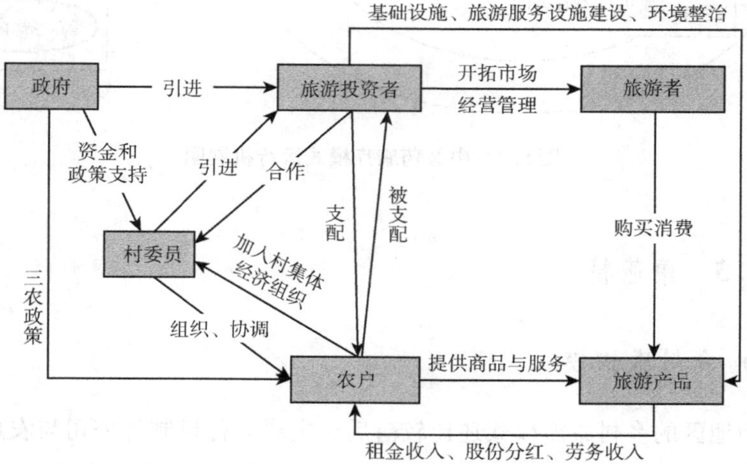

图 8.5　乡村康旅模式运行机制图

（2）森林康旅模式。

西南地区森林康旅模式的投资较多样，其运行机制如图8.6所示，政府通过政策支持和出资入股的形式设立管理服务委员会，管理服务委员会负责商家的管理和服务，对现有的企业进行引导和管理，通过招商引资等优惠政策吸引外来公司入驻，支持外来投资商和本地投资商共同开发森林康养旅游类产品。本文以四川玉屏山国家森林康养基地为例进行分析，洪雅县政府利用现有的林业政策资金和政府资金，总投资“农旅+康养”PPP项目10亿元，由政府财政担保回购，国开金融投资有限公司四川分公司出资，还积极引入风险投资机制，吸引国内行业企业、集团参股。对已经在林区或者林区附近的项目和企业，推广开展森林康养，对这些项目和企业实行统一管理，统一开展康养服务体系建设；对希望引入资金发展森林康养的基地，进行统一培训指导。对项目初步规划、包装后，通过国家林业和草原局产业办公室等平台对外权威发布，面向大型国有健身、娱乐、露营、摄影创作为一体的多功能景区，适合不同年龄段的旅游者去森林度假、疗养、游憩、保健、养老等服务活动。玉屏山森林康养基地有森林学校、康养度假酒店、康养步道、五感体验屋、素质拓展基地、滑翔伞体验基地、森林体验基地等。该基地特别注重加强市场推广，构建“社区－城市森林公园－城郊森林康养－远郊森林公园”四重服务圈层，直接面向康养的核心客户，进行长期有效的服务推广，将森林康养从森林带入日常生活，取得了良好的市场效果。

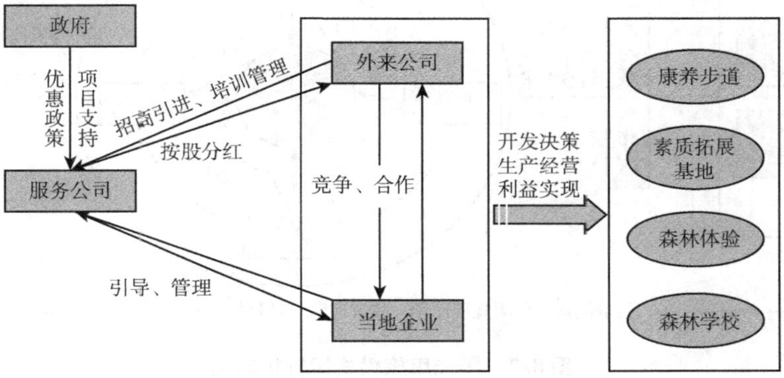

图8.6 森林康旅模式运行机制图

（3）阳光康旅模式。

阳光康旅模式主要分布在四川攀枝花市，其运行机制如图8.7所示，该模式的参与主体类型较多样，包括政府、房地产商、医院和景区四大主体，四大主体各司其职，共同合作，政府负责政策支持和政策引领的作用，房地产商负责提供资金和实地建设，医院负责提供技术支持，景区负责提供物资保障。四大主体通过市场运作实现了利益一体化，通过质量经营、集团规模经营和效率经营，实现康养旅游产品集约化发展。本文以普达阳光国际康养度假区为例进行分析，其位于攀枝花市仁和区，由四川金海鼎盛实业有限公司和攀枝花阳城金海旅游投资有限公司合作打造成立了四川康和鼎盛大健康产业集团有限公司承建，总占地9平方公里，约13000亩，其中建设用地仅3000多亩，剩余的近万亩土地用于市政公共配套建设和康养产业的规划建设。项目耗巨资引进阿特金斯、贝尔高林、王志纲工作室等国内外一线设计单位为普达阳光做概念性规划方案。最终以滨湖康养、阳光游乐、健康运动、山地度假四大板块规划作为实现普达阳光大健康产业布局载体，实现全新健康新生活。普达阳光国际康养度假区作为攀枝花阳光康养产业示范基地，是攀枝花首个医养结合为主的复合型康养项目，获得了“中国人居典范规划设计竞赛”设计金奖，被列为攀枝花康养示范基地、四川省重点项目、四川省招商引资项目。项目计划投资

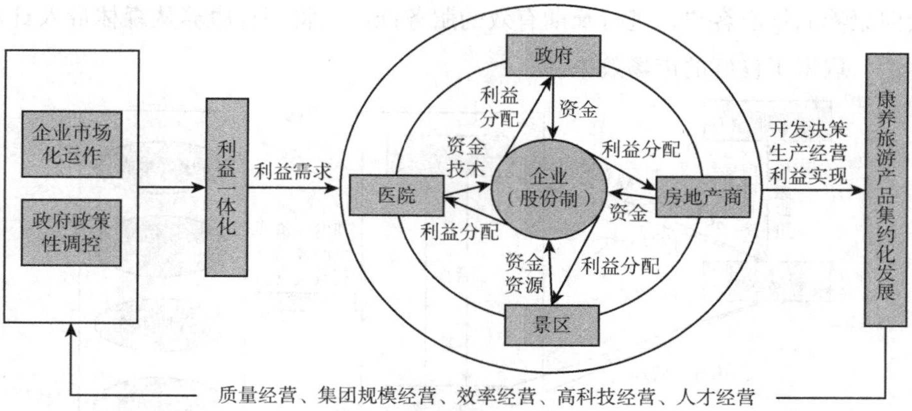

图8.7 阳光康旅模式运行机制图

200 亿元人民币，目前已投入约 50 亿元。项目四大板块均以康养为核心，构建了康养+健康、休闲、运动、养老、旅居、教育、生活、智能的康养服务体系，创新“游乐康养居”一体化的全龄、全时、全域康养生活体验。

（4）生态康旅模式。

西南地区的生态康旅模式发展较落后，主要为政府主导型，政府通过设立景区管委会或引进投资公司来规划开发生态旅游景区景点，生态景区景点再提供生态旅游产品。其运行机制如图 8.8 所示。例如：2015 年，贵州赤水成功创建了国家生态旅游示范区，为落实有效的生态旅游示范区的执行，成立了赤水市旅游产业发展委员会和赤水市旅游发展公司，统一协调，促进赤水市旅游业的长期、健康、持续、稳步增长。赤水国家旅游生态示范区总面积为 278 平方公里，也是世界自然遗产地——中国丹霞贵州赤水的核心区域，赤水国家旅游生态示范区是赤水风景名胜区的一部分。景观以竹海、瀑布、桫椤、原始森林、丹霞地貌等自然景观为主要特色。

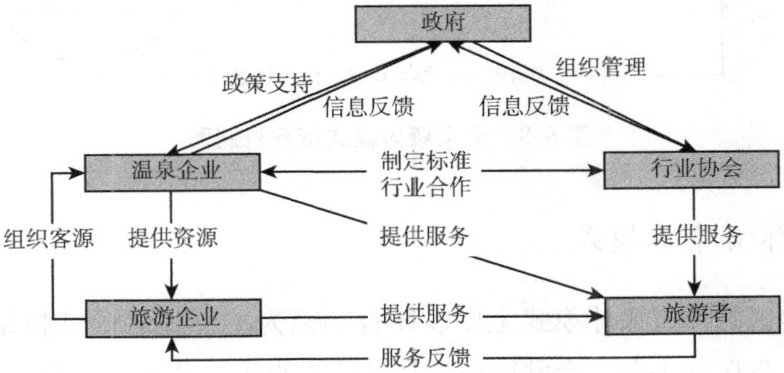

图 8.8 生态康旅模式运行机制图

8.2.4 康体模式

（1）温泉康体模式。

西南地区的温泉康体模式主要以温泉企业为主导，温泉企业通过联合其他利益主体来实现整体的运营发展。行业协会制定温泉标准，联合温泉企业共同发展。旅游企业分为景区和旅游推介企业，景区一般会与温泉企业合作，通过联票等方式进行捆绑营销，旅游推介企业会推广温泉，为温泉企业提供客源。其运行机制如图 8.9 所示。以重庆融汇温泉为例，融汇温泉位于重庆市沙坪坝区，是国家 4A 级景区，融汇温泉是重庆温泉旅游行业协会和中国温泉旅游协会的重要成员，融汇地产集团副总经理为重庆市温泉旅游行业协会会长，重庆融汇投资有限公司为中国温泉旅游协会副会长单位，融汇集团通过参与行业协会，积极推动行业合作和借鉴学习其他温泉企业。融汇温泉积极与其他旅游企业展开合作，将产品上线美团、携程、驴妈妈、去哪儿等线上旅游平台进行推广。在疫情期间，重庆融汇温泉积极响应政府疫情防控政策，及时向当地政府反馈存在的问题。

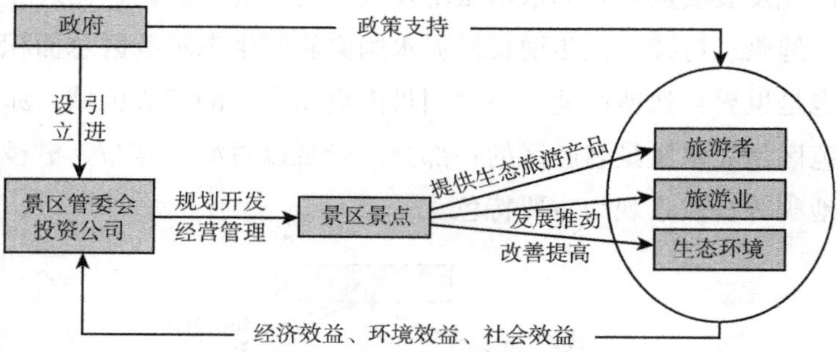

图 8.9　温泉康体模式运行机制图

（2）体育康体模式。

西南地区的体育康体模式主要以体育小镇为主，其运行机制如图 8.10 所示，政府、景区和企业三者共同出资建设体育小镇，其中，政府主要提供政策支持和引导，景区提供资源基础，企业投入资金。下面以四川曾家山体育小镇为例进行分析。曾家山是中国首批运动休闲特色小镇，是户外运动爱好者的天堂。该镇成功入选了全国运动休闲特色小镇试点项目、曾家山滑雪场荣获 2019 年中国体育旅游精品项目。丛林穿越、极地越野、房车露营、登山、高山滑雪等体验项目深受广大游客青睐。目前，正在加快建设集冰雪运动、山地户外运动、越野野营运动于一体的大型户外运动基地。四川省广元市朝天区依托曾家山景区，通过招商引资，先后打造升级了曾家山滑雪场、曾家山门球活动中心等一批高端体育设施，成功举办了中国 – 曾家山国际山地超级马拉松、中国－曾家山国际越野跑、四川省第九届乡村文化旅游节（冬季）朝天分会场暨第四届曾家山冰雪节、全国老年人门球系列赛等一系列大型赛事。

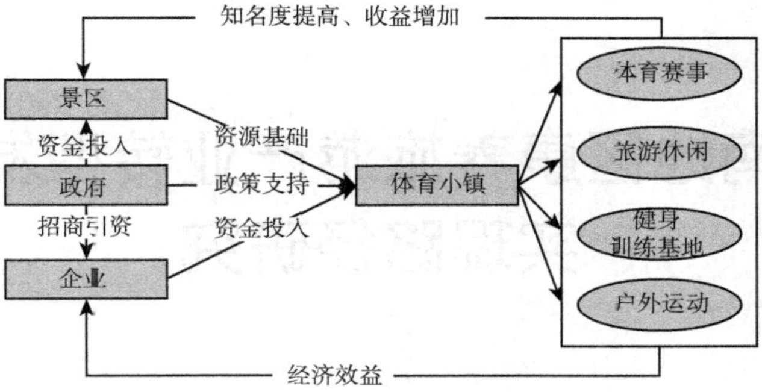

图 8.10 体育康体模式运行机制图

8.3 本章小结

本章首先，从四个方面分析了西南地区政府对康养旅游融合发展的政策支持，在自然环境政策上，西南各省市政府通过颁布各类法律法规保护森林和动植物的多样性，践行“绿水青山就是金山银山”的生态理念，强调围绕着良好的自然生态环境发展绿色产业和健康产业。在社会经济环境政策方面，西南地区各省市政府认识到道路网络因素是影响西南地区康养旅游产业发展的重要因素，正在大力完善道路网络，实现水陆空联运，丰富交通网络，通过完善的交通网络带动当地的产业发展，为西南地区康养旅游产业发展提供坚实的保障。在旅游政策方面，西南地区各省市都在积极发展旅游业，出台了各种有力政策推动旅游业发展；在疗养政策方面，西南地区各省市政府都明确提出促进康养融合发展，打造健康生活目的地。其次，本章指出西南地区康养旅游产业融合发展的运行机制为利益集团、康养环境和政策制度三个子系统之间共同作用形成的复杂运行机制，西南地区的开发模式是运行机制的外在表现形式，具有主观抽象性。最后，本章通过解构不同主体形式为西南地区各个康养旅游模式的运行机制进行了设计。

第 9 章

西南地区康养旅游产业转型发展实现路径研究

康养旅游产业融合是一种生产力，不仅推动着旅游和康养产业的优化升级，也助于满足人们对健康美好生活的追求。为进一步推动西南地区旅游与康养产业融合，更好地促进西南地区康养旅游产业健康发展，本研究从政府、行业、企业和人才培养四个层面提出西南地区旅游与康养产业融合发展的实践路径。

9.1 政府层面

9.1.1 加强观念引导，提升理论认知

加强康养旅游产业融合发展观念引导，提升康养旅游产业融合发展理论认知，推动形成助力西南地区旅游与康养产业融合发展的良好外部环境。思想观念是实际行动的先导，思想观念认识越深刻，实际行动效果就越显著，提高思想认识对推进康养旅游产业融合有重要意义。因此，政府部门及工作人员应努力提升康养旅游产业融合发展理论认知，明晰康养旅游产业融合基本思路，深入思考并回答好康养旅游产业融合怎么融以及融什么的问题，积极推动旅游产业与康养产业实现能融俱融、深度融合。此外，要积极将康养旅游产业纳入地

区发展规划中，明确康养旅游产业在地区经济社会发展中的重要地位，将康养附加值作为旅游价值提升和功能拓展的思想贯穿到旅游开发规划、产品研发生产、市场营销、旅游活动策划等旅游工作中，使康养旅游产业融合真正落实。

加大推动西南地区康养旅游产业融合发展理念宣传力度。参考国外的有益启示，推进乡村集体组织和城市社会组织开展康养旅游融合发展普及教育，传播康养旅游知识，提升人们对康养旅游融合发展的理论认识，促进人们形成健康养生意识，激发人们康养旅游需求，为西南地区康养旅游产业融合发展扩充市场。此外，可设立专项推进康养旅游产业融合发展的工作部门，建设康养旅游产业融合发展线上线下服务平台，推出以深入推动康养旅游产业融合发展为主题的专项节目，加强对投资方向、人才流向的宏观指引和政策解读，提高旅游和康养行业对融合发展大势的认识，充分调动旅游和康养企业推进合作发展的积极性，为西南地区康养旅游产业融合发展建设良好的外部环境。

9.1.2 构建政策支撑体系

建立健全推动西南地区康养旅游产业融合发展的政策支撑体系，积极发挥地区政策对促进康养旅游产业融合的重大作用。政府制定的政策在推进康养旅游产业融合发展全过程中都有重要作用，在康养旅游产业融合发展初期尤为明显。形成并完善推进康养旅游产业融合发展的政策和制度体系，助力康养旅游产业融合健康稳步进行。

首先，政府需充分调研西南地区康养旅游资源和经济发展的地域特点，进行旅游行业与康养行业内外考察，在此基础上积极制定并出台助力西南地区康养旅游产业融合发展的利好政策，主要包括产业补贴、税收减免、土地流转、规划建设、财政金融、人才培养政策等，使康养旅游产业在成长过程中有稳定的资金、人才、资源等生产要素的供应。其次，政府应注重政策施行的连贯性、阶段性和聚焦性，既要在旅游产业与康养产业融合发展的长期过程中给予持续的政策支持，又要注意旅游产业与康养产业融合发展的不同阶段政策帮扶的力度差异和针对性。最后，政府还需积极建设促进旅游与康养产业融合发展的平台，例如康养旅游产业创意园区、交流论坛、定期会展等，为旅游产业与康养产业融合发展创造有利条件。

9.1.3 建立资金保障机制

加大对西南地区旅游产业与康养产业融合发展财政支持力度，建立资金保障机制。首先，政府可通过设立地方专项资金等形式加大对旅游与康养产业融合发展的资金支持，探索与社会资本融合的形式和途径。其次，政府还需重视为银行、保险等金融机构进入西南地区旅游与康养产业融合发展系统创造良好的条件，注重推进金融机构与企业贷款对接，确保资金支持措施有效落实。最后，支持适当放宽康养旅游项目融资限制，扩展借贷主体范围。西南地区一些单纯的康养旅游项目不一定能够满足金融机构的借贷要求，但跳出康养旅游项目或者项目公司本身，考察控股股东的企业的综合运营状况、偿债付息能力、发展实力水平，在信用共享支撑下积极为康养旅游项目提供贷款支持。同时，须注重拥有稳定资金流和客户市场的康养旅游企业、医疗企业、体育企业以及文化企业推进西南地区康养旅游产业融合发展过程中的融资需求，特别是要积极响应其扩大再生产融资需要，推进其进一步扩展经营范围、革新生产技术、提升服务质量、增强综合实力，加快西南地区康养旅游项目扩、改、迁、创等工作的推进，支持金融机构推出与中小微企业借贷特点相协调的金融产品，打破中小微民营康养旅游企业融资的桎梏，促进西南地区康养旅游企业进入有稳定资金供应的金融状态。

9.1.4 加强行业标准化管理

加强康养旅游行业标准化管理，推动西南地区康养旅游行业健康有序发展。康养旅游产业作为一种发展潜力巨大、市场空间广阔的新兴产业，建设系统完备的行业管理体系是必要的。首先，须建立系统完整的康养旅游行业规范制度，内容包括行业准入制度、行业标准体系、行业管理条例等。同时，行业自律体系作为法律法规的重要补充，在许多发达国家得到广泛应用，并取得良好的实践效果。鉴于此，推进西南地区康养旅游行业健康发展，需加快形成完备的、适应地区特征的康养旅游行业自律体系。其次，确立康养旅游行业发展的行业通则，内容涵盖公平竞争、产品质量标准、消费者权益保障、企业诚信、行业信息服务等，实现西南地区康养旅游行业竞争与发展规范化、和谐化。最后，在“互联网+”时代背景下，政府需给予充分的政策帮扶支持康养旅游信息化建设，推进西南地区康养旅游行业智慧化发展。积极培育民众的旅游信息化意识，支持民众积极参与康养旅游信息化建设全过程中，同时强化康养旅游高质量专业人才储备，为建设康养旅游信息化工程提供人才支撑。此外，需注重康养旅游消费者的信息安全问题，普及网络信息安全教育，提高旅游消费者的信息安全意识，加快形成与旅游者信息安全相关的法律法规体系，鼓励康养旅游企业间形成相互监督机制，积极建立关于康养旅游消费者信息安全的奖惩制度。

9.1.5 注重生态环境保护

高度重视西南地区生态环境保护，深入贯彻落实“两山理论”。良好的生态环境不仅是最普惠的民生，也是保证康养旅游产品质量的根本。西南地区生态环境较为脆弱，不能以牺牲生态环境为代价发展康养旅游，康养旅游融合，要始终坚持“保护优先，绿色开发”的原则，要始终把筑牢长江上游生态屏障作为矢志不渝的生态目标。

首先，政府要提高对绿色发展理念的认识，注重对康养旅游绿色发展理念的普及，使整个康养旅游行业、康养旅游企业、社会大众形成促进旅游与康养产业绿色融合发展的思想共识，引导康养旅游企业进行绿色可持续开发，提供生态环保产品，引导民众进行绿色可持续消费，践行生态健康消费理念。其次，政府需积极建立西南地区生态保护与资源开发的可持续互动机制，探索人与自然和谐共生的经济发展模式，制定符合地区特点的康养旅游资源开发规划和生态保护标准，做到分阶段、有组织、有计划、适应地区生态承载力的开发，坚持走生态产业化和产业生态化的良性发展道路。再次，制定以生态保护和节约资源为核心的税收制度，对积极进行生态保护的康养旅游企业实行减税，对生态保护不力的康养旅游企业实行加税惩罚。制定相应政策支持康养旅游企业进行生产技术革新，打破粗放的、不经济的、不友好的生产方式。引导康养旅游企业树立生态保护意识，摒弃只求经济利益而不顾生态环境的错误发展理念，增强自身的社会责任感以及提升践行绿色开发的自律性。最后，政府还需做好西南地区康养旅游开发生态效益的后评价，分析康养旅游开发对地区生态环境的长期作用机制，探索并推进形成二者良性的互动关系。

9.1.6 加强基础设施建设

加强西南地区康养旅游产业融合发展基础设施建设，完善康养旅游公共服务体系。完备高效的基础服务设施是发展康养旅游产业的生命力依托和基本需要。西南地区康养旅游产业融合发展须将基础服务设施建设作为重要抓手。

其一，政府需规划好区域康养旅游基础服务设施的建设，把控好康养旅游基础服务设施建设的整体节奏和总体方向。加大对西南地区康养旅游产业融合发展基础服务设施建设的支持力度，拨付专项资金，从数量和质量两个维度推进地区基础服务设施优化，力求形成西南地区高质量的铁陆空多维立体交通网、稳定可靠的水电供应系统、区域全覆盖的网络通信体系以及经济完整的环保支撑系统，同时加大管理力度，对现有的基础服务设施进行优化升级，提升西南地区对外的通达性和吸引力，满足游客最基本的需要。其二，立足西南地区地域特色，积极建立和引进养老、健体、康养等服务设施，提供生态康疗、美容康健等服务。同时，还需推进如西南地区康养文化体验中心等康养文化服务设施的建设，满足游客的康养文化需求。其三，政府需注重优化西南地区康养旅游服务设施的空间布局，协调好不同区域间基础服务设施的相互关系，既要保证服务范围的全面性和效用的互补性，又要注意区域基础设施间的冲突性，避免重复建设带来的不经济效益，力求实现各区域基础设施综合服务效用最大化。其四，注重提升康养旅游信息化服务水平，推进互联网+康养旅游发展，建立康养旅游产业融合发展信息服务平台，使康养旅游融合发展相关政策、行业信息更加透明、公开。同时，注重推动大数据、云计算等基础服务的建设和应用，使康养旅游企业更好地了解游客的个性化需求，提升西南地区康养旅游服务水平。

9.1.7 做好康养旅游产业发展总体规划

制定各地区康养旅游产业发展总体规划，把好西南地区康养旅游产业融合发展方向。科学合理的产业规划能够为西南地区康养旅游产业融合发展提供有效的指导，推动西南地区康养旅游产业健康协调发展。为此，一方面，政府应根据各地区地理区位、经济发展水平、资源要素构成等地域特点，制定符合地区实际情况的康养旅游产业发展总体规划。组织有关部门对地区发展康养旅游产业的现实条件进行系统分析，找准地区康养旅游产业发展的总体定位，立足整体，兼顾未来和现实，确定短期、中期、长期发展目标，明确各时期的核心发展任务，制定并出台产业规划文件宏观指导康养旅游产业融合发展。另一方面，注意保持地区大规划和分区小规划相适性，重视发挥区域间规划的联动效应，实现各地区资源开发、基础设施建设、产品供应、生态保护的区域联动，提升西南地区康养旅游服务的整体性和协调性。此外，需积极进行区域康养旅游产业规划实践动态效果评价，建立高效的跟踪反馈机制，明晰地区实行的康养旅游产业规划与产业发展动态现实情况不相协调的部分，明确地区康养旅游产业发展动态现实需求，并采取相关措施进行有针对性的调整。

9.1.8 深化管理体制改革

深化西南地区旅游和康养产业管理体制改革，处理好政府与市场的关系。西南地区康养旅游产业高质量融合发展离不开科学、高效的产业管理体制，改造优化西南地区现有的旅游和康养产业管理体制是推进西南地区康养旅游产业融合发展的着力点。

一方面，政府要成立促进康养旅游产业融合发展领导小组，对地区现行的旅游和康养产业管理体制进行改造优化，领导好、协调好旅游和康养产业各级主管部门，明确各级主管部门权责，构建合理的部门利益分配机制，找准平衡良性的利益分配点，调动各管理部门的积极性，增强各管理部门间的联动性。制定促进西南地区康养旅游产业融合发展的总体管理方针，积极推动旅游和康养产业主管部门之间的联动，共同协商、解决推动旅游与康养产业融合发展过程中的若干问题。另一方面，政府还需明确自身定位，处理好与市场的关系。政府对某一产业过多的管制往往会导致固有利益集团的产生，削弱产业的开放性，弱化外有资本的可进入性，抑制资源要素配置效益释放的综合性，束缚产业的健康发展。因此，推进西南地区康养旅游产业融合发展，要重视发挥市场在资源配置中的决定性作用，同时合理地发挥政府对康养旅游产业融合发展的宏观指导作用，为康养旅游产业融合发展建设良好的外部环境。

9.1.9 实践案例

四川省巴中市巴州区发展康养旅游的经验值得借鉴，当地政府大力弘扬“绿水青山就是金山银山”生态发展理念，积极打造“康养胜地”“药材之乡”等康养旅游特色标识，着力推进三产融合，深入开展乡村振兴实践。

巴州区发展康养旅游并非偶然，而是基于五大现实原因做出的正确抉择。一是深入贯彻落实生态发展理念。大力发展康养旅游产业，既是保护绿水青山初心的坚持，又是对实现金山银山目标的努力。二是地区资源构成利于康养旅游发展。巴州区中医药和生物资源十分丰富，加上区域北部森林面积广阔、海拔适宜度高，发展康养旅游是明智之举。三是基于产业升级转型的现实需要。巴州区经济发展速度和水平都较为落后，大力发展围绕天马山、以巴药为核心的康养旅游产业是推进地区经济转型的不二之选。四是对地区现实情况的深刻理解。巴州区坚持“旅游强区”战略，积极推进旅游基础服务和配套服务设施完善优化，加快旅游开发，注重景区服务质量能力建设和质量提升，已建成多条旅游环线圈和多种特色旅游产品。发展道地药材和有机农业，是为康养旅游发展提供了强有力的现实支撑。五是对旅游市场需求的深切洞察。巴州区大力发展康养旅游产业，既是推动地区经济发展的现实需要，也是回应人民大众对于生态旅游、健康旅游、精神旅游的美好期盼，同时符合旅游市场发展规律，具有广阔明朗的前景。

巴州区在对地区实际条件进行系统分析的基础上，得出发展康养旅游的四大优势。一是拥有良好的生态环境。巴州区地处南北气候交叉带，年平均气温

17.4℃，平均相对湿度68%，森林覆盖率近60%，空气优良率超95%，区内山水资源组合条件优越，北部海拔800~1200米的连绵山区特别适合健体养生、游览观光，适应康旅、康疗、康体多种康养旅游发展模式。二是药物资源丰富。巴州区内拥有野生动植物药材近2000种，矿石及其他药材20余种，药材资源天然储备超8万吨，以产出丹参、皂角、桔梗、虎杖等药材见长，其产量远领先于周边地区，这为发展特色康养旅游奠定了基础。三是地理区位优势显著。巴州区是巴中市的政治、经济、文化和商业贸易中心，自古也是重要的交通枢纽，以建设综合交通体系为目标，成功推动区内公路总里程突破3000公里，成功实现"成渝西3小时经济圈、周边市1小时经济圈、市域内半小时经济圈"，成功构建高效便捷的交通网络系统。四是产业发展有强硬的基础支撑。巴州区发展康养旅游注重康养旅游具体业态的拓展，形成康养度假休闲、药食养生、健体运动、观光体验、名人故里、文化修心等多种复合康养旅游业态体系。巴州区以药食医养旅游为核心，推进中医药材种植规模化，药材种植面积达10万亩，成功打造七条高质量精品康养旅游线路，基本形成巴山药材产业、康疗养生、文化旅游融合发展趋势。

巴州区发展中医药康养旅游，高度重视康养旅游产业发展规划，提出建立"现代森林公园城市"和打造"山水画廊·秀美巴中"的宏伟目标，积极推进旅游规划、城乡规划多种规划合一。巴州区政府提出2021年要基本形成以天马山、莲花山、阴灵山为代表的北部山区森林康养旅游集群，以巴药、茶叶为依托的东部、南部片区生态旅游示范区，康养旅游综合年收入68亿元以上、对GDP贡献率占比达20%。到2023年，建成国家级康养旅游度假区2个、省级康养旅游度假区4个，成功创建国家中医药健康旅游示范区、省生态旅游示范区、和全国休闲农业与乡村旅游示范区，获得康养旅游综合收入90亿元以上、对GDP贡献率占比达25%。巴州区制定的《森林康养产业发展总体规划》指出大力推进巴中市康养产业与生态旅游、医疗养老产业融合发展，打造高质量康养景区和全域康养基地两大平台，加快实施优化基础设施、提升配套康养服务等七个重点工程，制定到2025年将巴中市建设成全国最佳康养旅游目的地的总目标。此外，巴州区政府积极推进区域合作和提升开放水平，不断改善地区营投环境，并制定了一系列优惠政策，着力打造投资洼地。一是注重产业培育。巴州区推出支持森林康养、文化旅游、特色农业等七大产业及其链条相关产业发展项目清单，设立六大专项资金支持招引的产业重大项目开发，开设旅游用地保障绿色通道，开发银政、银企多种特色金融产品，以助力产业快速发展。二是制定并出台落实一系列旅游产业发展优惠政策。巴州区制定并落实了促进康养旅游产业发展激励办法以及推动返乡创业二十二条措施等一系列配套政策，对旅游产品创新开发、旅游品牌特色构建等方面给予足够的政策支持，为发展康养旅游提供了强有力的政策支持。三是对政务环境进行改善优化。对于投资企业，建立了“一个项目、一名区级领导、一个责任单位、一套促进机制”四一工作责任体系，并进行动态跟踪，及时反馈存在的问题以快速针对性地调整。精简康养旅游投资项目审批程序，提供横向并行审批和“一站式”综合服务，力求打造“全省最优、全国一流”营商环境。

巴州区发展康养旅游已取得显著的成效，主要体现在三方面。一是区域旅游发展基础支撑系统进一步完善。巴州区已建成全区旅游半小时交通环线圈，高层级酒店和地域特色商圈等旅游承载能力进一步增强，风景观光平台、水电供应体系、网络服务系统、环境卫生服务设施等旅游景区基础设施进一步完善。成功建成七彩佛龛等三个国家4A景区，成功创建形成省级乡村旅游示范区。一是特色旅游发展迅速。围绕巴药产业园、森林公园、水利景区等特色资源进行深度开发，成功建成如曾口西部中药博览园等巴药生态康养园区，如天马山森林公园等森林康养旅游度假名胜区，如山水化湖等滨水康养旅游度假区，康养旅游发展的巴州地域特色进一步增强。二是旅游发展综合效益显著。2019年巴州区接待游客达360万人次，实现旅游收入达44.7亿元，旅游产业在地区经济发展中的地位以及康养旅游发展综合成效均有大幅提升。

9.2 行业层面

9.2.1 优化产业结构

优化旅游和康养产业内部结构，提升康养旅游产业融合协调度。推进西南地区康养旅游产业优质高效融合发展，一是要拓展旅游与康养产业融合的领域，积极探索可以融合但尚未融合的领域。二是要注意提高旅游与康养产业融合的深度，推动已经初步融合的领域向高质量、智慧化方向转型。首先，丰富旅游和康养产品开发类型，提升旅游与康养产业融合广度。立足地域条件和特色，以康体、康旅、康疗多种开发模式为根基，推进温泉康养旅游、森林康养旅游、医疗康养旅游、美容康养旅游、康养旅游小镇等具体产品的开发，实现康养旅游产品供给多样化、高质化。其次，完善优化西南地区康养旅游产业融合发展布局结构，根据旅游和康养产业角色定位和产业分工的差异，协调好旅游和康养产业空间分布的关系，充分发挥产业要素集聚吸附效应，合理地进行产业布局，优化地区空间配置。最后，精简旅游和康养产业要素结构，深度开发康养旅游资源，充分释放康养旅游资源的综合价值，培养和吸引高精尖人才，增强资金在两大产业间的流动性，创新、升级产业生产技术，着力推动旅游与康养产业高质量融合发展。

9.2.2　完善康养旅游产业链

促进康养旅游产业链完善，提高融合发展效益。一方面，注重发挥康养旅游产业融合发展的集聚效应，引导资金、劳动力、技术、资源、行业信息等生产要素向康养旅游产业流动，充分发挥产业链的定向和规划作用。另一方面，加大对旅游与康养企业协作发展的支持力度，发挥西南地区利好政策的助推作用，鼓励社会资本、相关企业加入康养旅游项目投资与开发，增强康养旅游产业发展开放性和活力。此外，需积极建立推动康养旅游产业融合的行业组织，为旅游与康养企业协作发展、外商引进等事项提供对口服务。同时，需注重改造升级康养旅游产业加工环节，研发和引进先进生产技术，推进绿色生态康养旅游产品开发，深挖地区如康养、体育、旅游等文化要素，增强康养旅游产品与文化元素融合性，完善产品结构，增加附加产品的供应，延长产业价值链，重视从售前、售中、售后多方面全面提升服务质量，增强西南地区康养旅游产品市场竞争力。注重扶持地区有优势的康养旅游企业发展，探索康养旅游企业＋当地居民协作发展模式，找准康养旅游企业发展与当地居民的利益契合点，充分发挥当地居民在推动地区康养旅游产业融合发展的重要作用。

9.2.3 提升康养旅游产业现代化水平

提升康养旅游产业融合发展科技水平，推进智慧发展。康养旅游产业融合发展实质上是一个创新的过程，而创新总是以一定的技术作为基础支撑。提升西南地区康养旅游产业现代化水平，一方面，需注重行业生产技术革新，充分认识到科技对推进旅游与康养产业融合发展的重要作用，制定行业生产技术标准，鼓励企业对传统生产技术进行改造，引进全新的生产技术，探索与其他行业生产技术结合进行康养旅游产品开发。另一方面，还需积极探索互联网与康养旅游融合的实践模式，积极推进互联网+医疗康养旅游、互联网+康养+文旅等多种康养旅游融合模式发展。将互联网信息技术引入到康养旅游资源整合过程中，提升旅游与康养产业资源交融协调度和信息共享度，运用互联网技术对康养旅游行业进行智慧管理，分析行业发展存在的问题及规划行业未来发展方向，实现行业管理方式创新，应用互联网技术分析康养旅游发展市场需求，进行营商模式创新以及服务方式改进，提升康养旅游服务效率和质量。

9.2.4 加强行业联动

加强旅游与康养、体育、文化等多个行业联动，深入推进康养旅游产业全面融合发展。西南地区康养旅游产业融合发展，并非单纯地只进行旅游与康养行业的融合，相反，由于旅游行业与其他行业高度的关联性，如文化、美容、房地产、金融、食品等行业也构成康养旅游融合发展的重要内容。加强多行业复合联动，对提升西南地区康养旅游融合发展的综合效益有重要意义。为此，一方面，旅游与康养、文化等行业须加强行业交流，对推进康养旅游产业融合发展相关想法要积极互享，对推进康养旅游产业融合发展出现的问题要共同协商，积极推动建立康养旅游行业协会、行业互助机构等交流平台，对西南地区康养旅游产业融合发展进行总体规划，明确旅游和康养行业任务分配，提升旅游和康养、文化等行业推进融合发展的协同性。另一方面，探索建立西南地区旅游和康养产业要素融合的良性互动机制，加强资源、人才、资金等生产要素在旅游和康养、文化等行业流动的通畅性，提升旅游与康养产业融合协调度。

9.2.5 建立康养旅游产业融合发展示范区

推进建立西南地区康养旅游产业融合发展示范区，为其他区域推动康养旅游产业融合发展提供经验借鉴。康养旅游产业融合发展不仅需要有完善的理论体系指导，也离不开对实践经验的有益借鉴。为此，一方面，需进一步推进西南地区康养旅游融合发展示范区建设，以高品质、高通达性以及高互融性等标准打造一批优质的康养旅游产业融合示范区，同时需注重康养旅游发展示范区在地区分布上的协调性，充分发挥康养旅游示范区带动周边发展综合效益最大化。另一方面，推进西南地区康养旅游产业融合发展需充分发挥区内康养旅游产业融合发展效益好、示范性强的地区的模范作用，积极宣传推广其推进康养旅游产业融合发展的经验。同时建立西南地区各省市间、省市内部区域间的帮扶机制，加强区域间互助，加快建立区域康养旅游共享机制，联合打造大区域康养旅游精品线路，盘活整个西南地区康养旅游市场。

9.2.6 实践案例

重庆市石柱县牢牢把握重庆旅游转型发展利好机遇，积极推进石柱康养旅游胜地建设工作。石柱县发展康养旅游有其独特的地域优势，这从三方面得以体现。一是地区生态康养旅游资源丰富。石柱县位于北纬30°，地理条件优越，区域绿色植被繁盛，森林覆盖率近60%，有全国绿化模范县美称，也是重庆最美草地（千野草场）以及最美森林（大风堡原始森林）的落脚区域，大部分区域海拔在800~1900米，年平均气温16.4℃，是重庆高品质山地休闲片区之一，景观构成丰富多彩，有森林、湖泊、沟谷、天坑、草地多种自然景观，适合康养旅游休闲度假、康疗旅游护理养生以及康体旅游健体舒心等多种康养旅游发展模式。二是适应协调生态保护和经济发展的需求。石柱县大力发展康养旅游是平衡和协调区域生态保护与经济发展关系的正确抉择。积极发展康养旅游，利用当地生态康养独特的资源，开发可持续绿色生态旅游产品，推动石柱县的生态优势向产业优势、经济优势、发展优势转化。石柱县的发展道路符合“既要保护也要开发，在保护中开发，在开发中保护”的科学原则，也是对“共抓大保护、不搞大开发”和“面上保护、点上开发”等要求的实践落实。石柱县发展康养生态旅游，充分借用旅游产业关联性高和辐射带动能力强的优势，推进第一、第二、第三产业融合发展，带动特色农业、特色工业、特色文化、交通物流、金融保险、旅游地产、养生保健等多行业复合联动发展，对加快区域经济发展速度和提升区域经济发展质量均有重要作用。三是地区发展生态康养思想高度共识，主体合力效应显著。发展康养旅游是一项复杂的系统工程，不仅需要完备的基础服务和配套服务设施、齐全的康养旅游产业要素、特色的地域康养旅游品牌以及完善的康养旅游产业链，还需要完整高效的政策支持系统。石柱县高度重视发展生态康养旅游，以全县之力、汇全民之智，构建由政府、企业、民众多主体在内的发展康养旅游共同体，邀请旅游与康养领域专业机构和知名康养旅游专家，将全县康养旅游发展目标、方向、市场定位、特色产品、政策措施、重点项目等进行细化明确，强化康养旅游规划策划，实现了康养旅游发展主体间的高度和谐。

石柱县在发展生态康养旅游过程中坚持“康养+”发展战略，形成了六大“康养+”发展模式。一是康养+观光旅游。石柱县自然风光秀美旖旎，有重庆最生态高山湖泊太阳湖、高山花海云中花都、小九寨油草河、湿地景观藤子沟、地质奇观七曜山等生态资源，冷水莼菜观光园、三河油菜花、鱼池十里荷塘等田园风光，和西沱古镇等建筑奇迹，发展观光养生旅游有其独特的优势，目前已形成重庆最美森林大风堡原始森林、重庆最美草地千野草场两个国家4A级景区。二是康养+旅游地产。石柱县加快推进建设全国著名康养休闲生态旅游目的地，积极推动康养+旅游地产发展，打造有石柱特色的生态康养居住环境，具体产品有土家康养小镇、休闲旅游地产、康养主题酒店、乡村康养民宿等，着力打造康养旅居世外桃源。三是康养+体育运动。石柱县具有发展康体旅游得天独厚的条件，凭借优质的新鲜空气、丰富的自然资源和清净水域，大力开展垂钓、游泳、划船、漂流、长跑等丰富多样的户外运动，如山地马拉松、千野草场国际体育赛事、“天地球”、山地自行车、“竹铃球”“白杆勇士”越野跑、白天池滑雪运动等，取得了旅游者的热烈反响。四是康养+文化旅游。淳朴多彩的石柱县土家文化是国家级非物质文化遗产—经典民歌《太阳出来喜洋洋》、啰儿调的发源地。另外，中国巾帼英雄秦良玉的故里在石柱，大型土家歌舞《天上黄水》就很好地展现了石柱的历史文化。石柱县充分利用地区独特的文化资源，推进其与康养旅游发展进行融合，形成具有石柱特色的文养旅游发展模式。五是康养+美食旅游。石柱县的美食丰富多彩，有取材于“水中人参”莼菜、大山深处的菌子宴、土家“八大碗”、土家摔碗酒等等，适合美食康养旅游发展。石柱县有中国康养旅游美食之乡的美誉。积极建设以“绿色、生态、营养、美味”为主打理念的四季康养福地，针对当地农产品富含锌元素的特点，培育打造了农产品区域公用品牌“源味石柱”，目前已经授权该县15家企业使用，取得良好的经济效益。六是康养旅游+医药疗养。石柱县是中国的黄连之乡，种植面积达5万亩，年产量2000吨，产量占全国60%，此外也种植着大量的其他中医药材，区内还设有高水平的综合康复疗养机构，即重庆医科大学黄水康复中心，该康复中心集康复疗养、普通诊疗、科学研究、人才培养于一体。目前，枫木土家风情小镇和石柱冷水康养小镇已初具规模，旅游者能在呼吸高负氧离子空气期间，让“静心疗”“温泉疗”“运动疗”治愈身心。在大力倡导中医药康复疗养理念的推动下，旅游与中医药深度融合，将中医药文化很好地传承下去，已初具规模的康疗旅游融合发展前景光明。

9.3 企业层面

9.3.1 推进良好合作氛围建设

推动西南地区康养旅游企业形成良好的合作氛围，提升康养旅游企业协作发展关系稳定性。西南地区康养旅游企业对合作关系的信任度是影响康养旅游产业融合发展的重要因素，良好的合作氛围、较高的互信度对促进康养旅游产业融合发展系统稳定运行有重要意义。推进形成康养旅游企业协作发展合作氛围须从三方面发力，一是加强推进西南地区康养旅游产业融合发展理念普及，提升康养旅游企业对康养旅游产业未来发展方向和外部宏观环境的认识，加快达成对促进西南地区康养产业融合发展的理念共识。二是积极组织康养旅游企业参与关于推进西南地区康养旅游产业融合发展的交流活动，创建地区康养旅游产业融合发展交流论坛，定期举办地区康养旅游产业发展成果会展，加强康养旅游企业互动性，共同协商关于地区康养旅游融合发展的若干问题，确定良好稳定的合作关系。三是充分发挥地区经济效益好、示范性强的康养旅游企业的模范作用，提高康养旅游行业对内对外的吸引力，使地区康养旅游产业发展有稳定的资源、资金、人才以及企业群作为支撑。此外，需给予充分政策优惠，并加强利好政策和模范企业经济效益解读咨询，提升尚在观望、游移不定的康养旅游企业对建立稳定的企业合作关系、增进地区康养旅游产业融合发展的信心。

9.3.2 特色开发康养旅游产品

立足西南地区地域特色，开发特色康养旅游产品。产品同质化、缺乏区域特色是康养旅游产业融合发展过程中存在的较为普遍的两个问题，西南不少地区直接照搬国内其他区域或国外的康养旅游发展模式，忽视与本地特色相结合，最终步入产品同质化、缺乏竞争力的深渊。要脱身这一泥潭，就要对康养旅游产品进行特色创新开发，为地区康养旅游发展注入长久的生命力。为此，一方面，需对康养旅游市场和地区特色进行系统分析，对康养旅游市场受众进行群体划分，明晰不同群体游客对康养旅游产品的多样化、个性化需求，明确西南地区康养旅游资源特点和核心竞争力，树立坚持差异化、生态化、特色化原则开发康养旅游产品的理念。另一方面，注重对康养旅游资源进行整合，充分释放康养旅游资源的整体效能，大力推进特色附属产品的开发，延伸康养旅游产品链，加强区域康养旅游资源开发联动，注意将地域性强、主题突出的康养旅游产品打造成有地区特色的康养旅游精品线，增强康养旅游产品服务的整体性和市场竞争力。此外，须注重丰富康养旅游产品的文化内涵，加强对地区康养文化的提炼和升华，将西南地区如长寿文化、养生文化、佛文化、运动文化等融合到康养旅游产品中，提高康养旅游产品的内涵和档次。

9.3.3　加强康养旅游品牌建设

加强西南地区康养旅游品牌建设，提升康养旅游产品竞争力。康养旅游品牌是一张浓缩地区精华的对外名片，其文化内涵和地区底蕴越深厚，游客的旅游记忆和情感依托就越浓烈，进而借助游客积极的社会网络宣传扩大自身的影响力和知名度。打造具有鲜明地区特色的康养旅游品牌有助于游客形成良好的旅游感知，利于拓展地区康养旅游市场空间和提升康养旅游产品市场竞争力，对推进西南地区康养旅游产业优质发展有重要意义。为此，一方面，深入挖掘西南地区康养旅游资源的核心竞争点，注重对康养旅游产品类型作更细致的划分，同时寻找地域特色文化和企业特点，从产品功效、地域文化、康养历史、服务关怀等方面出发，紧跟时代潮流，打造人民群众喜闻乐见、符合地区特色的康养旅游品牌。另一方面，须加强品牌宣传力度，通过制作宣传片、发布公益广告等形式对西南地区康养旅游品牌进行宣传，着力提升地区品牌知名度。此外，须注重发挥西南地区区域间品牌的联动作用，对区域间相通的康养旅游产品建设联动的康养旅游品牌，充分发挥品牌辐射带动作用，提升西南地区康养旅游产品的知名度和整体竞争力。

9.3.4　培育龙头企业

加快打造一批实力强劲的康养旅游龙头企业，以先带后推动西南地区康养旅游产业融合发展。推进西南地区康养旅游产业融合发展，注重培育龙头康养旅游企业是必要的。龙头企业对康养旅游资源开发、康养旅游融合发展模式认识更加深刻，对打造地区特色康养旅游品牌、创新康养旅游融合形式、综合营销康养旅游地品牌经验更加充分。通过培育一批龙头标杆企业，推进其品牌化发展，可推进形成地区独特的康养旅游标识，提升地区知名度和影响力，吸引更多的资源、技术、资金、人才等生产要素以及更多的外区企业和外区游客进入本区，同时也助于发挥其对本区康养企业的标杆示范作用和对地区经济的辐射带动效应。鉴于此，一是给予一些有实力、有潜力的康养旅游企业充分的地区政策优惠和资金支持，以创新力足、责任感强、实力强劲、经验丰富、生态环保为培养目标优先促进其快速发展。鼓励康养旅游龙头企业进行扩张并购，对康养、文化、旅游、体育、教育、金融产业资源进行整合，加强产业链上下游之间的联系，充分发挥并购重组和集聚规模效益，提升综合服务能力。二是推动建立康养旅游龙头企业对口帮扶机制，加强龙头企业与中小型企业互动交流，形成以先发展带动后发展的康养旅游企业发展模式。此外，须注重发挥龙头企业的示范作用，通过制作专题片等形式分享龙头企业康养旅游开发的经验，为后发展的中小型康养旅游企业提供指导。

9.3.5 创新营商模式

创新康养旅游营商模式，推进互联网+康养旅游结合。营销是康养旅游发展链条的终点，但其并非固定不变、局限自身的，相反是在动态变化过程中不断完善优化自身，形成系统优质的自在体系。确定有效的、符合地区实际的康养旅游营销策略对提升地区康养旅游品牌知名度、扩大产品市场份额以及提升产品市场竞争力均有重要作用。为此，首先，加强康养旅游产品开发中互联网技术的应用，创造新颖的生产和服务方式，借助云计算、大数据等互联网技术对康养旅游资源进行合理调度，建立康养旅游信息数据库对游客需求作细致分析，应用线上线下、虚实结合的康养旅游服务模式，提升产品质量和服务便捷性。其次，综合运用品牌营销、概念营销、特色营销、定位营销、节事营销、整合营销多种营销模式，同时注重营销宣传模式创新，运用群体化、联动化方式破解单点式发展难题，探索形成共赢互享可持续营商模式。积极建立康养旅游目的地微信、微博等自媒体营销平台，加强与游客互动，提升游客体验感，同时注重与腾讯、百度、携程等合作，推进形成康养旅游网络营销联盟，提高地区康养旅游宣传水平。再次，须积极应用物联网技术发展康养旅游。加快建立景区电子票务系统、一卡通服务系统、互联网信用体系等，提升管理效率和服务水平，推进康养旅游景区高质量发展。最后，注重提升西南地区内部各地区间的联动性，合力推进康养旅游营销向智慧化方向发展。西南地区内部各地区需加强区内和区间康养旅游资源整合，注重对产业链条进行拓展开发，推进康养旅游同食品、医疗、体育、文化、房地产等行业融合，形成复合多领域的综合体系。加强整体规划，分层级联合打造跨区高质量康养旅游系列产品，借助互联网营销媒体共同宣传，努力建设一批具有全国影响力的地区康养旅游品牌。

9.3.6　实践案例

云南省是我国的旅游大省，其康养旅游发展已初具规模且前景明朗。云南省政府重视对康养旅游产业发展进行长期规划，已出台如《云南省康养小镇发展规划》《关于促进健康旅游发展的指导意见》等一系列指导文件，给予康养旅游发展以充分政策支持，以昆明、大理、西双版纳等城市为重点带动全省康养旅游产业发展，深入推进温泉康养、康养医疗、康体养老品牌建设，注重丰富康养旅游产业产品结构。云南省已形成康养+医药、康养+城市建设、康养+养老等多种发展模式，已建设康体运动体验、康养文化感受、自然风景游览等多种类型旅游景区，A级景区数量已超过200家，康养旅游产业结构不断优化，产业链不断延伸，智慧康养建设加快，经济效能充分释放。此外，云南省康养旅游示范区建设稳步推进，例如昆明市晋宁区计划到2035年建成国际康养旅游示范区。

选取云南省丽江市华坪县作为案例，分析其康养旅游发展的地域经验。华坪县从“吃住行游购娱”旅游产业六要素出发，着力打造“健康幸福生活旅游目的地”品牌，致力于将华坪建设成大香格里拉和大云南西部旅游环线全域康养旅游示范基地。

华坪县发展康养旅游优势众多，主要体现在四方面。一是地理区位优势显著。华坪县位于大香格里拉生态文化旅游经济圈和攀西、成渝经济圈、滇中经济圈的地理交汇点，同时连接着攀枝花和丽江两大旅游目的地，是大云南西部旅游环线的门户和重要通道。独特的地理位置赋予华坪县发展康养旅游高度的对外通达性、稳定的产业要素供给、广阔的市场空间以及易获取的区域联动效益。二是康养旅游环境得天独厚。从气候分类上看，华坪县属于亚热带低热河谷气候，植被物种繁茂，生态环境良好，春可赏花，夏能避暑，秋享果实，冬沐暖阳，完美融合了温度、湿度、海拔度、洁净度、优产度、和谐度、多彩度、光照度、美誉度，是青年、中年、老年群体进行养生修心旅游活动的理想之地。三是文化旅游资源丰富多彩。华坪县人口民族构成复杂，共26个民族，少数民族人口近6万人，在全县总人口中占比近1/3，傈、彝、傣、苗等民族文化源远流长，民族文化习俗、民族特色工艺、民族特色小吃、民族手工艺品等独具魅力，傈僳族阔时节、彝族火把节、傣族泼水节、苗族花山节等民族文化活动异彩纷呈。丰富多彩的文化旅游资源为华坪县拓展康养旅游+模式提供更多可能，也使康养旅游发展独具华坪特色。四是品牌优势突出。华坪县享有“中国避寒宜居地”“全国百佳深呼吸小城”美誉，盛产芒果，种植面积居云南省内第一，全国第三，曾获“国家地理标志产品保护”“全国名优果品区域公用品牌”“中国特色农产品优势区”等称号，“长江上游绿色转型综合改革试点县”“国家有机产品认证示范创建区”“全国经济林产业区域特色品牌建设试点”“云南省高原特色农业示范县”“云南省高原特色农业水果重点县”等荣誉。已有的品牌荣誉称号为华坪县提升康养旅游知名度、扩展康养旅游市场、实现特色康养旅游发展带来诸多便利。

第一，推进康养旅游高质量发展，华坪县作出的努力值得借鉴。首先，充分利用“九度”资源优势，充分释放作为“丽江东大门”和滇西入川重要通道的优良区位效应，积极加入大云南西部旅游环线建设和丽江市旅游业高质量发展三年行动计划，稳步推动三产创新融合发展，注重打造国际康养小镇、金沙江百里芒果长廊休闲旅游度假区、鲤鱼河康养旅游度假区、新庄河农业生态休闲和民族民俗文化旅游区、乌木河户外康体休闲旅游区、工业旅游园区等一镇一江三河一园区六大旅游板块，科学合理布局康乐、康体、康疗、康德、颐养、茶禅等新产品新业态，积极建设“半山酒店”项目，重视自身软硬件升级优化，结合“五城同创”及“美丽县城”建设工作稳定推进“五网”基础设施建设，注重改善人居环境，同时积极规划芒果小镇、果子山芒果庄园项目建设。

第二，制定并出台《华坪旅游发展规划》，立足建设大香格里拉生态经济圈、滇川旅游集散地、丽江旅游新热点，以民族民俗、休闲农业、美丽乡村为核心吸引，以打造集民族风情、生态观光、康养休闲、乡村旅游等寓于一体的滇川田园体验康养胜地为目标，引领旅游产业发展。出台《关于深入贯彻新发展理念加快全域康养旅游产业发展的决定》，将康养旅游产业作为百亿级产业进行培育。提出地区发展两大目标，一是力争到2025年旅游文化业成为全县战略性支柱产业，旅游文化业总收入达到100亿元以上，把华坪建设成为云南省全域旅游示范区和丽江旅游东部迎客厅。二是力争到2035年，旅游文化业成为全县战略性主导产业，旅游文化业总收入达到300亿元以上，把华坪县建设成为大香格里拉和大滇西旅游环线全域康养旅游示范基地、国家全域旅游示范区和“中国芒乡华夏之坪”品牌旅游目的地。

第三，深入华坪8个乡镇开展旅游资源专项调查，形成《华坪县资源分类、调查与评价报告》《华坪县旅游经济发展的一些思考》，积极推动华坪攀枝花同城一体化发展目标，制定下发《推动华坪——攀枝花同城一体化发展夜间经济的十条措施》，结合地区实际情况，完成“十四五”文旅项目规划，筛选上报文旅重点项目31项。总投资2.167亿元的文体中心建设项目一期工程已完成建设。目前，依托华坪县旅投公司，对文体中心资源资产进行有效盘活，足球场、游泳馆等投入运营，实现对外开放。缤果奇园产旅融合项目、红河谷庄园、芒果小镇等建设项目有序推进。此外，组建招商分队，奔赴成都、重庆、昆明考察开展招商引资工作，与成都智慧旅游创客中心、成都都江堰蕊鑫养老有限公司、中信正业、重庆石柱县五方国际商贸城等企业达成初步合作意向。邀请玉龙股份、好好生活等企业考察、对接康养旅游项目，已与好好生活公司就龙头果子山芒果庄园建设项目达成开发合作协议，目前项目策划和概念性规划已进行汇报修改。与四川川商起点实业有限责任公司和四川金杯半山集团有限公司签订了投资约120亿元的鲤鱼河国际阳光康养谷建设项目投资合作协议，成立了丽江市华坪县鲤鱼河国际阳光康养谷建设项目工作领导小组，稳步推进各项工作。

江华坪鲤鱼河国际阳光康养谷项目起于华坪县文体中心以南，沿鲤鱼河两岸至荣将芒果小镇，项目总规划面积约3.5平方公里，总建设用地约2900亩，计划总投资约120亿元。项目将打造国际康旅融合、产城融合的康养度假区，主要建设内容为鲤鱼河康养休闲体验带，生命小镇和芒果小镇，康养区、旅游体验区和行政区等。丽江华坪鲤鱼河国际阳光康养谷项目的实施，将全力提升华坪在西部地区城市价值地位，开创川滇接合部康养文旅发展新阶段和“美丽县城”跨越式发展新模式，进一步推动大香格里拉和大滇西旅游环线全域康养旅游示范基地建设，加快推动华坪绿色转型高质量跨越式发展。

第四，结合地区丰富多彩的历史文化、民族文化、美食文化，不断丰富康养旅游发展业态。成功举办第十二届芒果文化节、金秋菊花展、阔时节、首届乡村旅游季、船房乡第二届采桑泼水节等特色节庆活动，注重“九度华坪”品牌营销，专题宣传华坪的美食、美景、美物。

9.4 人才培养层面

9.4.1 做好人才培养总体规划

加快制定西南地区康养旅游人才队伍建设总体规划，稳步有序推进康养旅游人才培养。推进西南地区康养旅游产业高质量融合发展，人才建设是基础先决条件，是康养旅游产业保持生命力和创新力的关键。建设康养旅游高质量人才队伍，规划工作必须先行，必须牢牢把控人才建设的总体方向和整体节奏，在科学的道路上稳步推进西南地区康养旅游人才建设工作。为此，一方面，须充分认识人才对推进西南地区康养旅游融合发展的重要作用，提升人才队伍建设积极性。在此基础上，立足西南地区实际，系统分析康养旅游产业融合发展人才队伍建设需求类型和数量，并预测其未来变化趋势，划分康养旅游人才队伍建设阶段性任务，建立高效的跟踪反馈机制，动态指导地区康养旅游人才队伍建设。另一方面，需明确西南地区康养旅游人才培养目标。从地区康养旅游产业融合发展实际出发，积极打造有旅游管理、康复疗养、医药护理综合知识背景和专业技能的高质量创新型康养旅游复合人才。此外，还须注重提升区域间人才培养的协调性，充分发挥康养旅游人才要素的驱优效应，实现康养旅游人才供给与地区康养产业融合发展需求地域上高度匹配。

9.4.2 推进教育改革

着力推进西南地区教育改革，提高康养旅游人才培养质量。康养旅游产业由旅游产业与康养产业交叉融合而来，具有强烈的独特性和高度融合特征，对复合型人才的需求强烈，对人才的知识体系完整度、理论与实践复合能力要求严格。这就需要对现有的教学体系、师资培育、教学方法进行优化改进，以适应西南地区康养旅游产业融合发展人才需要。为此，一者，须注重教育理念更新，契合康养旅游产业发展现实需要，优化康养旅游人才培养课程体系，提升理论教学深度和广度，与时俱进，注重对最新研究成果的教学普及，力求构建学生以完整的理论知识体系，重视对旅游+相关产业融合课程建设，加强高校旅游学院与相关学院的教学互动，如与中医护理学院之间的联合教学。此外，协调理论和实践课程占比关系，适当提升实践课程占比，加大实践师资教学队伍建设力度，提升实践教学水平，攻克学生理论水平有余、实践能力匮乏的难题，实现完整理论体系和完备实践能力间的良性互动。再者，须改进教学方法。注重对赫尔巴特教学模式进行改善优化，在教学过程中提升学生参与度，增强教学互动性和学生主体感，建设更加开放、包容、自由的教学氛围，重视培养学生创造力、激发学生想象力，同时注重改善教学形式，大力应用互联网技术对教学形式进行创新，应用VR、AR等技术呈现教学内容，增强教学趣味性，提升课堂教学效果。

9.4.3 加强人才引进

加强康养旅游人才引进，完善人才队伍建设体系。康养旅游专业型人才分布存在着地域差异，经济发达的东部沿海地区教育资源更加充沛，高等院校的数量更多，人才供给更加充分。相较而言，西南地区教育资源较为稀缺，高等院校的数量也较少，同时受东部地区经济吸引的影响，人才外流较为严重。西南地区康养旅游人才供应在面对增长迅速的康养旅游复合型人才需求时显得较为乏力，除了加强本区教育培训外，加大人才引进力度是必要的。为此，首先，西南地区高校要加强对师资力量的培养和引进，制定专项人才引进计划，通过给予较好的福利待遇等方式引进一批理论知识水平和实践教学水准双高的康养旅游教学人才，充实高校康养旅游人才储备。其次，须加强对康养旅游融合发展大势和美好前景进行宣传，增强康养旅游产业吸引力，引导康养旅游人才树立正确的择业观，更加积极主动地加入推动康养旅游产业融合的大军中。最后，地区政府须制定、出台一系列优惠政策，根据地区康养旅游产业融合发展人才配置实际情况，借助聘用、挽留等形式引进高端复合型康养旅游人才。

9.4.4 促进政校企合作

推进西南地区政府、企业、高校深入合作，协同助力高质量人才队伍建设。完备高效的人才供应体系建设是一个系统工程，单纯地依赖某一主体单独发力或者各主体各自为战都是不可行的。相反，只有积极推动政府、企业、高等院校等主体进行交流协作，形成具有乘数效应的合力，才能使康养旅游人才体系的供应效益最大化。为此，其一，促进政府与地方高校合作，政府给予政策优惠，根据地区康养旅游融合发展的现状、行业需求，制定相关政策来引导文旅复合人才的培养。设立康养旅游人才培养基地，定向培养一批高质量康养旅游复合型人才，反馈政府以康养旅游政策制定建议，形成良性互动机制。其二，加强康养旅游企业与如四川大学、重庆大学、云南大学、西南大学等地方高校合作，企业明晰高校人才培养模式和特点并给予优化建议，同时为高校学生提供实践机会，高校明确企业需求提升人才培养针对性，供应企业以对口精干的康养旅游人才，形成稳定高质的康养旅游人才输送体系。

9.4.5 加强人才培训和职业资格认定

加强从业人员综合素质培训，推进职业资格认定。康养旅游行业发展人才需求是一个多维复合体系，既离不开高水平的理论钻研、技术创新、产品开发人才，也需要实践能力突出的一线技能服务人才，既需要人才具备康复、医药专业知识，也要具备一定的文化和旅游背景。因此，注重提升从业人员的综合素质是必要的。此外，推进康养旅游人才建设和供应工作有序进行，严格的行业准入和人员职业资格认定也不可或缺。具体可从两方面发力，一是注重提升康养旅游企业员工对康养旅游融合发展趋势、产品属性、市场特性等的理念认知，促进其综合素质的提高。鼓励康养旅游企业开展人才培训活动，表彰培训效果好的企业以及综合素质高的员工，以增强其自我提升的动力。二是加快制定康养旅游行业从业标准，严格对康养旅游从业人员的素质考核，推进温泉康养师、森林康养师、康养旅游体验师、康养旅游培训师等职业资格认定，形成规范有序的从业环境。

9.4.6 实践案例

贵州省遵义市桐梓县地处大娄山山脚，交通便捷，渝黔铁路、崇遵高速等5条交通线路在区分布，属亚热带高原季风湿润性气候，年平均气温15℃，夏季平均气温25℃，有“凉爽娄山、绿色空调、天然氧吧”美称，凭借得天独厚的自然环境和旅游资源，按照“绿水青山就是金山银山”的发展理念，利用“旅游+、生态+”等模式，推进农林业与旅游、文化康养等产业深度融合，大力发展康养旅游产业，并成功创建两个省级森林村寨，推动地方经济持续发展。2020年，桐梓县旅游接待总人数1510.1万人次，其中，来桐梓避暑的重庆游客达350万人次，桐梓县已成为重庆人夏季避暑的后花园。全年实现旅游综合收入108.46亿元，辐射带动2万余名贫困人口增收，旅游产业成为桐梓县助推脱贫攻坚影响最大、涉及面最广、增收最直接、示范带动效果最好的产业之一。

第一，为推进康养旅游产业发展，桐梓县付出了诸多卓有成效的努力。首先，桐梓县立足资源禀赋、发挥比较优势，按照“康养、康疗、康体”相融合的总体思路，坚持以产业谋发展、以发展促扶贫，积极探索乡村民宿“评星定级”工作的新方法、新途径，大力发展新型旅游业态，不断拓宽群众收入渠道，实现高质量完成脱贫攻坚任务。同时，坚持康养旅游产业和乡村振兴有效衔接，巩固脱贫攻坚成效，建设特色乡村、美丽乡村，推进产业提质增效、农户持续增收，进一步推动桐梓康养旅游产业向品牌化、高端化、规模化发展。尊重经济规律，研究业态布局，围绕市场需求，分析游客动态，把准游客心理，细分游客市场，打造低中高端旅游点，吸引游客来桐消费。按照“康养、康疗、康体”的要求，科学合理规划旅游空间布局、旅游建设项目、旅游服务设施，保障桐梓县康养旅游产业持续、稳定、健康发展。推进景区旅游服务市场化转型，激活市场主体活力，全力推动桐梓县康养旅游产业高质量发展。

第二，高度重视全县乡村康养旅游业的发展，大力投入资金改善当地的交通运输、水电供应、网络通信等基础服务设施，建设生态康养度假旅游大环线，将桐梓得天独厚的凉爽气候优势转化为度假康养系列产业，以此促进旅游资源共享、客源互送、线路互通及政策互惠，打造康体养生新业态。为使乡村旅馆实现标准化建设、规范化管理、组织化运营，推动全县乡村旅游业高质量发展，桐梓率先建立乡村旅馆“三大体系”，即“三制一标准”评星定级体系、“三线一牵头”服务管理体系、“三方一平台”联合运营体系。从旅游者最关心的6个核心要素，即安全、设施、质量、服务、环境、收费，制定《桐梓县乡村旅馆星级评定标准》，提档升级乡村旅馆。该星级评定采取动态管理机制，每年审核，并进行升降或取缔处理。另外，桐梓各乡镇（街道）定期每年召开旅游者座谈会，收集他们的意见和建议不断进行改进，同时建立游客服务中心，专门负责处理涉旅投诉、咨询、求助等新问题。

第三，积极融入成渝双城经济圈，坚持“重庆所需、桐梓所能”导向，擦亮“黔渝一家亲”品牌，在精准掌握重庆游客需求基础上，注重丰富研学旅行、特色民宿、自驾营地、温泉度假、康养旅游等体验式业态供给。重视深化“渝南黔北区域旅游联盟”合作，完善区域旅游合作机制，推进坡渡、羊磴、狮溪与青年、关坝、黑山、石林毗邻区域的合作联动，共同打造国家级旅游度假区。积极创建“国家全域旅游示范区，国家康养旅游目的地，体育旅游示范区”，积极探索创建“国家乡村旅游示范区”。做靓“旅游+农业、旅游+文化、旅游+体育、旅游+新型城镇化”品牌，使全域旅游产业成为桐梓经济发展的新引擎，积极为乡村振兴贡献旅游力量。

第四，注重加强康养旅游产业发展调度，为企业发展康养旅游产业提供优质指导和服务，围绕桐梓旅游发展定位，制定项目前期规划，注重景区经济效益，降低景区建设风险。科学合理规划景区旅游路线，充分考虑旅游交通现状，满足游客出行需求。注重创新服务模式，提高服务意识和办事效率。充分利用旅游景区优势，打造“康养旅游＋农产品”模式，积极推广桐梓县农特产品，带动周边群众增收致富。合理规划康养旅游业态布局，不断提高康养旅游企业服务水平，凸显桐梓特色，把桐梓县旅游康养产业打造成新的战略性支柱产业和人民群众满意的现代服务业，全力推动桐梓县经济社会高质量发展，不断巩固提升脱贫成效。

第五，积极梳理桐梓县旅游康养项目问题情况，制定问题清单、建立整改台账，集中时间、精力、人力扎实抓好桐梓县旅游康养产业发展工作。注重运用大数据系统，打造“智慧服务、智慧旅游、智慧康养”平台，收集反馈游客信息，精准提供优质服务，形成特色产业品牌。注重平衡管理与服务关系，建设井然有序的景区生活，扩大景区知名度，吸引更多游客来桐旅游。坚持问题导向，狠抓整改落实，全力推动旅游行业进一步解放思想、拓宽思路，配套优质资源，提供优质服务，将桐梓县旅游康养产业做大做强。围绕“娄山、楚米、九坝”旅游康养示范带，整合串联旅游康养资源，科学构建空间规划体系，多样配套旅游项目，形成了具有桐梓鲜明特色的旅游康养示范带。

9.5　本章小结

本章从政府、康养旅游行业、康养旅游企业、康养旅游人才层面提出了西南地区康养旅游产业转型发展实现路径。可基于此路径，积极发挥政策效用，持续推进行业规范建设，加快促进企业成长，加强完备的人才供应体系建设，形成政府、企业、人才培养机构三位一体的康养旅游产业融合推进机制，以突破西南地区康养旅游融合面窄、深度不足的桎梏，实现西南地区康养旅游发展转型和创新生长。同时本章选取了四川巴州区、重庆石柱县、云南华坪县、贵州桐梓县四地作为案例，分析了当地康养旅游产业发展成效和经验。此四地康养旅游发展特色突出，产业经济效益可观，产业发展示范效应显著，可积极推广这类地区康养旅游发展经验，加快形成西南地区康养旅游产业发展实践经验借鉴体系，形成西南各区域康养旅游互助共生机制，促进整个西南地区康养旅游特色化、成体系、可持续发展。

第 10 章

研究结论与展望

10.1 研究结论

本研究在乡村振兴战略背景下，遵循旅游和康养产业融合发展的规律性、科学性，结合西南地区的环境承载条件和资源禀赋特点，依据康养旅游产业融合机制、融合发展评价指标体系和相关数据，从供给侧结构性改革角度，定量刻画西南地区康养旅游产业融合发展的程度及其效率，探寻了西南地区康养旅游产业融合发展的主要动力因素及其相互作用演化机制。并以此为基础，深入探讨了西南地区康养旅游产业融合发展的运行模式、机制设计和实现路径，从而系统地提出既符合一般管理规律又符合西南地区具体背景的管理决策建议，主要研究结论如下：

第一，从西南地区康养旅游产业融合发展的效率评价研究分析可以得出：西南地区旅游与康养产业之间存在交互耦合关系，二者综合评价值呈增长态势；旅游与康养产业耦合值不断增长，但增长速度较慢，耦合值在 0.48 左右，整体耦合值属于低水平耦合和拮抗耦合两类，这表明西南各省市的旅游资源和康养资源地区分布不均，地区经济、社会发展水平存在差异；西南地区旅游与康养产业耦合协调度等级从严重失调、中度失调、轻度失调、濒临失调到基本协调、初级协调阶段，这表明旅游与康养产业间的交互作用增强，开始从不协调、无序向健康协调有序方向发展，但尚未演化到良好协调甚至优质协调阶段；因耦合协调度受到地区的经济发展水平、资源种类和数量、历史基础、地区政策和区位等因素的影响，西南地区旅游与康养产业耦合协调度等级整体仍处于中等偏下水平，还需要从多方面提高其融合度。

第二，从西南地区康养旅游产业融合发展的动力机制研究分析可以得出：首先，经济收益是旅游企业和康养企业进行策略选择的基础。无论是旅游企业还是康养企业，当预期采取融合发展策略带来的经济收益大于其需要投入的合作成本，它们就更倾向于选择与对方融合发展。同时，如果已采取融合发展策略的企业获取的经济收益更加理想，经济示范效应更加显著，尚在观望的旅游企业和康养企业就更愿意加入到融合发展的系统中。其次，旅游与康养产业融合发展系统演化的影响因素主要包括旅游与康养企业融合发展实现的收益增长率、融合发展成本以及政府补贴。各因素对旅游与康养产业融合发展的作用机制不同，旅游与康养企业融合发展实现的收益增长率和政府补贴与二者采取融合发展策略的比例呈正向相关，而融合发展成本与旅游和康养企业采取融合发展策略的比例呈负向相关，合理地运用各因素的作用机制对推进旅游与康养产业融合发展有利。最后，旅游与康养产业实现融合发展是一个长期的动态过程，二者融合的协调度和质量会随着外部条件的改善而不断提升。当外部条件有利时，例如收益增长率提升、政府补贴力度加大、技术创新促使合作成本和环境成本的降低以及博弈主体间的信任水平较高等，旅游企业和康养企业中选择与对方融合发展的比例会随之增加，直至达到最优均衡策略（1，1）。而导致旅游企业和康养企业各自为战的主要原因在于二者信息获取的不完全性和对合作关系的不确定性。

第三，从西南地区康养旅游产业融合发展的开发模式研究分析可以得出：西南地区康养旅游资源开发模式可分为康旅、康体、康养三种模式。本研究收集了西南地区现有618个康养旅游资源单体，通过康养旅游资源特性和现有的旅游发展规划将西南地区划分为19个康养旅游片区，运用ArcGIS 10.5软件采用最邻近指数和核密度分析等方法探索西南地区康养旅游资源的空间分布规律，通过层次分析法和专家打分法建立西南地区康旅、康体、康疗资源开发综合评价体系，评价19个康养旅游片区的三类康养旅游资源的开发价值，再通过地理探测器模型对三大类康养旅游资源开发价值的影响因素进行分析。分析主要结论是：（1）西南地区康养旅游资源最邻近指数 $R<1$，在不同的距离尺度范围呈显著集聚性分布。核密度分析进一步验证了西南地区康养资源分布的空间集聚性特征。核密度分析结果显示，在整个西南地区的尺度下，我国西南

地区的康养旅游地呈现出以成渝双城经济区为核心的双核心轴线分布局面和“靠景，沿路、环城”分布规律与大集中、小分散的空间特征；在省域尺度下，四个省市都呈显著聚集和聚集型；在模式分类下，大部分模式呈现明显聚集和聚集，少部分呈现出随机分散。（2）西南地区三大类康养旅游资源可开发价值高的区域比较集中，从空间尺度来看中心城市的可开发价值要高于周边地区；三大类型康养旅游资源开发价值排名中，排名前列的都是经济发达的中心城区，与康养旅游资源分布格局基本重合，再一次验证了目前康养旅游资源分布格局的合理性。（3）各因素对西南地区康养旅游资源开发的影响力存在显著差异，影响力前五的为：A 级景区密度、旅游人数密度、高速出入口密度、每万人拥有医疗卫生机构床位数、和人均旅游总收入。其中，高速出入口密度对康疗类和康体类康养旅游地影响最大；A 级景区密度对康旅类康养旅游地的影响最大，高速出入口密度在各因素合力作用中起着至关重要的作用，表明路网交通对我国西南地区康养旅游业的发展至关重要。最后通过三大类康养旅游资源开发价值得分排名和影响因素分析得出了西南地区 19 个康养旅游片区适合开发的资源和适合自身发展的康养旅游产业融合模式，并策划出各个康养旅游片区开发模式的空间布局，最终实现西南地区旅游资源的有效整合。

第四，西南地区康养旅游产业融合发展的机制设计研究分析首先从四个方面分析了西南地区政府对康养旅游融合发展的政策支持。其次，在自然环境政策上，西南各省市政府通过颁布各类法律法规保护森林和动植物的多样性，践行“绿水青山就是金山银山”的生态理念，强调围绕着良好的自然生态环境发展绿色产业和健康产业；在社会经济环境政策方面，西南地区各省市政府认识到道路网络因素是影响西南地区康养旅游产业发展的重要因素，正在大力完善道路网络，实现水陆空联运，丰富交通网络，通过完善的交通网络带动当地的产业发展，为西南地区康养旅游产业发展提供坚实的保障；在旅游政策方面，西南地区各省市都在积极发展旅游业，出台了各种有力政策推动旅游业发展；在疗养政策方面，西南地区各省市政府都明确提出促进康养融合发展，打造健康生活目的地。再次，指出西南地区康养旅游产业融合发展的运行机制为利益集团、康养环境和政策制度三个子系统之间共同作用形成的复杂运行机制，西南地区的开发模式是运行机制的外在表现形式，具有主观抽象性。最后，通过解构不同主体形式为西南地区各个康养旅游模式的运行机制进行了设计。

第五，西南地区康养旅游产业转型发展的实现路径研究分析从政府、康养旅游行业、康养旅游企业、康养旅游人才层面提出了西南地区康养旅游产业转型发展实现路径，同时选取了四川巴州区、重庆石柱县、云南华坪县、贵州桐梓县四地作为案例，分析了当地康养旅游产业发展成效和经验。可基于此路径及经验，积极发挥政策效用，持续推进行业规范建设，加快促进企业成长，加强完备的人才供应体系建设，形成政府、企业、人才培养机构三位一体的康养旅游产业融合推进机制，以突破西南地区康养旅游融合面窄、深度不足的桎梏，实现西南地区康养旅游发展转型和创新生长，形成西南各区域康养旅游互助共生机制，促进整个西南地区康养旅游特色化、成体系、可持续发展。

10.2 研究展望

本研究按照最初申报书的计划开展了上述五个方面的研究。上述研究成果为后续进一步展开西南地区康养旅游产业融合发展研究，构建动态协调的康养旅游产业融合发展生态系统提供了一定的参考价值，但本研究也存在一定的局限性与不足，在后续的研究中可以注意以下几个方面的问题：

第一，由于三年疫情的原因，西南地区旅游业受到了沉重的打击，很多地区都处于停滞状态，所以本研究在对西南地区康养旅游产业融合发展的效率评价研究中采用的数据只能更新到2019年，这使研究结果具有一定的局限性。今后，应跟踪最新的数据进行研究，更准确地把握旅游和康养产业融合发展现状。

第二，由于西藏地方政府、统计局、公报、年鉴等相关旅游和康养数据的不完整，本研究没有办法对西南地区五个省市全部进行研究，只能局限在云、贵、川、重庆四个省市。今后，应加强对西藏的旅游和康养融合发展的跟踪研究，使西南地区旅游和康养产业融合发展研究更加完整。

第三，在西南地区康养旅游产业转型发展的实现路径研究中，具体的实施路径还应该进行进一步的验证，今后应逐步反馈并完善改进实现路径，使这些具体的、有效的实现路径日后能够在国内其他区域进行推广实施。

参考文献

[1] 艾俊．湖南城市老年人康体旅游开发研究［D］．湖南师范大学：2005.

[2] 敖红艳．乡村振兴背景下鄂尔多斯市乡村旅游扶贫效应及其模式创新农业与技术［J］．2020，40（8）：148－151.

[3] 白琦瑶．中国医疗旅游目的地评价指标体系研究［D］．北京中医药大学：2010.

[4] 鲍洪杰，王生鹏．文化产业与旅游产业的耦合分析［J］．工业技术经济，2010，29（8）：74－78.

[5] 鲍明晓，赵承磊，饶远，等．我国体育旅游发展的现状、趋势和对策［J］．体育科研，2011，32（6）：4－9.

[6] 布买儿燕·开里木．乡村旅游感知价值对满意度与忠诚度的影响研究［D］．新疆大学：2020.

[7] 蔡芳娜，郑杭杭，钱晓燕．全域旅游视域下三明市森林康养旅游效率评价研究［J］．现代农业研究，2020，26（3）：6－9.

[8] 蔡建军．中华古文化是旅游的灵魂和载体［J］．求索，2005（1）：91－93.

[9] 蔡舒．乡村振兴战略下海南“互联网＋乡村旅游”发展研究［J］．产业创新研究．2020，（18）：72－74.

[10] 曹均学，代文姣．党的十九大以来乡村振兴战略研究综述［J］．长春师范大学学报，2021，11（40）：40－46.

[11] 曹庆荣，等．乡村休闲体育旅游资源开发研究［J］．体育文化导刊，2018（7）：81－84.

[12] 曹庆荣，齐立斌，念贵．乡村休闲体育旅游资源开发研究 [J]．体育文化导刊，2018 (7)：81－84，12.

[13] 曹雯．乡村旅游与农业现代化融合发展的路径 [J]．农村经济，2015 (5)：61－65.

[14] 曹秀珍．区域体育旅游产品开发 RMP 分析—以富阳市为例 [J]．浙江体育科学，2011，33 (3)：32－34，57.

[15] 曹煜．基于产旅融合的乡村旅游发展研究—以江苏省庆丰村为例 [D]．浙江大学：2021.

[16] 曹袁路．基于居民视角的乡村旅游可持续发展影响感知研究—以黄陵区木兰去零山为例 [D]．华中师范大学：2019.

[17] 曹智．西安市乡村旅游产业发展研究—基于竞争力评价视角 [D]．西北农林科技大学：2020.

[18] 常雪萍，侯俊东，庄小丽，等．基于文本分析的康养旅游研究热点与进展湖北农业科学 [J]．2020 (5)：10－16.

[19] 陈斌，刘明，龙隆，等．全域旅游视角下文旅融合路径与实践探讨—以四川南江县文化和旅游资源普查与开发为例 [J]．科技和产业，2021，21 (2)：92－98.

[20] 陈城．扩大对外开放背景下康养旅游产业的融合模式研究 [D]．四川外国语大学：2019.

[21] 陈纯．国内外康养旅游研究综述 [J]．攀枝花学院学报：2019 (4)：43－46.

[22] 陈芳婷．文旅融合背景下甘肃省文化资源与旅游产业耦合研究 [D]．西北师范大学：2020.

[23] 陈国琛．乡村旅游内生发展评价与促进策略研究—以江西安义古村群为例 [D]．南昌大学：2020.

[24] 陈慧英．乡村振兴背景下我国乡村旅游目的地文化遗产挖掘利用的价值分析 [J]．南方农机．2022，53 (8)：95－97.

[25] 陈建波，明庆忠，娄思远．山地城市健康旅游资源及开发策略研究—以重庆市主城区为例 [J]．西南师范大学学报（自然科学版），2016，41 (10).

[26] 陈瑾. 文化产业与旅游业融合发展机理及政策选择—以江西省为例[J]. 企业经济, 2014 (5): 122-126.

[27] 陈立群. 全产业链理论视角下我国乡村旅游产业发展路径 [J]. 农业经济, 2016 (10): 52-53.

[28] 陈龙. 新时代中国特色乡村振兴战略研究 [J]. 西北农林科技大学学报 (社会科学版), 2018 (3): 56.

[29] 陈琪. 推进邯郸市涉县旅游业文旅融合研究 [D]. 河北农业大学: 2019.

[30] 陈巧玉, 刘中强, 王定宣. 中国体育旅游研究领域分析—基于科学计量与知识元的描述 [J]. 出版广角, 2020 (19): 82-84.

[31] 陈瑞萍. 我国乡村旅游的供给侧改革路径 [J]. 农业经济, 2017 (7): 60-62.

[32] 陈三清, 张靖. 新科技时代下攀枝花智慧康养体系的研究与应用 [J]. 无线互联科技, 2020, 17 (14): 76-77.

[33] 陈仕玲. 西南地区生态旅游与乡村振兴互动发展研究—基于云贵川三省的分析 [D]. 吉首大学: 2021.

[34] 陈仕玲, 叶明霞, 蒋辉. 西南地区"生态旅游—乡村振兴"耦合发展研究—基于云贵川三省的分析 [J]. 农村经济与科技. 2020, 31 (21): 100-104.

[35] 陈素平, 付礼妍乡村振兴背景下旅游赋能路径研究综述 [J]. 河北旅游职业学院学报, 2021, 26 (2): 15-19.

[36] 陈炜, 文冬妮. 桂滇黔少数民族传统体育文化资源旅游开发—基于RMP分析 [J]. 社会科学家, 2012 (7): 88-91.

[37] 陈伍香. 新冠肺炎疫情防控常态化条件下发展大健康旅游产业的认识 [J]. 社会科学家, 2020 (1): 22-23.

[38] 陈旭红. 乡村振兴背景下长沙市乡村旅游发展研究 [D]. 湘潭大学: 2020.

[39] 陈萱琳. 乡村振兴战略背景下湖北恩施州乡村旅游发展现状及对策研究 [D]. 武汉轻工大学: 2021.

[40] 陈亚楠．我国入境旅游与经济增长的耦合协调度及其影响因素研究［D］．河北大学：2021．

[41] 陈燕．文旅融合视角下上九山旅游资源开发研究［D］．西北师范大学：2020．

[42] 陈晔．基于产业融合视角下武当山传统养生旅游融合发展研究［D］．武汉体育学院：2019．

[43] 陈友赠．乡村振兴与乡村旅游的实践与探索—以长乐区文岭镇郑朱村村庄规划为例住宅产业［J］．2021，(11)：110－113．

[44] 陈志军，徐飞雄．乡村旅游地旅游发展对乡村振兴的影响效应与机理—以关中地区为例［J］．经济地理，2022 (2)：231－240．

[45] 陈自威．基于ANP的医疗旅游发展潜力指标体系的构建及应用研究［D］．华南理工大学：2013．

[46] 陈祖龙．乡村振兴背景下内陆旅游区旅游经济空间格局与影响因子分析—以贵州省为例南方农机［J］．2021，52 (13)：56－58．

[47] 程慧璇．乡村旅游可持续发展的实证研究［D］．兰州交通大学：2021．

[48] 程锦，陆林，朱付彪．旅游产业融合研究进展及启示［J］．旅游学刊，2011 (4)：14－20．

[49] 程静静，胡善风，张圆刚．旅游村评价指标体系研究—以安徽省黟县为例［J］．地域研究与开发，2012，31 (3)：116－120．

[50] 程璐瑶，金彩玉．文旅融合助推黄河流域旅游高质量发展—以河南省为例［J］．旅游纵览（下半月），2020 (3)：129－133．

[51] 程曦煜．全域旅游视角下金华北山乡村旅游发展模式研究［D］．西北师范大学：2021．

[52] 程晓丽，祝亚雯．安徽省旅游产业与文化产业融合发展研究［J］．经济地理，2012，32 (9)：161－165．

[53] 丛丽，张玉钧．对森林康养旅游科学性研究的思考［J］．旅游学刊，2016，31 (11)：6－8．

[54] 崔凤军，徐鹏，陈旭峰．文旅融合高质量发展研究—基于机构改革

视角的分析 [J]. 治理研究, 2020, 36 (6): 98 -104.

[55] 崔木花. 中原城市群9市城镇化与生态环境耦合协调关系 [J]. 经济地理, 2015, 35: 72 -78.

[56] 崔肖雪. 乡村旅游利益相关者对乡村性的感知和影响机制研究 [D]. 曲阜师范大学: 2021.

[57] 戴斌. 开创文化和旅游融合发展新时代 [J]. 新经济导刊, 2018, 265 (6): 51 -56.

[58] 戴茜. 共生理论视角下江苏省"体育 + 旅游"产业的融合研究 [D]. 华东交通大学: 2021.

[59] 单亚琴, 姚国荣. 国内养老旅游研究综述 [J]. 牡丹江大学学报, 2016 (9): 63 -64.

[60] 单亚琴, 姚国荣. 国外医疗旅游研究综述 [J]. 中国卫生事业管理, 2016, 33 (8): 631 -635.

[61] 单亚琴, 姚国荣. 近十年我国医疗旅游研究综述 [J]. 产业经济 .2016 (6): 44 -46.

[62] 邓宏, 李翠林. 基于 CiteSpace 的我国康养旅游研究综述黑龙江生态工程职业学院学报 [J]. 2021 (5): 33 -36.

[63] 邓珺劼. 泾阳县龙泉公社乡村旅游可持续发展思考 [J]. 南方农业, 2018, 12 (10): 52 -54.

[64] 邓娜. 乡村振兴战略下美丽乡村、乡村旅游的互动关系研究—以宁夏为例民族艺林 [J]. 2021, (4): 26 -33.

[65] 董明军. 乡村旅游空间集聚演化及动力机制分析—以三十岗乡为例 [D]. 安徽农业大学: 2017.

[66] 董文静, 王昌森, 张震. 山东省乡村振兴与乡村旅游时空耦合研究 [J]. 地理科学, 2020, 40 (4): 628 -636.

[67] 杜梦醒. 乡村旅游情境对游客行为意愿的影响研究—基于情绪评价理论 [D]. 天津师范大学: 2020.

[68] 杜岩, 李世泰, 杨洋. 山东省乡村旅游高质量发展与乡村振兴耦合协调发展研究 [J]. 湖南师范大学自然科学学报, 2021.

[69] 段金花．森林康养基地生态旅游资源开发潜力评价研究 [D]．山东师范大学：2019.

[70] 段兆雯．乡村旅游发展动力系统—西安市为例 [D]．西北农林科教大学：2011.

[71] 樊丽静．文旅融合背景下麻池古城保护与开发研究 [D]．内蒙古科技大学包头师范学院：2020.

[72] 范彬彬．基于层次分析方法的柳州市体育旅游资源评价研究 [D]．广西师范大学：2019.

[73] 范周．文旅融合的理论与实践 [J]．人民论坛·学术前沿，2019 (11)：43-49.

[74] 方世巧，马耀峰，李天顺．基于百度搜索的西安市 A 级景区信息与旅游流耦合分析 [J]．干旱区资源与环境，2012 (8)：193-197.

[75] 方忠，张华荣．文化产业与旅游产业耦合发展的实证研究—以福建省为例 [J]．福建师范大学学报（哲学社会科学版），2018，208 (1)：44-50，174.

[76] 冯斐．长江经济带文旅融合产业资源评价、利用效率及影响因素研究 [D]．华东师范大学：2020.

[77] 冯健．"文旅融合"该从何处着手 [J]．人民论坛，2018 (32)：86-87.

[78] 冯仕国．健康旅游之理论与实证研究—以西部地区为例 [D]．华中师范大学：2006.

[79] 付业勤．文旅融合背景下城市旅游地文化软实力评价与发展策略研究 [J]．四川轻化工大学学报（社会科学版），2020 (3)：27-43.

[80] 傅才武．论文化和旅游融合的内在逻辑 [J]．武汉大学学报（哲学社会科学版），2020，73 (2)：89-100.

[81] 傅才武，申念衢．新时代文化和旅游融合的内涵建构与模式创新—以甘肃河西走廊为中心的考察 [J]．福建论坛：人文社会科学版，2019 (8)：28-39.

[82] 傅瑾雯．都市乡村旅游发展动因研究 [J]．管理观察，2008，(7)：

116－118.

[83] 于永和．基于消费者偏好的中医药康养旅游产品开发策略研究[D]．北京中医药大学：2017.

[84] 甘棋文．广西药用植物园中医药健康旅游开发研究 [D]．广西大学：2017.

[85] 郜清攀．乡村振兴战略背景下乡镇政府公共服务能力研究 [D]．东北师范大学：2019.

[86] 耿方蕊．基于西部地区文旅融合协调度评价的政府职能优化研究[D]．兰州大学：2020.

[87] 公衍芬．产业融合视角下青岛市体育旅游产业发展对策研究 [D]．中国石油大学：2013.

[88] 宫喜．巢湖市体育旅游资源开发利用研究 [D]．广州理工大学：2021.

[89] 古冰．基于投入产出法及 ANN 模型的文化产业和旅游产业融合分析[J]．商业经济研究，2017 (18)：170－173.

[90] 关旭，陶婷芳，陈丽英．我国大型城市旅游业与演艺业融合路径及选择机制—企业层面的扎根研究 [J]．经济管理，2018，40 (1)：22－37.

[91] 郭弓．体育产业与旅游产业融合发展的创新驱动政策研究 [D]．武汉体育学院：2017.

[92] 郭靖．基于消费者偏好的凯里市中医药康养旅游发展研究 [D]．贵州师范大学：2021.

[93] 郭来喜，吴必虎，刘锋，等．中国旅游资源分类系统与类型评价[J]．地理学报，2000，55 (3)：294－301.

[94] 郭清霞，樊东平．基于 RMP 分析的武汉城市圈体育旅游发展策略研究 [J]．武汉船舶职业技术学院学报，2011，10 (4)：56－61.

[95] 郭显鹏，黄应绘．生态农业、乡村旅游和乡村振兴协调性研究—以重庆市为例 [J]．湖北农业科学，2022，61 (2)：29－34.

[96] 郭晓勋，李响．文旅融合背景下黑龙江旅游特色小镇建设路径[J]．学术交流，2020 (11)：19－28.

[97] 郭永锐，张捷，卢韶婧，等. 中国入境旅游经济空间格局的时空动态性 [J]. 地理科学，2014，34 (11)：1299－1304.

[98] 哈斯花尔. 多元文化下呼和浩特玉泉区旅游产业与文化产业融合发展研究 [D]. 长安大学：2013.

[99] 韩玉明. 吉林省乡村旅游消费者行为研究 [D]. 吉林财经大学：2020.

[100] 韩宙. 根植性视角下山西省黄河板块体育旅游模型构建及实证分析 [D]. 山西大学：2021.

[101] 韩宙. 根植性视角下山西省黄河板块体育旅游模型构建及实证分析 [D]. 山西大学：2019.

[102] 何莽. 基于需求导向的康养旅游特色小镇建设研究 [J]. 北京联合大学学报（人文社会科学版），2017，15 (2)：41－47.

[103] 何莽. 中国康养产业发展报告（2017）[M]. 北京：社会科学出版社，2017.

[104] 何梅青. 青海省乡村旅游发展动力研究 [D]. 青海大学：2020.

[105] 何珊. 江西省乡村旅游智慧化研究 [D]. 江西师范大学：2020.

[106] 何星. 川西北高原藏区乡村生态旅游发展及扶贫效应研究 [D]. 西南民族大学：2020.

[107] 贺晓敏，史治刚. 以项目建设助推文旅融合发展—以阳泉市为例 [J]. 现代营销（下旬刊），2020 (8)：88－89.

[108] 侯兵，黄震方. 文化旅游实施区域协同发展：现实诉求与路径选择 [J]. 商业经济与管理，2015 (11)：78－87.

[109] 侯兵，黄震方，徐海军. 文化旅游的空间形态研究—基于文化空间的综述与启示 [J]. 旅游学刊，2011 (3)：71－78.

[110] 侯鹏，刘刚，刘晓洁，等. 产业生态学视角下的家庭代谢：理论框架、进展与展望 [J]. 中国人口·资源与环境，2020 (12)：193－203.

[111] 侯志茹，岳世聪. 乡村振兴背景下西藏地区文旅融合发展模式探究 [J]. 西藏大学学报（社会科学版），2020，35 (3)：161－167.

[112] 胡春华. 生态康养旅游指标体系的构建与实证研究 [D]. 成都理

工大学：2018.

[113] 胡柳．包容性增长视角下的乡村旅游发展路径研究［J］．安徽农业科学，2014，42（11）：3312－3314.

[114] 黄晨红．乡村振兴视角下河北乡村旅游与生态经济协调发展研究［J］．农村经济与科技．2022，33（1）：88－89.

[115] 黄宏钰．浙江省青田县乡村旅游资源开发研究［D］．西南师范大学：2020.

[116] 黄金琳，杨荣斌．中国养生保健旅游研究综述［J］．芜湖职业技术学院学报，2016（1）：75－78.

[117] 黄葵．重庆市乡村旅游资源空间特征及其与乡村振兴关系研究［J］．中国农业资源与区划，2020，41（4）：216－224.

[118] 黄琴诗，朱喜钢，曹钟茗，等．国外康养旅游研究的转型与趋势—基于英文文献的计量分析［J］．林业经济，2020，42：48－58.

[119] 黄蓉．我国纺织产业发展研究—基于纺织产业与信息产业耦合协调发展视角［D］．江南大学：2017.

[120] 黄蕊，侯丹．东北三省文化与旅游产业融合的动力机制与发展路径［J］．当代经济研究，2017（10）：81－89.

[121] 黄细嘉，周青．基于产业融合论的旅游与文化产业协调发展对策［J］．企业经济，2012（9）：133－135.

[122] 黄小亚．医疗旅游文献综述［J］．旅游管理研究，2015（4）：15.

[123] 霍艳莲．产业融合视阈下文化产业与旅游产业的融合效应、机理与路径［J］．商业经济研究，2015（12）：126－127.

[124] 纪宁．体育旅游产业系统运行研究［D］．天津大学：2019.

[125] 见政清，白洁．乡村振兴背景下乡村旅游经营模式演变与展望［J］．山东青年政治学院学报，2020，36（4）：1－5.

[126] 江金波．旅游产业融合的动力系统及其驱动机制框架—以佛山陶瓷工业旅游为例［J］．企业经济，2018，v.37；No.453（5）：7－15.

[127] 蒋清，敬艳．全域旅游视域下体育特色小镇的开发［J］．开放导报，2017（5）：92－95.

[128] 蒋燕娥，张玲，童彦．旅游循环经济与乡村生态旅游的耦合—以珠江源风景区为例 [J]．价值工程．2012 (5)：109－110.

[129] 蒋友财．文化产业与旅游业融合发展的行业途径探索—以贵州黔东南苗族侗族自治州为例 [J]．旅游纵览（下半月），2013.

[130] 焦润东．基于系统动力学视角的西宁市乡村旅游发展研究 [D]．青岛大学：2018.

[131] 焦顺子．乡村旅游低碳消费行为影响因素研究—以永春县大羽村为例 [D]．厦门大学：2017.

[132] 金婷婷．基于旅游者行为分析的舟山乡村旅游产品提升研究 [D]．浙江海洋大学：2021.

[133] 康敏．产业生命周期视角下新时代贵州乡村旅游路径优化研究 [D]．贵州财经大学：2019.

[134] 康艳昕，苏欣慰．潘子衿．国内康养旅游文献的知识可视化研究 [J]．河池学院学报，2021 (6)：90－97.

[135] 孔凯，杨桂华．民族地区乡村文旅融合路径研究 [J]．社会科学家，2020 (9)：72－77.

[136] 孔令怡，吴江，曹芳东．环渤海地区沿海城市滨海养生旅游适宜性评价研究 [J]．南京师大学报（自然科学版），2017，40 (2).

[137] LB/T051－2016．国家康养旅游示范基地 [S]．北京：国家旅游局：2016.

[138] 赖启航，孔凯．健康养生视角下盐边县康养旅游开发初探 [J]．攀枝花学院学报，2015，32 (4)：5－7.

[139] 兰苑，陈艳珍．文化产业与旅游产业融合的机制与路径—以山西省文化旅游业发展为例 [J]．经济问题，2014 (9)：126－128.

[140] 雷波．我国体育产业与旅游产业互动融合模式分析 [J]．北京体育大学学报，2012，35 (9)：40－44.

[141] 李波．景区依托型乡村旅游可持续发展动力机制研究—以卓尔山景区与拉洞台村为例 [D]．青海师范大学：2021.

[142] 李彩云．乡村振兴战略背景下龙脊古壮寨乡村旅游绿色发展研究

旅游纵览 [J]. 2021, (10): 60-62.

[143] 李东. 康养旅游评价指标体系构建研究—基于四川省21个市州的面板数据 [J]. 江苏商论, 2021 (9): 55-58.

[144] 李东. 我国康养旅游评价研究综述 [J]. 攀枝花学院学报, 2021 (11): 37-43.

[145] 李虹. 康养旅游研究述评与展望 [J]. 商业经济, 2019 (4): 50-52.

[146] 李后强. 从6+1理论看森林康养 [N] 企业家日报, 2016-08-16 (1).

[147] 李济任, 许东. 基于AHP与模糊综合评价法的森林康养旅游开发潜力评价—以辽东山区为例 [J]. 中国农业资源与区划, 2018, 39: 135-142, 169.

[148] 李济任, 许东. 基于AHP与模糊综合评价法的森林康养旅游开发潜力评价—以辽东山区为例 [J]. 中国农业资源与区划, 2018 (8).

[149] 李济任, 许东. 森林康养旅游评价指标体系构建研究 [J]. 林业经济, 2018, 40: 28-34.

[150] 李济任, 许东. 森林康养旅游评价指标体系构建研究 [J]. 林业经济, 2018, 40 (3): 28-34.

[151] 李姣琦, 朱新杰. 产业融合下辽宁乡村旅游的产品创新研究 [J]. 辽宁农业职业技术学院学报, 2020 (11): 19-21.

[152] 李静文. 和县康体休闲旅游发展研究 [D]. 东南大学, 2015.

[153] 李珂. 武汉市不同年龄群体体育旅游的认知、需求、动机和行为特征 [J]. 武汉体育学院学报, 2012, 46 (6): 58-62.

[154] 李丽, 徐佳. 中国文旅产业融合发展水平测度及其驱动因素分析 [J]. 统计观察, 2020 (10): 49-52.

[155] 李琳. 商城县乡村旅游减贫效应评价及对策建议研究 [D]. 信阳师范大学: 2021.

[156] 李美云. 论旅游景点业和动漫业的产业融合与互动发展 [J]. 旅游学刊, 2008 (1): 58-64.

[157] 李梦. 基于TPB拓展模型的长沙市主城区居民乡村旅游行为意向

研究［D］. 湖南师范大学：2019.

［158］李鹏，赵永明，叶卉悦. 康养旅游相关概念辨析与国际研究进展［J］. 旅游论坛，2020（1）：69－81.

［159］李树信，张海芹，郭仕利. 文旅融合产业链构建与培育路径研究［J］. 社科纵横，2020（7）：54－57.

［160］李爽爽. 西北地区文旅产业融合发展研究［D］. 东北财经大学：2017.

［161］李文路，覃建雄，张江峰. 中国农业资源与区划景下张家界市永定区乡村旅游发展评价［J］. 湖南农业科学，2021，（8）：77－82.

［162］李先跃. 中国文化产业与旅游产业融合研究进展及趋势—基于Citespace计量分析［J］. 经济地理，2019，39（12）：212－220，229.

［163］李香，张金丽. 基于公共产品理论思考乡村旅游公共服务的发展—以陕西省袁家村为例［J］. 吉林农业，2018（14）：24－26.

［164］李想，胡炜霞. 丝绸之路旅游产业与文化产业融合路径探讨［J］. 山西师大学报（社会科学版），2015，42（3）：85－88.

［165］李晓东. 乡村振兴战略的理论渊源和内涵研究［D］. 青岛理工大学：2019.

［166］李晓红，李志刚. 新时代背景下文旅深度融合与乡村旅游高质量发展［J］. 时代经贸，2019（26）.

［167］李晓赜. 基于修正IPA的乡村旅游吸引力研究—以河南省辉县市为例［D］. 新疆大学：2020.

［168］李岩. 上海市体育和旅游产业融合水平与影响因素研究［D］. 上海体育学院：2021.

［169］李艺李，金玉，曹世武. 论乡村振兴与古村落乡村旅游发展的双向互动机制—以恭城常家村为例［J］. 河北旅游职业学院学报，2022，27（1）：11－15.

［170］李玉迪. 广西乡村生态旅游APP应用研究［D］. 广西师范大学：2018.

［171］李占旗. 智慧旅游背景下智慧乡村旅游的发展路径［J］. 农业经

济，2018（6）：53－55.

［172］李志龙．乡村振兴—乡村旅游系统耦合机制与协调发展研究—以湖南凤凰县为例［J］．地理研究，2019，38（3）：643－654.

［173］李治兵．乡村振兴战略进程下岷江上游羌族村寨旅游业发展研究［D］．西南民族大学：2021.

［174］李智慧．人的全面发展视域下我国乡村振兴战略研究［D］．安徽财经大学：2020.

［175］栗雪雯．美国体育旅游组织运行机制研究与启示［D］．上海体育学院：2021.

［176］梁峰，郭炳南．文、旅、商融合发展的内在机制与路径研究［J］．技术经济与管理研究，2016（8）：114－118.

［177］廖美娟．我国医疗旅游研究综述［J］．科技创业，2021（10）：144－146.

［178］廖武华．产业融合视角下医疗旅游目的地发展路径研究—以博鳌乐城国际疾疗旅游先行区为例［D］．海南大学：2020.

［179］林应龙．海南健康旅游的市场研究［D］．海南热带海洋学院：2018.

［180］刘冰洋．基于社会网络分析方法的我国体育旅游研究进展分析［D］．西北师范大学：2021.

［181］刘朝望，王道阳，乔永强．森林康养基地建设探究［J］．林业资源管理，2017（2）：93－96，156.

［182］刘楚楚．山西省文化产业与旅游产业融合发展研究［D］．山西财经大学：2018.

［183］刘凤．旅游产业与文化产业融合理论探析—以新型城镇化为背景［J］．经营与管理，2020（2）：132－135.

［184］刘冠启，花家涛，石玉雪．乡村振兴视域下乡村体育旅游发展价值、困境及路径选择［J］．安徽师范大学学报（自然科学版），2020，43（5）：498－504.

［185］刘红莉．生命美学视域下对文旅深度融合的思考［J］．理论月刊，

2021 (1): 97 – 104.

[186] 刘华云. 北京市医疗旅游发展环境分析及对策建议 [D]. 北京中医药大学: 2014.

[187] 刘欢. 乡村振兴视域下乡风文明建设研究 [D]. 吉林大学: 2021.

[188] 刘建国, 张永敬. 医疗旅游: 国内外文献的回顾与研究展望 [J]. 旅游学刊, 2016, 31: 113 – 126.

[189] 刘俊梅. 基于产业融合的吐鲁番沙疗养生旅游发展研究 [D]. 新疆大学: 2013.

[190] 刘立军. 中国冰雪体育旅游的理论与实证研究 [D]. 兰州大学: 2019.

[191] 刘敏. 旅游业与区域发展耦合协调度研究—以浙江省为例 [D]. 浙江师范大学: 2018.

[192] 刘萍. 乡村振兴背景下乡村旅游景观规划设计策略研究—以济南市齐鲁8号风情线为例 [D]. 山东建筑大学: 2020.

[193] 刘庆余, 弭宁. 全域旅游视野下健康养生旅游发展对策 [J]. 旅游学刊, 2016, 31: 4 – 6.

[194] 刘曙霞. 新媒体视角下乡村旅游社区参与机制研究 [J]. 吉首大学学报, 2017, 38 (12): 19 – 22.

[195] 刘甜甜. 中国自然保护区养生旅游评价指标体系构建及其应用研究 [D]. 东北林业大学: 2013.

[196] 刘拓, 何铭涛. 发展森林康养产业是实行供给侧结构性改革的必然结果 [J]. 林业经济, 2017, 39 (2): 39 – 42, 86.

[197] 刘晓明. 产业融合视域下我国体育旅游产业的发展研究 [J]. 经济地理, 2014, 34 (5): 187 – 192.

[198] 刘欣瑶. 乡村振兴战略背景下秦皇岛市石河镇乡村旅游治理研究 [D]. 燕山大学: 2020.

[199] 刘妍. 刍议新时代中国特色乡村振兴战略路径 [J]. 南方农业, 2021, 15 (30): 5 – 6.

[200] 刘艳兰. 实景演艺: 文化与旅游产业融合的业态创新—以桂林阳朔

《印象·刘三姐》为例［J］. 黑龙江对外经贸，2009（08）：107－108，113.

［201］刘羽寒. 乡村振兴战略下兰州旅游扶贫村旅游竞争力评价与发展模式选择［D］. 西北师范大学：2019.

［202］刘雨婧，杨建，罗钰坊. 旅游业与城镇化耦合效率及其影响因素分析—以张家界为例［J］. 资源开发与市场，2018（34）：138.

［203］刘云山. 文化是旅游的灵魂—在2010博鳌国际旅游论坛上的主旨演讲［J］. 今日海南，2010（4）：6－8.

［204］柳化林. 黑龙江省冰雪体育产业链结构研究［D］. 牡丹江师范学院：2013.

［205］卢长宝，庄晓燕，邓新秀. 视角、理论与方法：体育旅游研究的现状与趋势［J］. 成都体育学院学报，2018，44（1）：57－65.

［206］卢风麟. 基于涉入理论的乡村旅游体验与行为意向研究—以山东沂南竹泉村为例［D］. 曲阜师范大学：2018.

［207］卢令. 基于RMP理论下湖南省安化地区体育旅游发展路径研究［D］. 湖南工业大学：2019.

［208］卢淑莹. 乡村旅游产业与人居环境耦合特征及其形成机制研究［D］. 南京师范大学：2021.

［209］陆立德，郑本法. 社会文化是重要的旅游资源［J］. 社会科学，1985（6）：39－44.

［210］陆宇. 农旅融合背景下张家口市崇礼区乡村旅游发展［D］. 新疆农业大学：2021.

［211］罗东霞，刘敏. 日韩“东亚文化之都”文旅融合经验及其启示［J］. 旅游学刊，2020（7）：9－11.

［212］罗海霞. 固原市乡村旅游资源开发模式研究［D］. 西南农业科技大学：2018.

［213］罗岚. 文旅融合下演艺项目《滕王宴乐》的运作研究［D］. 江西财经大学：2020.

［214］麻学锋，张世兵，龙茂兴. 旅游产业融合路径分析［J］. 经济地理，2010（4）：152－155.

[215] 马波，王嘉青．常态化疫情防控下的旅游产业新走向［J］．旅游学刊，2021，36（2）：1-3.

[216] 马波，张越．文旅融合四象限模型及其应用［J］．旅游学刊．2020（5）：15-21.

[217] 马春野．基于协同动力机制理论的中国旅游产业发展模式研究［D］．哈尔滨工业大学：2011.

[218] 马东艳，张旭辉．攀枝花建设“阳光康养旅游城”对策研究［J］．攀枝花学院学报，2021，38（1）：34-39.

[219] 马红．乡村振兴战略背景下延边地区乡村旅游与新型城镇化耦合发展研究［D］．延边大学：2019.

[220] 马健．产业融合理论研究评述［J］．经济学动态，2002（5）：78-81.

[221] 马健．产业融合识别的理论探讨［J］．社会科学辑刊，2005（3）：86-89.

[222] 马克家．浅论历史名人文化是旅游景区的灵魂［J］．黑龙江史志，2008（16）：72.

[223] 马贤龙．民族文化是民族旅游的灵魂支点［J］．中国民族，2006（1）：56-57.

[224] 马颖杰．乡村振兴背景下我国乡村康养旅游发展对策研究［D］．浙江海洋大学：2020.

[225] 马颖杰．乡村振兴背景下我国乡村康养旅游发展对策研究—以湖北省蕲春县为例［D］．浙江海洋大学：2020.

[226] 毛峰．“互联网+”时代乡村旅游可持续发展的路径及对策［J］．改革与战略，2016，32（3）：74-77.

[227] 毛兴维，秦荣廷．重庆医疗保健旅游SWOT分析［J］．产业经济，2013（10）：40-46.

[228] 孟浩．文化产业和旅游产业融合发展研究［D］．安徽大学：2019.

[229] 孟秋莉．乡村旅游体验价值与旅游者幸福感关系研究［D］．中南财经政法大学：2019.

[230] 莫婷. 森林保健旅游对游客压力缓解的影响研究 [D]. 湖南师范大学: 2019.

[231] 潘荣静. 法定节假日调整对我国体育旅游市场的影响分析 [J]. 2009, 2 (9).

[232] 潘顺安. 中国乡村旅游驱动机制与开发模式研究 [D]. 东北师范大学: 2007.

[233] 潘雅芳, 王玲. 后疫情时期我国康养旅游发展的机遇及建议 [J]. 浙江树人大学学报 (人文社会科学), 2020, 20 (3): 1-5.

[234] 庞艳华. 乡村振兴背景下河南省乡村旅游的营销策略研究 [J]. 农业经济, 2022, (4): 141-142.

[235] 彭燕燕. 金秀县养生旅游产品创新方案研究 [D]. 广西大学: 2021.

[236] 蒲波. 康养旅游: 实践探索与理论创新 [M]. 成都: 西南交通大学出版社, 2019: 12-13.

[237] 秦继伟. 河南打造黄河流域文旅融合高质量发展示范区路径研究 [J]. 经济地理, 2020 (10).

[238] 秦妍. 我国乡村振兴的目标评价体系构建研究 [D]. 厦门大学: 2018.

[239] 曲景慧. 中国文化产业与旅游产业融合发展的时空变动分析 [J]. 生态经济, 2016 (9): 129-134.

[240] 任冠文. 文化旅游相关概念辨析 [J]. 旅游论坛, 2009, 2 (2): 159-162.

[241] 任小敏. 基于 GIS 的长春市冰雪体育旅游产业链构建研究 [D]. 吉林体育学院: 2018.

[242] 任宣羽. 康养旅游: 内涵解析与发展路径 [J]. 旅游学刊, 2016: 1-4.

[243] 任志远, 徐茜, 杨忍. 基于耦合模型的陕西省农业生态环境与经济协调发展研究 [J]. 干旱区资源与环境, 2011, 25: 14-19.

[244] 荣慧芳. 基于网络数据挖掘的乡村旅游流时空演变与影响机制研

究—以江苏省为例［D］．南京师范大学：2021.

［245］沈洁，竺一涛，张李进，等．乡村振兴战略背景下旅游产业顾客定制研究与实证—基于临安天目山镇的调查中国商论［J］．2021，(12)：40－43.

［246］生延超，钟志平．旅游产业与区域经济的耦合协调度研究—以湖南省为例［J］．旅游学刊，2009，24：23－29.

［247］施佳伟．乡村振兴旅游路径的准入评价研究—以桂林龙胜县为例［D］．广西大学：2020.

［248］施志成，杜良平，沈耀华，等．村级乡村旅游发展评价指标体系及数学模型构建［J］．农业展望，2020，16（8）：65－70.

［249］石卉．吉林省医疗旅游产业发展的对策研究［D］．长春理工大学：2018.

［250］石晓峰，李建英，王飞．山西省体育旅游资源分析及开发策略研究［J］．中国体育科技，2009，45（3）：126－131.

［251］史文文．自然保护区养生旅游资源开发潜力评价研究［D］．合肥工业大学：2019.

［252］舒丽．基于百度指数的我国体育旅游网络关注度研究［D］．兰州大学：2020.

［253］宋娜，周旭瑶，唐亦博，等．基于 DEMATEL－ISM－MICMAC 法的康养旅游资源评价指标体系研究［J］．生态经济，2020，36（6）：28－31.

［254］宋瑞．文化和旅游：多视角的透视［J］．旅游学刊，2019，34（4）：4－6.

［255］苏敷志，郎峰，赵兰．粤港澳大湾区体育产业融合发展现状、问题及对策［J］．体育文化导刊，2019（10）：105－110.

［256］苏慧慧．科技创新与金融结构耦合协调度研究［D］．贵州财经大学：2020.

［257］孙慧婧．文旅融合背景下博物馆文创产品设计研究与实践—以江西八大山人纪念馆为例［D］．江西财经大学：2020.

［258］孙佳政．基于耦合协调理论的高速铁路多席别分时定价策略研究［D］．北京交通大学：2021.

［259］孙剑锋，李世泰，纪晓萌，等．山东省文化资源与旅游产业协调发展评价与优化［J］．经济地理，2019，39（8）：207－21.

［260］孙婧雯，马远军，王振波，等．基于锁定效应的乡村旅游产业振兴路径［J］．地理科学进展．2020，39（6）：1037－1046.

［261］孙琳．城乡统筹视野下的乡村旅游可持续发展机制重构［J］．农业经济，2017（12）：56－57.

［262］孙启蒙．自贸港背景下海南乡村旅游产品供给体系构建研究［D］．海南热带海洋学院：2021.

［263］孙庆文，陆柳，严广乐，等．不完全信息条件下演化博弈均衡的稳定性分析［J］．系统工程理论与实践，2003（7）：11－16.

［264］孙一瑛．山西省高校学生冰雪体育旅游消费研究［D］．山西大学：2021.

［265］孙以栋，俞强．长三角地区乡村文旅融合高质量发展策略［J］．江苏行政学院学报，2020（5）：41－48.

［266］谭波．基于推拉理论的上海市大学生体育旅游动机研究［D］．上海体育学院：2018.

［267］谭慧存，周荣华，蒲波．乡村旅游促进乡村振兴的实证分析—以成都乡村旅游地为例［J］．安徽农业科学，2022，50（6）：106－112.

［268］唐静．乡村振兴与乡村旅游耦合协调发展研究—以安徽省宣城市为例［J］．安徽行政学院学报，2022（2）：67－72.

［269］唐小乔．文旅融合视角下重庆渝东南地区节庆旅游融合举措研究［J］．现代商贸工业，2020（28）：43－44.

［270］陶琼．乡村振兴战略背景下米易县康养旅游发展模式研究［D］．昆明理工大学：2020.

［271］田里，张鹏杨．旅游产业融合的文献综述与研究框架构建［J］．技术经济与管理研究，2016（9）.

［272］田启．体育产业与旅游产业耦合发展研究［D］．山东体育学院：2017.

［273］田颖，王成超．乡村振兴战略下旅游扶贫村空间分布格局及影响

因素—以福建省为例［J］．台湾农业探索．2020，（6）：26－32.

［274］佟伟．产业结构调整背景下长治市“体育＋旅游”融合发展研究［D］．广西师范大学：2017.

［275］佟伟．产业结构调整背景下长治市“体育＋旅游”融合发展研究［D］．广西师范大学：2019.

［276］万磊．理与义：乡村振兴中的资本与精英—鲁西南东县的个案比较研究［D］．华中师范大学：2019.

［277］汪清蓉．文化产业与旅游产业整合创新模式研究—以佛山市文化与旅游产业为例［J］．广东商学院学报，2005（1）：68－72.

［278］王东．西南地区植被覆盖变化及对不同时间尺度气候特征的响应分析［D］．西北师范大学：2014.

［279］王二红．商城县乡村旅游资源评价与开发策略研究［D］．河南师范大学：2019.

［280］王伏妮．旅游产品创新推动乡村振兴的策略研究［J］．市场与贸易．2022（3）：139－240.

［281］王攻．乡村旅游资源生态开发与整合模式研究［D］．华中师范大学，2015.

［282］王华东、吴倩．贵州省旅游产业与文化产业融合发展研究［J］．经济视角（下），2012（5）：18－20.

［283］王金萍、刘宗飞，赵伟峰．乡村振兴战略下我国乡村旅游PPP项目激励约束机制研究吉林农业科技学院学报［J］．2021，30（4）：33－37.

［284］王经绫．民族地区文化和旅游融合发展影响要素的系统建构—基于71个民族县域文旅融合发展要素调查问卷的分析［J］．西南民族大学学报（人文社科版），2020（8）：24－30.

［285］王敬超．新常态下乡村文化旅游产品供给侧改革研究［J］．内蒙古财经大学学报，2017，15（6）：1－4.

［286］王立红．基于扎根理论的温泉康养旅游体验价值评价研究［D］．沈阳师范大学：2019.

［287］王丽，王建华．乡村振兴战略下山东省旅游特色小镇多产业关联

融合发展模式研究中阿科技论坛（中英文）[J]. 2021,（9）: 19-21.

[288] 王明浪. 基于三重视角探析乡村旅游助推乡村振兴内在机理与实现路径改革与开放 [J]. 2021,（17）: 12-18.

[289] 王琪延，徐玲. 基于产业关联视角的北京旅游业与农业融合研究 [J]. 旅游学刊，2013, 28（8）: 102-108.

[290] 王琪延，徐玲. 基于产业关联视角的北京市旅游业与文化产业融合研究 [J]. 经济与管理研究，2014（11）: 80-86.

[291] 王巧琪. 大墨雨乡村旅游刺益相关者共生关系研究 [D]. 云南大学: 2019.

[292] 王勤博. 基于RMP—SWOT模型的山西省体育旅游资源禀赋评价及开发策略研究 [D]. 山西财经大学: 2021.

[293] 王群，丁祖荣，章景河. 旅游环境游客满意度的指数测评模型 [J]. 地理研究，2006（1）: 171-181.

[294] 王润. 长三角区域一体化发展背景下乡村旅游振兴研究 [J]. 旅游纵览，2021,（6）: 127-129.

[295] 王天宇. 中国特色小镇功能分析—从中小企业提升与乡村振兴互动的角度 [D]. 上海社会科学院: 2020.

[296] 王文娟. 乡村振兴战略下内蒙古特色小镇发展研究 [D]. 内蒙古财经大学: 2019.

[297] 王新蕾. 福州保健旅游开发研究 [D]. 福建师范大学: 2011.

[298] 王新越，司武兴. 中国最美休闲乡村空间结构及影响因素研究 [J]. 干旱区资源与环境，2017, 31（4）: 195-200.

[299] 王雪. 乡村振兴战略背景下的产业振兴问题研究 [D]. 河北经贸大学: 2020.

[300] 王永明，马耀峰. 城市旅游经济与交通发展耦合协调度分析—以西安市为例 [J]. 陕西师范大学学报（自科版），2011, 39（1）: 86-90.

[301] 王兆峰，黄喜林. 文化旅游创意产业发展的动力机制与对策研究 [J]. 山东社会科学，2010（9）: 118-122.

[302] 王兆峰，史伟杰，苏昌贵. 中国康养旅游地空间分布格局及其影

响因素［J］. 经济地理，2020，40：196－207.

［303］王赵. 国际旅游岛：海南要开好康养游这个“方子”［J］. 今日海南，2009，(12)：12.

［304］魏超. 大城市边缘区乡村旅游转型发展研究—以武汉市黄陂区为例［D］. 华中师范大学：2019.

［305］魏啸宇. 宁夏地区沙漠体育旅游目的地形象感知研究—以沙湖景区为例［D］. 上海体育学院：2021.

［306］魏栩. 陕西省文化与旅游产业融合发展的耦合协调度研究［D］. 西安理工大学：2021.

［307］魏振华. 体育旅游目的地形象评价研究—以上海市为例［D］. 山东体育学院学报：2020.

［308］温锦英. 文化，民俗旅游开发的灵魂［J］. 广东民族学院学报（社会科学版），1997（3）：94－96.

［309］翁钢民，李凌雁. 中国旅游与文化产业融合发展的耦合协调度及空间相关分析［J］. 经济地理，2016，36：178－185.

［310］翁钢民，李凌雁. 中国旅游与文化产业融合发展的耦合协调度及空间相关分析［J］. 经济地理，2016，v.36；No.215（1）：180－187.

［311］吴冰，马耀峰，王晓峰. 入境旅游流与饭店业的耦合协调度分析—以西安市为例［J］. 西北大学学报（自然科学版），2012（1）：127－132.

［312］吴丽，梁皓，虞华君，等. 中国文化和旅游融合发展空间分异及驱动因素［J/OL］. 经济地理：1－8［2021－03－10］.

［313］吴若薇. 南昌市梅岭养生旅游资源评价研究［D］. 江西科技师范大学：2017.

［314］吴兴晔. 京津冀地区乡村旅游重点村公共空间研究［D］. 北方工业大学：2018.

［315］吴哲. 文旅融合背景下龙泉青瓷文化旅游发展研究［D］. 西北师范大学：2020.

［316］武传玺. 互联网＋冰雪体育旅游的营销模式与发展路径［J］. 体育文化导刊，2017（5）：121－125.

[317] 武新宇. 基于供需关系的乡村旅游产品提升策略研究—以青岛市崂山区为例 [D]. 广西师范大学: 2021.

[318] 解雅婷. 珠海市乡村旅游可持续发展水平测度及影响因素分析 [D]. 辽宁大学: 2020.

[319] 夏全. 基于产业融合理论的上饶中医药健康旅游发展路径研究 [D]. 江西中医药大学: 2021.

[320] 夏菅. 谈"文旅融合"发展的深层意义 [J]. 旅游纵览 (下半月), 2019 (5).

[321] 夏正超, 项小伟. 乡村旅游助推乡村振兴投资模式与业态比较研究 [J]. 浙江工贸职业技术学院学报, 2020, 20 (2): 47-51.

[322] 向延平. 乡村旅游驱动乡村振兴内在机理与动力机制研究 [J]. 湖南社会科学, 2021, (2): 41-47.

[323] 肖怀德. 文旅融合视角下北京建设世界文化之都的思考 [J]. 旅游学刊, 2020 (7): 11-12.

[324] 谢经良. 体育旅游产业集群协同创新模式研究 [D]. 曲阜师范大学: 2015.

[325] 谢文彩, 李星明, 向兴. 武汉市康养旅游地空间布局及其优化研究 [J]. 华中师范大学学报 (自然科学版), 2018, 52 (1): 147-154.

[326] 辛本禄, 刘莉莉. 乡村旅游赋能乡村振兴的作用机制研究学习与探索 [J]. 2022, (1): 137-138.

[327] 辛欣. 文化产业与旅游产业融合研究: 机理、路径与模式—以开封为例 [D]. 2013.

[328] 信慧娟. 广西资源县乡村旅游发展与乡村振兴耦合研究 [D]. 桂林理工大学: 2018.

[329] 邢志娟. 宁夏沙坡头景区沙漠体育旅游的游客体验分析及产品开发研究 [D]. 宁夏大学: 2017.

[330] 邢中有. 产业融合视角下体育旅游产业发展研究 [J]. 山东体育学院学报, 2010, 26 (8): 1-7.

[331] 徐崇云, 顾铮. 旅游对社会文化影响初探 [J]. 杭州大学学报

（哲学社会科学版），1984（3）：53－58.

［332］徐翠蓉，赵玉宗．文旅融合：建构旅游者国家认同的新路径［J］．旅游学刊，2020，35（11）：11－12.

［333］徐福英，刘涛．产业融合视域下乡村旅游产品创新路径：价值链的解构与重构［J］．社会科学家，2018，No.252（4）：108－113.

［334］徐宏，李军．民族地区全域旅游开发驱动乡村振兴机理与发展策略［J］．商业经济研究，2021，（11）：184－188.

［335］徐虹，范清．我国旅游产业融合的障碍因素及其竞争力提升策略研究［J］．旅游科学，2008（4）：5－9.

［336］徐赟．渝东南民族地区乡村旅游发展研究［D］．重庆三峡学院：2021.

［337］许斌．文旅融合视角下的元阳哈尼梯田旅游品牌建设研究［D］．云南师范大学：2017.

［338］许业辉，韩磊，谢双玉，等．乡村振兴背景下乡村旅游同质化问题解构与评价体系构建［J］．中南林业科技大学学报（社会科学版），2021，15（6）：108－114.

［339］许益恒．新疆：旅游产业和乡村振兴以及生态环境的发展—基于系统耦合协调视角［J］．区域治理，2020，（4）：12－14.

［340］闫海．全域旅游战略背景下康养旅游体系的建构研究—以平凉市旅游业为例［J］．中国商论，2019（8）：67－68.

［341］闫秦勤．国内外旅游产业与文化产业融合研究述评［J］．湖北理工学院学报（人文社会科学版），2016（6）.

［342］严含，葛伟民．“产业集群群”：产业集群理论的进阶［J］．上海经济研究，2017（5）：34－43.

［343］阎友兵，谭鲁飞，张颖辉．旅游产业与文化产业联动发展的战略思考［J］．湖南财政经济学院学报，2011（2）：57－62.

［344］颜清平．文化是旅游可持续发展的灵魂［J］．中共福建省委党校学报，2002（6）：77－79.

［345］央．乡村振兴背景下西藏乡村旅游可持续发展研究—以林芝市为

例［D］. 西藏大学：2021.

［346］杨更生，王东，孙彬．“一带一路”下旅游文化产业的大数据体系架构与实施途径研究［J］. 干旱区地理，2019，42（1）：187－194.

［347］杨庚霞，张颖颖，赵玉田．甘肃省乡村振兴与乡村旅游发展的耦合性分析［J］. 西北民族大学学报（自然科学版）2021，42（4）：55－59.

［348］杨桂华，孔凯．脱嵌与嵌入：乡村旅游助推乡村振兴机制分析—以四川省XJ村为例［J］. 广西社会科学，2020（6）：64－69.

［349］杨慧．全域旅游视角下的康养旅游发展对策研究—以攀枝花为例［J］. 度假旅游，2019（2）：50－51.

［350］杨丽娟．城市体育旅游产品及其产品策略研究［J］. 桂林旅游高等专科学校学报，2005，16（5）：12－15.

［351］杨闽芳．乡村旅游供应链协同度测评研究［D］. 福建农林大学：2020.

［352］杨倩．基于游客视角的中医药健康旅游产品需求影响因素分析［D］. 江西中医药大学：2020.

［353］杨强．体育旅游产业融合发展的动力与路径机制［J］. 体育学刊，2016，23（4）：55－62.

［354］杨秋婷．贵州山地旅游农业发展综合评价研究—基于乡村振兴战略视角［J］. 国土与自然资源研究，2020（5）：93－96.

［355］杨澍．旅游产业效益评价体系的构建及应用［D］. 财政部财政科学研究所：2010.

［356］杨帅．长三角城市体育旅游竞争力测算与研究［D］. 山东体育学院学报：2021.

［357］杨晓晴．我国乡村旅游政策文本量化研究［D］. 燕山大学：2019.

［358］杨莹．基于产业融合视角的农业文旅项目立项评价研究［D］. 西安理工大学：2020.

［359］杨颖．产业融合：旅游业发展趋势的新视角［J］. 旅游科学，2008，22（4）：6－10.

［360］杨子欽．产业融合视角下湖北省蕲春县健康旅游发展路径研究

[D]. 华中师范大学：2020.

[361] 叶宇. 西南喀斯特地区康养旅游地优选研究 [D]. 云南师范大学：2018.

[362] 易开刚，胡怀雪. 文旅 IP 的建设路径与价值创造—以浙江开化为例 [J]. 中国旅游报. 2019 (3)：1 - 3.

[363] 易余胤，刘汉民. 经济研究中的演化博弈理论 [J]. 商业经济与管理，2005 (8)：8 - 13.

[364] 殷猛，李娜，李艳菊. 乡村振兴战略背景下乡村旅游电商的消费者参与实证研究 [J]. 科技与经济，2020，33 (6)：56 - 60.

[365] 殷生宝. "环青海湖民族体育圈" 旅游资源的优势与特色 [J]. 青海师专学报，2007 (5)：146 - 148.

[366] 殷章馨，董萍，虢翌吟. 乡村旅游功能及其对乡村振兴的影响—以长株潭城市群为例 [J]. 湖南财政经济学院学报，2021，37 (6)：61 - 68.

[367] 尹宏，王苹. 文化、体育、旅游产业融合：理论、经验和路径 [J]. 党政研究，2019 (2)：120 - 128.

[368] 尹宏，王苹. 文化、体育、旅游产业融合：理论、经验和路径 [J]. 党政研究，2019，155 (2)：122 - 130.

[369] 应一诺. 丽水古堰画乡景区文旅融合发展研究 [D]. 西北师范大学：2020.

[370] 尤海涛. 基于城乡统筹视角的乡村旅游可持续发展研究 [D]. 青岛大学：2015.

[371] 于光远. 旅游与文化 [J]. 瞭望周刊，1986 (14)：35 - 36.

[372] 于桐. 乡村振兴战略背景下鞍山乡村旅游创新发展路径研究 [J]. 中国集体经济，2022，(6)：136 - 137.

[373] 余文荣. 基于文旅融合视角的婺源非物质文化遗产保护性开发对策研究 [D]. 江西财经大学：2020.

[374] 俞慧敏，李媛媛. 绥化市乡村旅游可持续发展研究 [J]. 旅游纵览 (下半月)，2018 (12)：112 - 113.

[375] 虞茜茜. 合肥乡村旅游产业融合评价及策略研究 [D]. 合肥工业

大学：2020.

[376] 袁晨，唐化雨．基于乡村旅游发展的乡村振兴绩效研究［J］．商业经济，2022，(3)：130－131.

[377] 袁冠楠．基于产业共生的贵州养生旅游产业发展模式研究［D］．贵州财经大学：2018.

[378] 袁平，汪志飞．完善宁波乡村旅游公共服务体系的对策建议［J］．宁波经济（三江坛），2019（8）：37－40.

[379] 曾迎霄．旅游扶贫与乡村振兴有效衔接的内在逻辑及政策选择［J］．农村发展，2022（3）：62－64.

[380] 翟天元．武汉市黄陂区乡村旅游推动乡村振兴的效应研究［D］．华中师范大学：2020.

[381] 张斌．文旅融合视角下鹤壁淇河乡村旅游发展研究［D］．桂林理工大学：2020.

[382] 张朝枝，孙晓静，卢玉平．"文化是旅游的灵魂"：误解与反思——武夷山案例研究［J］．旅游科学，2010，24（1）：61－68.

[383] 张朝枝．文化与旅游何以融合：基于身份认同的视角［J］．南京社会科学，2018（12）：162－166.

[384] 张广海，孙春兰．文化旅游产业融合及产业链构建［J］．经济研究导刊，2012（12）：152－154.

[385] 张海燕，王忠云．旅游产业与文化产业融合发展研究［J］．资源开发与市场，2010，26（4）：322－326.

[386] 张海燕，王忠云．旅游产业与文化产业融合发展研究［J］．资源开发与市场，2010（4）：36－40.

[387] 张海燕，王忠云．旅游产业与文化产业融合运作模式研究［J］．山东社会科学，2013（1）：169－172.

[388] 张环宇．黑龙江省冰雪体育旅游产业开发的策略［J］．冰雪运动，2015，37（1）：83－86.

[389] 张娇．我国"乡村振兴战略"的理论与实践研究［D］．西安工业大学：2019.

[390] 张杰．广东省森林养生旅游开发研究［D］．广州中医药大学：2019.

[391] 张静，矢红兵，吴虹．乡村振兴背景下黄山市乡村旅游扶贫效益评价研究［J］．黄山学院学报，2020，22（6）：28－32.

[392] 张岚．供给侧改革下的乡村旅游产品转型研究［J］．辽宁省交通高等专科学校学报，2017，19（1）：22－24.

[393] 张良桥，冯从文．理性与有限理性：论经典博弈理论与进化博弈理论之关系［J］．世界经济，2001（8）：74－78.

[394] 张攀．中国乡村旅游与新型城镇化耦合发展［D］．辽宁大学：2021.

[395] 张瑞林．我国冰雪体育产业商业模式建构与产业结构优化［J］．体育科学，2016，36（5）：18－23，53.

[396] 张铁明．休闲旅游目的地体育旅游竞争力的提升—基于游客感知视角并以恩施州山地户外运动为例［J］．中南民族大学学报（人文社会科学版），2020，40（2），114－120.

[397] 张婷婷．我国乡村振兴的金融支持问题研究［D］．吉林大学：2021.

[398] 张葳，李彦丽．博物馆旅游开发模式研究—以河北省为例［J］．河北师范大学学报（哲学社会科学版），2010，33（2）：46－50.

[399] 张维艳．健康旅游理论与实证研究—以哈尔滨太阳岛风景区为例［D］．哈尔滨师范大学：2011.

[400] 张栩．乡村振兴背景下武穴市乡村旅游产品游客体验影响因素研究［D］．武汉轻工大学：2021.

[401] 张琰飞，朱海英．西南地区文化演艺与旅游流耦合协调度实证研究［J］．经济地理，2014，34（7）：182－187.

[402] 张云峰，丛聪．体育旅游竞争力模型与评价指标体系研究［J］．体育世界（学术版），2010（08）：115－116.

[403] 张铮．都江堰柳街镇乡村旅游资源空间分布特征与整合开发［D］．成都理工大学：2020.

[404] 张众. 乡村旅游与乡村振兴战略关联性研究 [J]. 山东社会科学, 2020, (1): 134-138.

[405] 章采烈. 论旅游文化是旅游业发展的灵魂 [J]. 上海大学学报(社会科学版), 1994 (1): 70-74.

[406] 赵静. 乡村旅游核心利益相关者关系博弈及协调机制研究 [D]. 西北大学: 2019.

[407] 赵磊, 唐承财. 产业结构变迁、旅游业与经济增长—来自中国的经验证据 [J]. 资源科学, 2017 (10).

[408] 赵蕾, 余汝艺. 旅游产业与文化产业融合的动力系统研究 [J]. 安徽农业大学学报: 社会科学版, 2015 (24): 71.

[409] 赵敏芝. 湖北省A级乡村旅游时空分布及影响因素研究 [D]. 湖北大学: 2020.

[410] 赵婷婷, 刘文超. 国内文化产业与旅游产业耦合研究综述 [J]. 城市地理, 2016 (8): 231-232.

[411] 赵心惟. 海南乡村旅游消费意愿影响因素分析 [D]. 海南大学: 2018.

[412] 赵晏萱. 文旅融合背景下"南粤古驿道"品牌塑造研究 [D]. 广西大学: 2019.

[413] 赵豫西, 周晓丽. 乡村振兴背景下乡村旅游扶贫利益协调机制研究: 基于利益相关者视角 [J]. 乐山师范学院学报, 2021, 36 (12): 70-76.

[414] 钟晖, 王媛. 健康旅游研究综述 [J]. 昆明理工大学学报(社会科学版), 2020: 5 (20): 109-115.

[415] 钟菊华. 四川省休闲体育产业与旅游产业融合模式研究 [J]. 西南师范大学学报(自然科学版), 2015, 40 (8): 147-151.

[416] 钟晓, 王宏波. 基于CiteSpace的中国文旅融合研究进展与趋势 [J]. 旅游纵览(下半月), 2020 (4): 65-67.

[417] 钟钰珊. 乡村旅游发展中农民参与意愿及其影响因素研究—以重庆市江津区李市镇沙埂村为例 [D]. 西南大学: 2020.

[418] 周春波. 文化产业与旅游产业融合动力：理论与实证 [J]. 企业经济，2018 (8)：146 - 151.

[419] 周春波. 文化与旅游产业融合动力机制与协同效应 [J]. 社会科学家，2018，No.250 (2)：101 - 105.

[420] 周功梅，宋瑞，刘倩倩. 国内外康养旅游研究评述与展望 [J]. 资源开发与市场，2020：1 - 19.

[421] 周建标. 文化产业与旅游业的产业链融合机制及实践应用 [J]. 西藏发展论坛，2017 (5)：38 - 41.

[422] 周建标. 文化产业与旅游业的产业链融合机制探究 [J]. 新疆社科论坛，2017 (5).

[423] 周梦，卢小丽，李星明，等. 乡村振兴视域下旅游驱动民族地区文化空间重构：一个四维分析框架农业经济问题 [J]. 2021，(9)：68 - 79.

[424] 周淑云，卢思佳，冉从敬. 公共图书馆文旅融合：理论内涵、时代价值与发展路径 [J/OL]. 图书情报工作：1 - 6 [2021 - 03 - 10].

[425] 周雄. 罗平县乡村旅游发展中的政府职能研究 [D]. 云南财经大学：2019.

[426] 周玉翠，邓祖涛，石军南，等. 中国世界遗产旅游目的地客源市场潜力研究 [J]. 经济地理，2019，39 (4)：216 - 222.

[427] 周子英，李仕文，张维梅. 城市居民乡村旅游满意度及其影响因素实证研究 [J]. 湖南工程学院学报，2019，29 (1)：1 - 6.

[428] 朱长宁，汪浩. 乡村振兴战略视域下乡村旅游供应链整合对策研究经济问题 [J]. 2021，(12)：75 - 81.

[429] 朱红香. 体育旅游的界定及归属问题 [J]. 体育学刊，2008 (8)：32 - 34.

[430] 朱孟玲. "乡村振兴战略" 背景下乡村旅游资源开发路径 [J]. 商业观察，2022 (2)：44 - 46.

[431] 朱明，高峰. 乡村振兴背景下乡村旅游供需匹配治理策略研究—以江苏省昆山市为例 [J]. 世界地理研究，2021 (5)：12.

[432] 朱舒欣，何双玉，胡菲菲. 森林康养旅游意愿及其影响因素研究—

以广州市为例［J］. 中南林业科技大学学报（社会科学版），2020，14（3）：113－120.

［433］朱岩. 森林保健旅游体验与森林保健功效感知的关系研究［D］. 湖南师范大学：2019.

［434］朱艳莉. 乡村旅游的扶贫效率和驱动机制研究［D］. 新疆大学：2018.

［435］朱莹. 基于推拉理论的冰雪体育旅游动机研究—以吉林省为例［D］. 体育学院：2021.

［436］祝向波. 攀枝花市康养旅游资源评价与开发研究［D］. 成都理工大学：2017.

［437］庄婷婷. 乡村旅游、新型城镇化与生态环境—基于乡村振兴战略的PVAR分析安徽农业大学学报（社会科学版）［J］. 2021，30（5）：1－11.

［438］庄志民. 复合生态系统理论视角下的文化与旅游融合实践探索—以上海为例［J］. 旅游科学，2020，34（4）：31－45.

［439］宗祖盼，蔡心怡. 文旅融合介入城市更新的耦合效应［J］. 社会科学家，2020（8）：38－43.

［440］邹统钎. 走向市场驱动的文旅融合［J/OL］. 人民论坛·学术前沿：1－9［2021－03－10］.

［441］左娅妮. 知识图谱视角下国内外体育旅游研究热点的可视化分析［D］. 华东师范大学：2021.

［442］Erdem H. Added Value of Health Tourism and its Potential in Bursa［J］. Russian Academic Journal，2015，31（1）：136－140.

［443］BUSHELL R，SHELDON P. Wellness tourism and the future. In R. Bushell& P. J. Sheldon（Eds.）［M］. Wellness－46sand tourism：Mind，body，spirit，place. New York，NY：Cognizant Communication. 2009：218－230.

［444］CHEN K H，CHANG F H，TUNG K X，Measuring well－ness－related lifestyles for local tourists in Taiwan［J］. Tourism Analysis，2014，19（3）：369－376.

［445］DUNN H L. High－level wellness for man and society［J］. American

Journal of Public Health, 1959, 49: 786 - 792.

[446] Global Spa & Wellness Summit. The global wellness tourism economy [A]. New York, NY: Global Spa&Wellness Summit Press. 2013.

[447] Pramod Sharma, Jogendra Kumar Nayak. The role of destination image as a mediator between tourists' emotional experiences and behavioral intentions: A study of wellness tourism [J]. Journal of Destination Marketing & Management. Available online 28 February 2019, In Press.

[448] LOH, CHUNG - PING A. Trends and structural shifts in health tourism: Evidence from seasonal time - series data on health - related travel spending by Canada during 1970 - 2010 [J]. Social science &medicine, 2015, 132 (5): 173 - 180.

[449] HEUNG V C S, KUCUKUSTA D, SONG H. A conceptual model of medical tourism: implications for future research [J]. Journal of travel and tourism marketing, 2010, 27 (3): 236 - 251.

[450] YU J Y, KO T G. A cross - cultural study of perceptions of medical tourism among Chinese, Japanese and Korean tourists in Korea [J]. Tourism management, 2012, 33 (1): 80 - 88.

[451] Chris. Ryan, Karen Hughes and Sharon Chirgwin. The gaze, spectacle and ecotourism [J]. Annals of Tourism Research, 2000, 27 (1): 148 - 163.

[452] Honey M. Ecotourism and Sustainable Development: Who Owns Paradise: [M]. Washington, DC: Island Press, 1999.

[453] Thomas Hinch, James Higham. Sport Tourism Development [M]. Channel view Publications, 2004: 213 - 215.

[454] Aoyama, Yuko. "The role of consumption and globalization in a cultural industry: The case of flamenco." Geoforum 38. 1 (2007): 103 - 113.

[455] Connell J. Film tourism - Evolution, progress and prospects [J]. Tourism Management, 2012, 33 (5): 0 - 1029.

[456] Farrell M J. The Measurement of Productive Efficiency [J]. Journal of the Royal Statistical Society. Series A (General), 1957, 120 (3): 253 - 290.

[457] Seppla J, Melanen M, Maenpaal. How Can the Eco – efficiency of a Region Be Measured and Monitored [J]. Journal of Industral Ecology, 2005, 18 (9): 117 – 130.

[458] Brida J G, Deidda M, Pulina M . Tourism and transport systems in mountain environments: analysis of the economic efficiency of cableways in South Tyrol [J]. Journal of Transport Geography, 2014, 36: 1 – 11.

[459] Rosenberg N . Technological Change in the Machine Tool Industry, 1840 – 1910 [J]. The Journal of Economic History, 1963, 23 (4): 414 – 443.

[460] Richards G, Wilson J . Creativities in tourism development [J]. Tourism Creativity & Development, 2007.

[461] Richards G . Creativity and tourism: The State of the Art [J]. Annals of Tourism Research, 2011, 38 (4): 1225 – 1253.

[462] Ogaboh Agba A M, Ikoh M U, Bassey A O, et al. Tourism industry impact on Efik's culture, Nigeria [J]. International Journal of Culture, Tourism and Hospitality Research, 2010, 4 (4): 355 – 365.

[463] Fleischer A, Felsendtein D. Support for Many tourism : Does It Make a difference? [J]. Annals of Tourism Research, 2000, 27 (4): 1007 – 1024.

[464] Saarinen J, Moswete N, Monare M J . Cultural tourism: new opportunities for diversifying the tourism industry in Botswana [J]. Bulletin of Geography. Socio – economic Series, 2014, 26 (26).

[465] Aitchison C, Evans T . The cultural industries and a model of sustainable regeneration: manufacturing "pop" in the Rhondda Valleys of South Wales [J]. Managing Leisure, 2003, 8 (3): 133 – 144.

[466] Krakowiak, Beata. Museums in Cultural Tourism in Poland [J]. Turyzm, 2013, 23 (2).

[467] Ma L, Lew A . Historical and geographical context in festival tourism development [J]. Journal of Heritage Tourism, 2012, 7 (1): 13 – 31.

[468] Jones D, Smith K . Middle – Earth Meets New Zealand: Authenticity and Location in the Making of the Lord of the Rings [J]. Social Science Electronic

Publishing.

[469] Cameron A, Chambers D, Cameron A, et al. Tourism, Culture and the Creative Industries: Exploring the Linkages. University of the West Indies 2nd International Tourism Conference, St. Augustine, Trinidad and Tobago, 18 –21 January 2012 [J]. Tourism Culture & Communication, 2012, 12 (1): 1 –4.

[470] Agnieška Juzefovič. Creative tourism: the issues of philosophy, sociology and communication [J]. 2015.

[471] Chen H, Rahman I . Cultural tourism: An analysis of engagement, cultural contact, memorable tourism experience and destination loyalty [J]. Tourism Management Perspectives, 2017, 26.

[472] Dolores M. Frías – Jamilena, Sabiote – Ortiz C M, Josefa D. Martín – Santana, et al. Antecedents and consequences of cultural intelligence in tourism [J]. Journal of Destination Marketing & Management, 2017.

[473] Ahn M J, Mckercher B . The Effect of Cultural Distance on Tourism: A Study of International Visitors to Hong Kong [J]. Asia Pacific Journal of Tourism Research, 2015, 20 (1): 94 –113.

[474] Liu A. Tourism In rural areas : Kedah, Malaysia [J]. Tourism Management, 2006, 27 (5): 878 –889.

[475] Ohe Y, Ikei H, Song C, et al. Evaluating the relaxation effects of emerging forest – therapy tourism: A multidisciplinary approach [J]. Tourism management, 2017, 62 (oct.): 322 –334.

[476] Mcclelland, James L, Rumelhart, et al. Parallel Distributed Processing, Explorations in the microstructure of Cognition, Volume 2: Psychological and Biological Models [M] // Parallel Distributed Processing: Volume 1: Foundations. MIT Press, 1986.

[477] Trave C, Brunnschweiler J, Sheaves M, et al. Are we killing them with kindness? Evaluation of sustainable marine wildlife tourism [J]. Biological Conservation, 2017, 209: 211 –222.

[478] Ahn M J, Mckercher B . The Effect of Cultural Distance on Tourism: A

Study of International Visitors to Hong Kong [J]. Asia Pacific Journal of Tourism Research, 2015, 20 (1): 94 – 113.

[479] Qiu L, Lin H, Leung A K, et al. Putting Their Best Foot Forward: Emotional Disclosure on Facebook [J]. Cyberpsychology, Behavior, and Social Networking, 2012, 15 (10): 569 – 572.

[480] Garrod B. Understanding the relationship between tourism destination imagery and tourist photography [J]. 2009.

[481] Stepchenkova S, Mills J E. Destination Image: A Meta – Analysis of 2000 – 2007 Research [J]. Journal of Hospitality Marketing & Management, 2010, 19 (6): 575 – 609.

[482] Buhalis D. Strategic Use of Information Technologies in the Tourism Industry [J]. Tourism Management, 1998, 19 (5): 409 – 421.

[483] Smith V L. Hosts and Guests: The Anthropology of Tourism [J]. University of Pennsylvania Press, 2012.

[484] Taylor J P. Authenticity and Sincerity in Tourism [J]. Annals of Tourism Research, 2001, 28 (1): 7 – 26.

[485] Antonyuk K. Organizational and Economic Mechanisms for Increasing the International Competitiveness of the Tourism sector in Ukraine [J]. Social no – Economic Problem I Derzava, 2014, 10 (1).

[486] Mckercher B, Ho P S Y, Cros H D. Relationship between tourism and cultural heritage management: Evidence from Hong Kong [J]. Tourism Management, 2005, 26 (4): 539 – 548.

[487] Rio D, Nunes L M. Monitoring and evaluation tool for tourism destinations [J]. Tourism Management Perspectives, 2012, 4: 64 – 66.

[488] UNWTO. UNWTO Tourism Definitions [M]. Chengdu: UNWTO, 2019: 1 – 55.

[489] Redmond. Point of Increasing Contact: Sport and Tourism in the Modern World [A]. Proceedings of the Leisure studies Association Second International Conference [C]. Wallingford: LSA Publications. 1990: 158 – 169.

[490] Hall C. Adventure, sport and health tourism. In B. weiler & C. M. Hall (Eds.), Special interest Standevan, J. (1998). Sport tourism: Joint marketing - Astarting point for benefic iasynergies. Journal of Vacation Marketing, 4, 39 - 51.

[491] Funk D C, Toohey K, Bruun T. International sport event participation: Prior sport involvement, destination image, and travel motives [J]. European Sport Management Quarterly, 2007, 7 (3): 227 - 248.

[492] Stncioiu, A. F, Teodorescu, N, Prgaru, I, et al. oung people's motivations and preferences for sports tourism [J]. Journal of Physical Education & Sport, 2013, 13.

[493] U. C C. Factors that influence international fans' intention to travel to the United States for sport tourism [J]. Journal of Sport & Tourism, 2010, 15 (2): 111 - 137.

[494] Gibson H J, Kaplanidou K, Kang S J. Small - scale event sport tourism: A case study in sustainable tourism [J]. Sport management review, 2012, 15 (2): 160 - 170.

[495] Wäsche H. Interorganizational cooperation in sport tourism: A social network analysis [J]. Sport Management Review, 2015, 18 (4): 542 - 554.

[496] Ionel Barbu. The Factors Appearance And Development Of Rural Tourism [J]. Annals of Faculty of Economics, University of Oradea, Faculty of Economics 2013, vol. 1 (1): 750 - 758.

[497] Lee K H, Schuett M A. Exploring spatial variations in the relationships between residents' recreation demandand associated factors: A case study in Texas [J]. Applied Geography, 2014, 53: 213 - 222.

[498] Wu W (Wu, Wei), Liu, HW (Liu, Huawei). On the Influence of Seasonal Variation on Sports Tourism [J]. SOCIAL SCIENCE AND ECONOMICS. 2015 (5). 326 - 329.

[499] Gibson H . J. Active sport tourism: who participates? [J]. Journal of Sport Tourism, 2003 (3), 131 - 143.

[500] Simon H. Sport and Adventure Tourism [M]. London: London Bell

haven Press, 2013.

[501] Goodrich J N. Socialist Cuba: A Study of Health Tourism [J]. Journal of Travel Research, 1993, 32 (1): 36 - 41.

[502] Friedman D. On Economic Applications of Evolutionary Game Theory [J]. Journal of Evolutionary Economics, 1998, 8 (1): 15 - 43.

[503] Goodrich J N. Socialist Cuba: A Study of Health Tourism [J]. Journal of Travel Research, 1993, 32 (1): 36 - 41.

[504] Sharpley R. Roberts L. Rural tourism: 10 years on [J]. International Journal of Tourism Research, 2004, 6 (3): 119 - 124.

[505] Reichel A, Lowengart O, Milman A. Rural Tourism in Israel: Ser - vice Quality and Orientation [J]. Tourism Management, 2000, (5): 451 - 459.

[506] Clarke J, Denman R, Hickman G, . Rural Tourism in Roznava Ok Ar-es: a Slovak Case Study [J]. Tourism Management, 2001, (2): 193 - 202.

[507] R. Bushell and P. J. Sheldon. George B P. Book Review: Wellness and Tourism: Mind, Body, Spirit Place [J]. International Journal of Tourism Policy, 2010, 3 (2): 175 - 176.

附　录

专家意见征询表（层次分析法）

尊敬的专家：

您好！感谢您抽出宝贵的时间填写此表！

本研究的内容为《西南地区康养旅游资源开发价值综合评价》，已确定了资源评价的指标体系，分为康旅、康疗、康体三个评价体系。

本研究将通过层次分析法确定指标权重，希望您能对指标进行两两比较，根据指标之间比较量化值规定（表1）对指标的重要性进行判定，在下面的各矩阵中填写相应的分值。

表1　　指标之间比较量化值规定

元素 i 比元素 j	量化值
同等重要	1
稍微重要	3
较强重要	5
强烈重要	7
极端重要	9
两相邻判断的中间值	2，4，6，8
倒数	元素 i 与 j 比较得 a_n，则 j 与 i 比较得 $a_n = 1/a_n$

例如：如果 A1 比 A2 稍微重要，A3 比 A1 稍微重要，在矩阵中填写如下（可只填一半）：

指标	A1	A2	A3
A1	1	3	1/3
A2	1/3	1	
A3	3		1

具体体系表及矩阵（共 15 个矩阵）。

一、康旅资源评价体系

因子	评价指标
自然环境	平均海拔高度
	空气质量达标率
	森林覆盖率
社会经济环境	人均 GDP
	人均可支配收入
	高速出入口密度
旅游环境	A 级景区密度
	人均旅游总收入
	旅游人数密度
康旅产业发展度	优良级康旅资源个数
	宾馆酒店密度
	餐饮店密度

矩阵 1

指标	自然环境	社会经济环境	旅游环境	旅游产业发展度
自然环境				
社会经济环境				
旅游环境				
康旅产业发展度				

矩阵 2

指标	平均海拔高度	空气质量达标率	森林覆盖率
平均海拔高度			
空气质量达标率			
森林覆盖率			

矩阵 3

指标	人均 GDP	人均可支配收入	高速出入口密度
人均 GDP			
人均可支配收入			
高速出入口密度			

矩阵 4

指标	A 级景区密度	人均旅游总收入	旅游人数密度
A 级景区密度			
人均旅游总收入			
旅游人数密度			

矩阵 5

指标	优良级康旅资源个数	宾馆酒店密度	餐饮店密度
优良级康旅资源个数			
宾馆酒店密度			
餐饮店密度			

二、康疗资源评价体系

因子	评价指标
自然环境	平均海拔高度
	空气质量达标率
	森林覆盖率
社会经济环境	人均 GDP
	人均可支配收入
	高速出入口密度

续表

因子	评价指标
旅游环境	A 级景区密度
	人均旅游总收入
	旅游人数密度
康疗产业发展度	优良级康疗资源个数
	医疗卫生机构密度
	每万人拥有卫生机构床位数

矩阵 1

指标	自然环境	社会经济环境	旅游环境	旅游产业发展度
自然环境				
社会经济环境				
旅游环境				
康旅产业发展度				

矩阵 2

指标	平均海拔高度	空气质量达标率	森林覆盖率
平均海拔高度			
空气质量达标率			
森林覆盖率			

矩阵 3

指标	人均 GDP	人均可支配收入	高速出入口密度
人均 GDP			
人均可支配收入			
高速出入口密度			

矩阵 4

指标	A 级景区密度	人均旅游总收入	旅游人数密度
A 级景区密度			
人均旅游总收入			
旅游人数密度			

矩阵 5

指标	优良级康疗资源个数	医疗卫生机构密度	每万人拥有卫生机构床位数
优良级康疗资源个数			
医疗卫生机构密度			
每万人拥有卫生机构床位数			

三、康体资源评价体系

指标	评价指标
自然环境	平均海拔高度
	空气质量达标率
	森林覆盖率
社会经济环境	人均 GDP
	人均可支配收入
	高速出入口密度
旅游环境	A 级景区密度
	人均旅游总收入
	旅游人数密度
康旅产业发展度	优良级康体资源个数
	每万人拥有体育场馆个数
	人均体育场地面积

矩阵 1

指标	自然环境	社会经济环境	旅游环境	旅游产业发展度
自然环境				
社会经济环境				
旅游环境				
康旅产业发展度				

矩阵 2

指标	平均海拔高度	空气质量达标率	森林覆盖率
平均海拔高度			
空气质量达标率			
森林覆盖率			

矩阵 3

指标	人均 GDP	人均可支配收入	高速出入口密度
人均 GDP			
人均可支配收入			
高速出入口密度			

矩阵 4

指标	A 级景区密度	人均旅游总收入	旅游人数密度
A 级景区密度			
人均旅游总收入			
旅游人数密度			

矩阵 5

指标	优良级康体资源个数	每万人拥有体育场馆个数	人均体育场地面积
优良级康体资源个数			
每万人拥有体育场馆个数			
人均体育场地面积			

本研究专家咨询阶段到此结束，再次向您表示衷心的感谢！